KB235206

안운산安雲山 종도사宗道師님

"이 증산도 종도사는 입만 열면 태을주 타령이다. 왜 그러냐 하면, 태을주는 앞 세상 전 인류에게 제 1의 생명이기 때문이다. 태을주는 전 인류에게 제 1의 생명이고, 각 개인의 생명은 제 2의 생명이다. 이번 개벽 때에는 누구도 태을주를 읽어야만 살고, 태을주를 안 읽으면 죽는 수밖에 없다.

상제님 진리는 태을주로 비롯해서 태을주로써 매듭짓는다. 이건 더도 덜도 없는 얘기다. 진리 자체가 그렇게 되어져 있다. 내 이런 얘기를 귀가 솔도록 하지만, 자연섭리가 성숙됨에 따라 봄에서 여름으로 넘어가고, 또 봄여름이 성숙됨에 따라 가을이 되면 열매를 맺는다.

인류역사도 마찬가지다. 인류역사의 법칙도 '본래 그렇게 정해져 있는' 자연섭리, 천리가 성숙함에 따라 조성되는 것이다. 상제님 진리는 바로 그 자연섭리다. 그리고 태을주는 자연섭리, 우주원리의 귀결점이다. 대우주 천체권이 형성되고 역사가 시작된 때부터, 그렇게 태을주로 귀결되도록 돼 있는 것이다."

— 본문 중에서

안운산安雲山 종도사宗道師님께서 내려주신 교지教旨

도로써 세상을 밭갈고,
의로써 근본에 보답하라.

안운산安雲山 종도사宗道師님 어록

새時代 새眞理

② 2

새時代 새眞理 2

말씀 安雲山 宗道師

초판 1쇄 발행/ 도기 131(단기 4334, 2001)년 6월 20일
초판 3쇄 발행/ 도기 135(단기 4338, 2005)년 3월 15일

발행처/ 대원출판
발행인/ 안병섭
등록번호/ 제27호

135-100 서울 강남구 청담동 32-6 현대빌딩 301호
전화 02-518-2532 팩스 02-549-1607
Home page: www.daewonbooks.com
E-mail: edit@daewonbooks.com

ⓒ2001 대원출판

값 15,000원

ISBN 89-7261-056-9

새時代 새真理

2

대원출판

종도사님 어록 제 2권을 펴내며

　이제 새로운 진리가 온 우주에 울려퍼질 대망의 21세기가 열렸습니다.

　대우주의 통치자이시며 주인이신 증산 상제님께서 이 땅에 다녀가신지 어언 131년! 이 세상은 증산 상제님이 9년 천지공사로 질정質定하신 그대로, 털끝만큼의 오차도 없이 후천개벽을 향해 둥글어가고 있건만 그것을 모르는 많은 사람들은 일찍이 경험해 보지 못한 엄청난 변혁의 물결에 휩쓸려, 갈피를 잡지 못하고 있습니다. 이 대변혁의 실체를 조금도 깨닫지 못하고 있습니다.

　새 술은 새 포대에 담아야 한다는 말이 있듯이, 지금은 21세기에 알맞은 새로운 진리가 필요한 때입니다. 그 동안 지구촌에서 인류를 교화해 온 선천의 진리는 이미 그 한계를 만천하에 드러내고 있지 않습니까?

증산 상제님의 진리는 선천 문화의 진액이 똘똘 뭉쳐진 열매기 진리이며, 후천 오만 년 동안 전 인류를 수용하고도 남는, 가장 성숙한 인류 보편의 진리입니다.

선천의 묵은 관념, 묵은 기운에 찌들어 있는 사람들은 상제님의 가르침을 받아들이기 어렵습니다. 묵은 의식의 벽을 과감하게 깨부수어야만 새 시대 새 진리인 상제님 진리를 만날 수 있습니다.

지금은 문화가 갈아끼워지는 때라고 하시며, 상제님의 도성 덕립을 위해 백절불굴하시는 증산도 최고 지도자이신 안운산安雲山 종도사宗道師님의 가르침을, 또 다시 한 권의 책으로 묶어 세상에 보내드립니다.

증산 상제님의 추수秋收 도수로, 상제님 천지공사를 인사로 실현하기 위하여 80 평생을 오로지 상제님 천지 대업에 바치신 종도사님!

이 지구촌에 상제님 개벽문화를 뿌리내리느라, 밤잠 한 번 편히 못 주무시면서 온 정열을 다 바치고 계신 종도사님!

　아무 것도 모르는 채 개벽기에 넘어갈 불쌍한 철부지 창생들에게 상제님 진리를 전하여, 지구 끝까지 최후의 한 사람까지 다 살려야 한다고 일꾼들을 일깨우시는 종도사님의 뜨거운 정성과 충의로움을 가슴깊이 느껴보십시오.

　굳게 닫힌 마음을 열고, 심혈이 경주된 종도사님의 가르침을 소중하게 받아들여 보십시오.

　종도사님의 한결같은 새빨간 정성은, 이 시대의 진정한 스승의 상像이 무엇인지, 진정한 가르침이 무엇이며 진정한 구도의 길은 무엇인지, 참 진리를 만나고자 고뇌하고 있는 이 시대의 구도자들에게 일대 광영이 될 것입니다.

도기 131(단기 4334, 서기 2001)년 5월 21일

편집자

차 례

상제님 진리는 인류문화의 열매, 전부를 다 바쳐 일하라
인천 십정도장, 도기 131(2001). 3. 14.

정의로운 신앙심으로 태을주를 읽으라
동지 치성, 도기 129(1999). 12. 22.

인류를 건지는 증산도의 사명
광주도장, 도기 130(2000). 1. 6.

참신앙을 바탕으로 자기조화지도를 이루라
본부 수도회, 도기 128(1998). 1. 2.

상제님의 혼, 증산도의 수호신이 되어 사람을 살려라
9월 종의회, 도기 129(1999). 9. 6.

상제님 진리는 인류문화의 열매, 전부를 다 바쳐 일하라

인천 십정도장, 도기 131(2001). 3. 14.

인생을 위해 천지가 원시개벽하고

인생을 위해 일월이 순환광명하고

인생을 위해 음양이 생성되고

인생을 위해 사시四時 질서가 조정調定되고

인생을 위해 만물이 화생化生하고

창생을 제도濟度하기 위해 성현이 탄생하느니라.

인생이 없으면 전혀 천지가 열매 맺지 못하니

천지에서 사람과 만물을 고르게 내느니라.

(道典 11:157:4~11)

상제님 진리는 인류문화의 열매, 전부를 다 바쳐 일하라

오늘 내가 이 자리에서 얘기하고 싶은 것은, 천지와 일월과 인간이 총체적으로 무엇을 위해 존재해 왔는가 하는 것이다.

인류역사를 보면, 참 허구많은 과정을 통해, 좋고 그른 희한한 일들을 반복해 가면서 오늘 이 시간까지 역사가 펼쳐져 왔다.

그런 과정에서, 지금 이 자리에 앉은 우리 증산도 신도들은 무엇을 위해 천지에 맹세를 했는지, 제군들에게 주어진 일과 사명이 무엇인지, 시간이 없으니까 자세한 얘기는 못 하고, 크게 묶어서 총 결론을 맺어 주려고 한다.

인간에게는 시조조상의 유전인자가 남아있다

결론적으로 얘기해서, 천지·일월·인사는 삼위일체가 돼서 변화하는 것이다. 곧 **천지와 일월이라 하는 것은 사람농사를 짓기 위해 있는 것이다.** 사람이 없으면 천지일월이 하등 소용이 없다.

그런데 이 인간의 역사를 단편적으로 "우리 아버지는 한 50년 살다 말았고, 나는 한 백 년쯤 살고, 내 자손들도 역시 그럴 것이다.", 이렇게만 따지면 안 된다.

여기 앉은 신도들 전부가 다 혈통이 각각이다. 김씨 이씨 박씨 최씨, 여러 성이 다 모여 있다. 헌데 한 사람의 혈통이라는 것은 처음 시조 할아버지로부터 7천 년, 8천 년 내려온 것이다.

더러 그 과정에서 성이 바뀌기도 했는데, 나쁜 짓을 하면 나쁘게 바뀔 수도 있지만, 공을 세우면 좋은 의미에서 나라에서 사성賜姓도 했다. 나랏님이 좋은 성으로 성을 바꿔주는 것이다. 그렇게 해서 지금 이 시간까지 내려왔다.

언제인가도 내가 여기 와서 의통을 설명하느라고, "사람이란 조상의 유체遺體다." 하는 것을 얘기한 사실이 있다. 허나 단순히 '내 몸뚱이는 우리 아버지, 어머니의 혈통을 받아서 나왔다' 고 한다면, 그건 잘못 생각하는 것이다. 그것도 사실이지만, 원칙적으로는 처음 시조 할아버지의 유전인자가 지금까지 내 몸에 유전되어 내려오는 것이다.

유전遺傳이라는 게 뭐냐? 글자로는 귀할 귀貴 자에 책받침辶 을 하면 끼칠 유遺라고 하는데, 유전에서의 유 자는 물려받을 유 자다. 유전이란 '조상에게서 물려받은 것'이라는 뜻이다.

이해를 돕기 위해 덧붙이자면, 부모나 할아버지, 조상의 재산을 물려받으면 그걸 유산遺産이라고 한다. 그 유 자도 내내 같은 자다. 귀할 귀에 책받침 한 끼칠 유 자. 유산이란 조상으로부터 물려받은 재산이라는 뜻이다.

그와 마찬가지로, 내 몸뚱이를 학술용어로 '유체遺體'라고 한다. 유체, 조상에게서 물려받은 몸뚱이.

나의 유체는 아버지한테 물려받았다. 아버지는 또 할아버지한테 물려받았고, 할아버지는 증조 할아버지한테 물려받았고, 증조 할아버지는 또 고조 할아버지한테 물려받았다. 고조 할아버지인 4대조는 5대조 할아버지한테 물려받았고. 그렇게 거슬러 올라가다 보면 백 대 천 대까지도 올라갈 수 있다.

헌데 그 유전자는 바뀌지지를 않는 것이다. 사람만 그런 게 아니고, 모든 만유라 하는 것은 작은 풀씨에 이르기까지, 몇만 년이 가도 유전자가 그냥 그대로다. 미물곤충도 천 년 전, 2천 년 전 모습 그대로 지금까지 전해내려 온 것이다.

다시 얘기하면, 처음 시조 할아버지의 유전인자를 자자손손 물려받고, 또 되물려 받고, 역사적으로 여러 백 번, 천 번 되물려 받아서, 내 몸에 시조 할아버지의 유전인자가 그대로 남아 있단 말이다.

인류문화도 자연섭리에 따라 성숙하는 것

내가 가끔 얘기하기를, "인류문화라 하는 것은 자연섭리가 성숙됨에 따라서 함께 성숙되는 것이다."라고 하는데, 내가 백 번 천 번 얘기해도 그걸 알아들을 만큼 지식 가진 사람도 없고, 또 그걸 풀이해서 얘기하자면 한도 없이 시간이 걸릴 게다. 알 것도 같으면서 알 수 없는 얘기를 내가 늘 하고 있다.

지금 역사학자들도 인간역사에 대해 현실로 당면한 것만 안다. 또 역사란 게 사람이 만들어서 이뤄지는 것으로 알 뿐이다. 왜냐? 우주변화 원리를 모르기 때문이다.

허나 이 대우주 천체권 내의 모든 만유라 하는 것은, 법칙적으로 자연섭리가 성숙됨에 따라 익어나가는 것이다. 제군들, 일 년 돌아가는 것을 봐라. 봄에 씨를 뿌리면 봄철엔 싹 틔우는 것까지밖에 못 한다. 여름이면 또 고것만큼만 성장을 하고. 인간 역사도 마찬가지다. **자연섭**

리가 성숙됨에 따라 역사도 성숙하는 것이다.

자연섭리라 하면 춘하추동 사시四時, 상제님 말씀대로 생장염장의 이치를 말한다. 천도天道가 봄여름가을겨울, 생장염장으로 성숙됨에 따라, 만유라 하는 것도 그에 순응하고 적응하면서, 지속적으로 역사의 장을 펼쳐나간다. 또 그에 따라 인류 문화도 자꾸 발전하는 것이고.

하나의 예로, 박정희 정권 시절 하면 불과 20여 년 전이다. 그 당시 경부고속도로를 닦아 놓고 일일 생활권을 연다고 했다. 또 동서를 관통시키면 반나절 생활권이 된다고 하고. 그런데 20여 년 후인 오늘날에 와서는 전세계가 일초 생활권이 됐다.

그게 무슨 소리냐? 컴퓨터 얘기다. 예를 들어, 종정이 본부에서 교육을 시키면, 인터넷 방송으로 전세계에서 똑같이 본다. 미국 일본 등 세계 각 도장에서 동시에 교육을 듣는 것이다. 인터넷 단추 하나만 누르면 된다. 그러니 두말할 것도 없이 일초 시대 아닌가. 우리나라 생활권만이 일초가 아니고, 전세계 생활문화가 불과 20여 년 만에 일초 문화가 돼 버렸다.

자, 봐라. 이런 극치를 달리는 문명 세계를 만들기 위해, 여태껏 천지와 일월이 하나가 돼서 변화를 거듭하고, 수많은 역사과정이 생멸해 가면서 지속적으로 발전해 온 것이다. 10년 견에 연구한 문화를 이어받아 10년 후의 사람이 거기에 덧붙여서 연구하고, 또 50년 후 사람이

50년 전 사람이 연구한 것을 덧붙여서 연구하고. 인류역사가 시작된 이래로 그런 과정을 통해 지금 여기까지 온 것이다.

정치로 말하면, 통제경제도 해 보고 자유경제 체제에서 시장경제도 해 봤다. 통제경제 체제하에서는 창의력이 없어져서 누가 일하려는 사람이 없다. 그래서 공산주의가 망해버렸다. 사람의 정신을 묶지 못하기 때문에 와해되는 수밖에 없는 것이다.

그러고서 지금 시장경제, 자본주의는 통제경제보다는 좀 낫지만, 자본주의 역시 단점이 그렇게 많다. 부익부 빈익빈富益富貧益貧으로 돈 많은 사람이 경제망으로 사람 옭아버리고, 노임을 착취하는 등 여러 가지 폐단이 있다.

헌데 앞으로 상제님 세상이 되면, 경제 체제도 달라진다. 앞 세상에는 식록食祿, 먹고사는 녹이 사람들에게 골고루 돌아간다. 제도가 그렇게 된다. 지금 그런 얘기는 세세하게 다 할 수 없고, 그저 대략적으로 얘기해주는 것이다.

분열의 극기에서 통일로 간다

지나간 세상은 역사과정이 어떠냐 하면, 종교가 다르고 정치가 다르고, 전부 그렇게 나뉘어서 분야가 달랐다. 그런 봄여름 분열의 극기에서, 이제는 가을, 통일로 돌아선다. 하나로 수렴해서 열매를 맺는다. **상제님 진리**는 바로 이 **열매기 진리**다. 이 때가 되면 반드시 하나님이 오셔서, 하나인 진리로 묶어 버린다. 다시 얘기하면, 성숙된 열매기 세상이 돼서, 상제님의 열매기 진리, 열매기 문화가 나오는 것이다.

상제님 진리권 속에는 정치, 종교, 경제, 문화, 사회의 각색 부문이 다 함축돼 있다. **앞 세상**에는 하나인 **상제님 진리권에서 전세계를 통치**한다.

과거 봄여름 세상의 역사과정은, 황제皇帝·왕王·패覇·이적夷狄·금수禽獸다. 자연섭리, 우주원리가 그렇게 돼 있다. 황제왕패이적금수란, 천황天皇·지황地皇·인황人皇의 황皇시대, 요순堯舜 같은 제帝시대, 우탕문무禹湯文武의 왕王시대, 패覇는 오패五覇, 그리고 원나라 명나라 청나라의 이적夷狄시대를 말한다.

듣기가 좀 안 됐지만, 지금은 금수세상이다. 하는 짓들이 짐승하고 똑같잖은가? 윤리 도덕이 완전히 파멸돼 버렸다. 갈 데까지 다 간 것이다.

이제 이것으로써 일단 역사가 매듭지어지고, 다시 황皇 자리로 올라간다. 가을의 법칙이 원시반본이 돼놔서, 그에 따라 제자리로 환원하는 것이다.

원시반본으로 앞 세상 진리는 군사부 일체 진리

자연섭리가 원시반본이 되기 때문에, 앞 세상 진리는 군사부君師父 일체 진리다. 내가 노냥 하는 소리지만, 상제님 진리가 군사부 진리다.

우리는 상제님을 믿는 사람들 아닌가. 진짜 하나님이 오셔서 짜 놓으신 새 틀, 새 문화를 믿는 사람들. 하니까 상제님을 믿는 우리는 상제님을 하나님이라고 해도 좋고, 스승이라고 해도 좋다. 그건 자연섭리로도 그렇게 되는 수밖에 없다.

또 상제님은 의통으로써, 천지에서 죽이는 가을 개벽기에 사는 방법을 만들어 놓으셨다. 이번에는 상제님이 짜 놓으신 의통이라는 화권에서 벗어나서는, 누구도 생명을 건질 수 없게 돼 있다. 우리가 개벽하는 세상에 살 수 있는 약이 의통이다. 그 동안 이 의통이 어떻다는 것은 내가 하도 많이 교육했으니까, 다들 잘 알 것이다.

헌데 쉽게 얘기해서, '생아자生我者도 부모요, 양아자養我者도 부모'다. 자식을 낳은 것도 부모지만 살려서 키워주는 것도 부모다. 허면 상제님 진리로써 죽는 세상에 사는 것이니 상제님이 부모 아닌가?

하니까 상제님은 우리에게 부모[父]도 되시고, 진리의 스승[師]도 되시고, 또 상제님 진리권으로 도성덕립이 되어, 상제님 진리로써 후천 오만 년을 통치하니까 임금[君]도 되시는 것이다.

그렇게 상제님 진리로써 후천 오만 년을 통치하는데, 상제님 진리를 어떻게 벗어날 수 있나. **상제님 진리는 앞 세상의 틀이다.** 그건 바꿀 필요성도 없고, 바꿔지지도 않는다.

또 **상제님 진리는 전 인류의 생활문화가** 돼서, 상제님 진리를 벗어나려고 할 필요도 없고, 거기서 벗어나면 살 수도 없다. 종교문화라 하는 것은 생활문화라야 되지, 생활하고 신앙문화하고 각각일 것 같으면 그건 아무 값어치가 없는 것이다.

그리고 상제님 진리가 군사부 진리라서, 상제님이 군君도 되고 사師도 되고 부父도 되는데, 구태여 그 틀을 벗어나려고 할 필요가 없는 것 아닌가. 벗어나면 어디로 가나? 또 굳이 벗어나려고 할 이유는 어디 있는가.

상제님 진리를 벗어나려고 하는 건, 내가 가끔 얘기하지만, 마치 생물이 코하고 입 틀어막고, 산소 호흡 않고 자살하려고 하는 것과 같다. 그러면 질식해서 죽는 것밖에 더 있나?

인간으로서는 도저히 상제님 진리의 틀을 벗어날 수 없다. 그래서 앞 세상은 상제님 신앙을 반대하거나, 그 틀을 깨려고 하면 그건 자살 행위다. 그저 상제님 진리권 속에서 다소곳하게 순리대로 살면서, 지극 정성으로 상제님 잘 믿는 게 사는 길이다. 이걸 내가 아주 딱 잘라서 얘기해 주는 것이다.

상제님 세상은 천지일월의 열매

한마디로, 상제님 세상이라는 것은 천지일월의 열매다. 천지일월의 멋진 열매! **현실선경**, **조화선경**!

여러 만 년 동안, 이 대우주 천체권이 동결돼서 일체 생물이 다 멸망당할 때까지, 상제님 진리로써 쭉 내려가는 거고, 그걸로 매듭을 짓고 만다.

아까 서두에서도 말했지만, 무슨 천지와 일월과 인류문화가 각기 따로 변화하는 게 아니고, 삼위일체가 되어 인류 문화를 매듭짓기 위해 지금까지 변화를 거듭하며 지속돼 온 것이다. 우주원리를 잘 알고 보면 그렇다.

그러니까 인류 문화도 봄에 씨뿌리고 여름철에 키워서, 가을철에 성숙된 열매를 딴다. 이렇게 알아두면 더도 덜도 없다. 그래서 **인류문화의 총체적인 비전**을 가진 사람들이 이번에 **상제님**의 **천지 매듭 사업**에 등장하는 것이다.

그렇다면 이 **인류문화의 총 결론, 천지를 매듭짓는 사람들**이 누구인가?

바로 여기 있는 **증산도 신도들**이다. 제군들이 인류역사의 진액을 전부 거둬들여, 총체적인 매듭을 지어서 후천 오만 년 통치자가 되는 것이다. 제군들은 가장 영광스럽고, 후천세계에 가서는 눈뜨고 감히 쳐다 볼 수도 없는 그런 존재가 될 사람들이다.

이 우주는 이런 인간 열매 하나를 맺기 위해서, 여러 천 년 역사과정에서 참 많은 풍상을 겪어왔다. 진시황 같은 사람이 나와서 만리장성을 쌓느라고 수많은 생명을 죽였는가 하면, 스탈린 같은 공산독재자가 나와서 무수한 생명을 죽였다. 스탈린이 공산독재를 할 때 2, 3천만을 죽였다. 스탈린이 가장 많이 죽였고, 그 다음에 진시황이 만리장성을 쌓느라고, 숫자는 정확히 알 수 없지만 한 천만은 죽였을 것이다.

그러고도 그 수많은 전쟁사를 봐라. 전쟁이라는 게 암만 평화를 가져온다 하더라도, 십 년을 잠잠한 적이 없었다. 전쟁이 없는 날이 없었다.

만일 이 지구상에 전쟁이 없으면, 사람을 주체 못 한다. 지금 전세계적으로 1년 동안에 사람이 얼마나 생기는지 아는가? 낙태로 긁어내는 게 5천만이다. 1년 낙태아 수가 우리나라 인구보다 더 많다. 헌데 그렇게 긁어내고도 태어나는 게 1억 5천만이다.

그런데 예전에는 산아제한도 없었고, 하고 싶어도 못 했다. 그런 기계도 없고, 할 줄도 몰랐다. 두 내외 결혼하면 어지간하면 열 명 이상은 다 낳았다. 허면 그 숱한 사람들을 전쟁으로 다 죽인 것 아닌가. 사람이 한 나라의 영수領袖들 전쟁의 소모품이다. 징병 소집령이 내리면 그냥 끌려가는 것이다. 하늘로도 못 올라가고 땅속으로도 못 들어가니,

끌려가는 수밖에 도리가 없잖은가.

제군들은 가만히 앉아서 천하를 얻는다

항우項羽가 유방劉邦하고 싸움을 하는데, 5년여를 싸웠다. 장기에 한漢나라 초楚나라가 있잖은가? 항우는 초패왕이고, 유방은 한나라 왕이다. 항우가 5년 동안 유방과 수십 회를 싸워서 거반 다 승리했다. 그리고 마지막 싸움에 가서 유방의 장수 한신韓信한테 망해 버렸다.

그런데 한신은 본래 항우의 사람이다. 항우 밑에서 졸병생활을 여러 해 했다. 헌데 항우가 미련해서 사람을 몰라본다. 누가 그를 천거해주는 사람도 없고.

해서 한신이 주릴 기飢 자 곰 웅熊 자, 기웅가飢熊歌를 지어서 불렀다. 주린 곰 노래. 대접이 너무 시원찮으니까 기웅가를 지어 불렀건만, 그걸 알아보는 사람이 없다. 항우가 자기를 써주지 않으니까 결국 유방을 찾아갔다. 거기서도 처음엔 눈여겨보는 사람도 없고, 맡은 관직도 별 볼일 없었다. 그 때 유방의 모사謀士 소하蕭何라고 있었다. 한신이 영걸인 것을 알아본 소하가 그를 상장군에 추천한다. 그러고는 한신에게 병권 전부를 맡겨 버렸다.

한신이 얼마나 강력하게 싸웠냐 하면, 초군을 앞에 두고 **배수진**背水
陣을 쳐버렸다. 등 배 자 물 수 자, 강을 등지고 진을 쳤다는 얘기다.
그러고서 **독전**督戰을 하는데, 뒤로 물러서면 강에 덤버덩 빠져서 죽을
테니 살기 위해서는 앞으로 나가는 수밖에 아무런 방법이 없다. 즉, 죽
기를 각오하고 싸웠단 말이다.

한신이 그렇게 하니 항우인들 무슨 수가 있나? 그때 항우가 '강동자
제 팔천인' 이라고 초나라 장정 8천 명을 모아 가지고 있었다. 그놈들
죄다 끌어다가 붙여 놓고 싸움을 하는게, 이번에는 한나라 장량張良이
꾀를 냈다. 남정산에 올라가 옥퉁소로 초가楚歌를 부르자, 한나라 병사
들이 다 그 노래를 불렀다. 하 뭐 밝은 달밤에 아주 처량한 곡조로 초
가를 불러대는데, 초나라 병사들이 잔뜩 지쳐 있는데다가 고향 노래를
들으니, 다들 집 생각이 나서 미쳐 버린다.

해서, 지금으로 말하면 연대장도, 대대장도, 중대장도, 집 생각나서
그냥 다 집어 내던지고, 살살살살 포복해서 각자 뿔뿔이 도망가 버렸
다. 연대장부터 졸병까지 다 도망갔으니, 아니 군대가 있어야 뭘 어떻
게 할 것 아닌가?

시운時運이 없으면 그렇게도 되는 것이다.

왜 내가 이런 얘기를 하느냐 하면, 제군들은 이렇게 여러 천 년 동안
인간 세상에 쌓여 내려온 모든 문제를 한 몸에 걸머지고서, 총체적으

로 **역사의 매듭을 지어 새 세상을 여는 주인공들**이기 때문이다.

그렇다고 제군들이 무슨 총칼 들고 나가서 싸우는 것도 아니다. 그저 상제님 말씀을 인용하면, "옛날 한 고조漢高祖는 마상馬上에서 득천하得天下하였다 하나, 우리나라는 좌상坐上에서 득천하하리라."(道典 5:6:7)고 하신 그대로다. 여기서 '우리나라' 라는 게 '나를 믿는 너희들' 이란 뜻이다. 일본인 세상에 우리나라라고 좋게 해야지 달리 얘기할 수 없잖은가?

한 고조는 말을 타고 항우하고 5년 동안 죽이고 살리고, 피비린내 나는 전쟁을 해서 천하를 얻었다. 하지만 우리 신도들은 가만히 앉아서 천하를 얻는다는 말씀이다.

일심정성으로 구해야

허나 세상만사라 하는 것이 자기가 **스스로 구해야 되는** 법이지, 구하지 않고 그냥 되는 법이 없다. 그게 될 수가 있나? 신명들이 갖다 끌어붙여주고 싶어도 안 받는 사람도 있지 않은가?

사람은 자기 자신이 구해야 된다. 하려고 하는 **자기 의지**가 있어야 한다.

상제님이 "인간의 복록을 내가 맡았느니라. 그러나 태워 줄 곳이 적음을 한하노니 이는 일심 가진 자가 적은 까닭이라. 만일 일심자리만 나타나면 빠짐없이 베풀어주리라."(道典 9:1:6~8)고 하셨다.

아니, 하려고 하는 놈이 있어야 복록도 태워주지, 하려고 하지를 않는데, 일심을 안 가졌는데 누구에게 복을 주나? 또 복을 태워주면 뭘 해? 받지를 못하는데. 심법이 안 돼 먹어서 줘도 못 받는데.

옛말에도 "지성至誠이면 감천感天이라, 지극한 정성을 들일 것 같으면 하늘도 감동한다."는 말이 있다. **지성감응**至誠感應이다. 지극한 정성을 들일 것 같으면 신명도 감동을 해서 응한단 말이다.

천지신명에게 아주 참 목마르게, "이렇게 좀 되게 해 주십사, 꼭 살려 주십사, 꼭 소원 성취하게 해 주십시사", 자꾸 이렇게 지극 정성으로 오늘도 내일도 구하면, 신명이 그 정성에 감응해서 꼭 그렇게 되게끔 도와준다.

신명계에 비상이 걸렸다

우리 증산도 신도들은 인류역사의 총체적인 매듭, 결실을 그냥 앉아서 받는다. 그 값어치는 수치로 계산할 수도 없다.

상제님이 "하늘이 사람을 낼 때에 무한한 공부를 들이나니 그러므로 모든 선영신先靈神들이 쓸 자손 하나씩 타내려고 60년 동안 공을 들여도 못 타내는 자도 많으니라."(道典 2:101:1~2)고 하셨다. 각 성의 선영신들이 천상공정에 참여해서 60년 동안 공을 들였어도, 자기 자손 살릴 기회 하나를 못 얻은 선영이 많다는 말씀이다.

이번에 제군들은, 자기 시조신始祖神서부터 5천 년 6천 년, 이렇게 쭉 내려오면서 한 백 대쯤 내려왔다고 볼 때, 백 대조 할아버지는 플러스 마이너스 해서 좋은 점은 몇 퍼센트, 세상에 못 되게 한 점은 몇 퍼센트, 그렇게 해서 결산을 하고, 또 99대 할아버지의 총 점수는 얼마, 98대, 97대, 96대 해서, 고조 할아버지, 증조 할아버지, 할아버지, 아버지, 나까지, 인생을 어떻게 살았다 하는 점수를 전부 모아서 총 매듭을 짓는 것이다. 점수계산을 그렇게 한다.

그걸 알아듣기 쉽게 얘기하느라고 내가 상제님 성구 하나를 덧붙인 것이다.

지금 신명계에는 비상이 걸렸다. 왜냐 하면, 자기 자손 하나라도 살려내야 그 신명 자신도 살 수 있기 때문이다.

내가 언젠가 얘기했을 것이다. 5백 년, 천 년 묵은 고목나무도 이런 손가락 만한 가지 하나라도 붙어 있어야 산다고. 그게 **숨구멍**이다.

썩은 건 썩었다 하더라도, 그게 붙어 있어야 그 밑에서 뿌리를 뻗을 수 있다.

그래야 5백 년, 천 년 묵은 고목나두가 다시 **생맥**을 가지고 살아나가지, 그 가지 하나를 똑 떼어내면 그건 영 아주 완전히 사멸당하는 것이다. 아니, 숨구멍이 없는데 썩지 방법이 없잖은가.

마찬가지로, 눈 멀고 다리 한 쪽 없는 안퐈 곱추 같은 병신 자손이라도 하나 있어야, 자자손손 내려온 조상들이 다 산다. 자손에게는 그 조상의 표적, 유전자가 있지 않은가? **자손이 숨구멍**이다. 고목나무에 산 가지 하나 있는 것하고 똑같다. 자손 하나라도 살려야 그 여러 대 신명들도 살고, 그 자손도 사는 것이다.

그러니 지금 신명계에서는 자손 하나라도 살리려고 얼마나 난리가 났겠는가? 비상이 걸렸다. 지금 이 자리에 앉은 신도들 조상도 마찬가지다.

헌데 그 동안 조상들이 살아온 인생을 플러스 마이너스, 전부 다 총결산해서, '이 사람은 열매를 맺을 만한 값어치가 있는 조상의 자손이다.' 하는 사람들만 증산도에 들어와 살게 되어져 있다.

그 얘기를 다시 한 번 뒷받침하자면, 수수백 대를 결산해서 적악가의 자손이 들어오면, "여기는 네가 있을 데가 아니니라." 하고 앞이마를 쳐서 내쫓고, 적덕가의 자손이 들어왔다가 나가려고 할 것 같으면, "너는 여기를 떠나면 죽느니라." 하고 뒤통수를 쳐서 집어넣는다고 하

신 상제님 말씀이 있다. (道典 8:28:5~6)

다시 또 상제님이, "선영의 음덕(蔭德)으로 나를 믿게 된다."(道典 8:28:4)고도 하셨다. 『도전』을 보면 그런 여러 가지 말씀이 있다.

하니까 제군들은 세상을 좋게 살아야 된다. 남 눈 속여서 재물 빼앗고, 거짓말해서 남에게 돌아갈 것 내게로 빼돌리고, 나 잘되기 위해서 허튼 수작 부리고 그러면 안 된다.

사람은 착하게 살아야 한다. 이 자리에는 착하게 세상을 산 사람들의 자손만 모였다고 보면 된다. 헌데 역으로 자기 자신이 못 되게 행동하면, 제 조상의 음덕을 깨먹는 것이다. 옛날 문구에도 있지 않은가? "적덕지가積德之家에 필유여경必有餘慶이요, 적악지가積惡之家에 필유여앙必有餘殃이라.", 적덕한 가정에는 반드시 음덕이 있고, 적악한 가정에는 반드시 그 남은 재앙災殃이 있다고.

인간 씨 종자 추리는 게 천지일월인간의 역사적인 사명

결론적으로, 인간 씨 종자 추리는 것이 바로 천지와 일월과 인간의 역사적인 사명이다. 천지, 일월, 인사의 사명이라는 것이, 이렇게 인류 역사를 여러 천 년 끌고 내려오면서 사람 농사를 짓고, 씨 종자 건져서, 상제님 진리 하나 매듭짓는 것이다.

이건 증산도 종도사만이 할 수 있는 얘기다. 지식만 가지고 되는 것도 아니고, 나 외엔 이걸 볼 줄 아는 사람이 없다.

천지·일월·인사라는 것은 사람농사를 짓기 위해서 있는 거고, 천지·일월도 기본 원칙대로 인간역사를 이렇게 이뤄놓은 것이다.

지나간 세상이 상극이 사배한 세상이 돼놔서, 인간의 역사도 그렇게 진행되지 않았는가? 선천의 역사정신이 그랬기 때문에, 상제님 공사 내용도 필연적으로 그렇게 될 수밖에 없었고, 지금 세상 판도가 이렇게 펼쳐져 온 것이다. 이 정도만 얘기해도 제군들은 다 이해가 될 것이다.

하니까 두말할 것도 없이, **상제님 신도들은 천지, 일월, 인류역사를 매듭짓는 결정체다!**

이렇게 알고, 제군들은 그에 대한 사명의식을 가져야 한다. 이게 상제님 진리의 총체적인 결론이다. 때도 천지의 이법理法도 우주 가을개벽이고, 그것으로 상제님 진리도 매듭을 짓는다.

이제 시간이 얼마 남지 않았다.

우선 알기 쉬운 예로, 내가 자주 하는 얘기지만, 상제님이 "상씨름판, 삼팔선에 소가 나가면 판이 걷힌다."고 하셨다. (道典 5:7:3~4) 실제로 지금 다 걷혀 나가고 있잖은가.

그러고 나면 이제 병목밖에 없다.

헌데 그 전에 또 하나가 남아 있다. 그건 말하기 곤란해서 내가 얘기를 않고 싶지만, 남쪽 상투쟁이 북쪽 상투쟁이들이 서로 샅바를 잡고서 지금 한 50년째 힘 겨루기를 하고 있는데 아직까지 승부가 안 났다. 어떤 판이고, 어느 한 쪽이 무릎을 꿇든지 손을 짚든지, 앞으로 자빠지든지 뒤로 자빠지든지 해야 승부가 나는 것 아닌가? 헌데 아직 그게 없다.

『도전道典』을 보면, 상제님이 공사 보시면서, "상씨름이 넘어간다!" (道典 5:236:9) 하고 소리치신 구절이 있다. 허면, 넘어가니까 이기고 지는 게 있을 것 아닌가. 씨름쟁이 간에 뭔가가 있다는 얘기다. 내가 자세히 얘기할 수는 없지만, 그런 게 있을 것이다.

지금 『도전』에는 안 나오지만, 성도들이 "그러면 다 죽게요?" 하니까, 상제님이 "병이 없다더냐?" 하신다. "병이 없다더냐?" 그러니까 상황이 벌어지면, 병으로 판몰이를 한다는 말씀이다.

지금 시운이 급하다. 그 이상은 더 얘기할 수도 없다.

그걸 제군들은 눈으로 보지 않고 닥치지 않아서 맛을 못 봤으니 글쎄, 우습게 생각할라나 모르겠다.

허나 상제님 공사내용은 프로 짜 놓으신 그대로만 된다. 아주 머리털만큼도 틀림이 없다. 시간도 장소도 그 형태도! 우리는 이제 **목전에**

그것만 남겨놨다. 몇 월 며칠 몇 시, 그렇게 시간까지 얘기해주면 좋겠지만, 그건 있을 수가 없잖은가. 더 이상 알 필요도 없는 거고.

상제님 자신이 "내가 개벽장이다."라고 하셨다. 상제님은 개벽하시는 어른이란 말이다, 개벽장!

반드시 육임을 짜라

제군들, 그 동안에도 많이 애썼다만, 나중에 후회하지 말고 부지런히 포교해라.

의통목이 지나면, 암만 포교를 하고 싶어도 대상이 없어서도 못한다. 자, 어머니 아버지 포교 안 해서 다 죽어버렸고, 형제도 처자도, 인아족척姻婭族戚도, 동창도, 친한 사람도 상제님 진리로 엮어놓지 않아서 다 떠나 버렸는데, 남은 게 뭐가 있나.

의통목이 지나고 나면, 소, 개, 말, 돼지 이런 짐승들만 남는다. 그건 의통하고 관계없는 거니까. 허면 그놈 붙잡아다가 포교할 건가? 그걸 포교해서 뭐하나? 사람이 길러서 잡아먹는 건데.

그 때가 되면 포교하고 싶어도 포교할 대상이 없다. 내가 지금 아주 매듭을 지어주는 것이다. 이렇게 해도 제군들이 포교 안 하면 않는 거지, 무슨 도리가 있나? 제 자식이라도 않겠다는 데는 도리가 없잖은가.

의통목 지나고 나면, 그 신명들이 와서 "너 혼자만 살아서 좋겠다." 하고, 좀 덕 있는 신명들이라면 "나는 죽었지만, 축하한다." 그래줄려나? 하하하. 신명들한테 그런 축하 받으니까 좋을라나. 아니, 축하를 해? "너 혼자 잘 살아봐라. 에이, 나쁜 놈!" 하고 욕이나 하겠지.

하니까 **세상을 위해서 포교를 해라.** 우리는 상제님, 진짜 하나님의 신도다.

헌데 제군들은 아직도 그렇게 편안하게, 나 혼자만 살고, 딴 사람들은 죽든지 급살맞든지, "내 알 바 아니다."하고 뒷짐지고들 앉아있다. 어떻게 그럴 수가 있나.

상제님 진리를 백 퍼센트 확신한다면, 그렇게 포교를 안 할 리가 없다. 그런 걸 보면, 못 하는 게 아니라 않는 것이다.

상제님 진리를 백 퍼센트 믿는다면, 아주 진정 어린 정성을 가지고 포교대상자를 찾아가서, "한번 신앙을 같이 해보자."고 해 봐라. 포교 안 될 리가 있나? 아니 세상을 더럽게 살았든지, 남한테 거짓말이나 해서 신용 잃어버리고, 미움 살 짓이나 해서 무슨 말을 해도 남들이 곧이 안 들어서 포교가 안 되는지는 모르지만, 왜 포교를 못 하는가.

제군들은 반드시 육임六任을 짜라!

손자 죽은 할아배 모양 그렇게 앉아 있지만 말고; 지금이라도 정신

바짝 차려서 포교를 해라. 나 혼자만 살면, 양심에 가책 받아서도 뒷세상에 편안하게 살 수가 없다. 자기 가족서부터 인아족척 다 죽었는데, 무슨 낙이 있겠나.

이번에는 천지도 열매를 맺는다. "**천지**天地는 **만물지택**萬物之宅이요", 천지라 하는 것은 만물의 집이요, "**일월**日月은 **우주지정**宇宙之政이라", 일월이라 하는 것은 우주의 정사政事를 하는 것이다. 이번은 12만 9천6백 년 만에 오직 한 번 있는 기회다.

하늘 땅 생긴 이후로, 이보다 더 큰 비전이 없다. 이건 제군들 각자가 천지의 역군, 역사적인 역군으로서, **후천의 개창자, 새 세상을 여는 개창자**가 되는 일이다. 개인적으로는 시조, 두겁조상이 되는 거고. 하니까 이 좋은 기회를 절대로 놓치지 말아라.

제군들, 그 정력을 두었다가 어디다 쓸 것인가? 지금은 사실이, 몸뚱이가 열이라도 부족한 때다.

저 한漢 무제武帝 같은 사람은 싸울 때, 그저 한 시간 여유만 있어도 전쟁을 마무리해서 승리로 이끌겠는데, 막 서산에 해가 기울어진다. 하니까 칼끝으로 냅다 태양을 꿰서 잡아올렸다. 했더니 태양이 칼끝에 꿰어져서 한 댓 발이나 올라온다.

그건 한 무제 정신에 끌려서 올라오는 것이다. 아니, 태양 있는 데가 여기서 거리가 얼만데 칼끝으로 태양을 꿰서 끌어올리겠나. 정신력으로 그렇게 한 것이다.

그러고서 전쟁을 승리로 이끌고 나니까, 금세 깜깜해져 버린다. 그 정신, 그 무서운 정신을 봐라. 사람은 그런 정신을 가져야 된다.

우선적으로 상제님 일만 하자

제군들은 지금처럼 초로인생으로 살려고 하지 말고, 여기 앉았는 종도사의 정신을 본떠라.

나는 스물 네 살에 8.15를 맞이해서, 지금까지 백절불굴百折不屈하고 전부를 다 바쳐 상제님 사업을 해 오고 있다.

지금 제군들이 하는 건 거저먹는 일이다. 팔 짚고 헤엄치기다. 상제님이 틀 다 짜 놓으신 것, 제군들이 하려고 하는 정성만 가지면 그냥 되는 일이다. 그저 진리와 더불어, 세상과 더불어 같이 덧붙이면 되는 것이다.

내가 구호로써 하고 싶은 얘기를 대신하겠다. 내가 선창하면 따라서 복창을 해라.

천리는 때가 있고, 인사는 기회가 있다!

(복창)"천리는 때가 있고, 인사는 기회가 있다!"

천리는 때가 있고, 인사는 기회가 있다!

(복창) "천리는 때가 있고, 인사는 기회가 있다!"

천리는 때가 있고, 인사는 기회가 있다!

(복창) "천리는 때가 있고, 인사는 기회가 있다!"

천리라 하는 것은 때가 있는 것이다. 일 년, 생장염장生長斂藏하는 가운데 추수철은 지금 한 번밖에 없지 않은가?

이제 매듭을 짓는다! 천지도 12만9천6백 년 만에 처음으로 열매를 맺고, 인류문화도 새 문화, 인존문화로 매듭을 짓는다. 역사도 매듭짓고, 또 인사적으로도 자자손손 내려와서 여기서 매듭을 짓는다.

지금은 이 우주가 총체적으로 매듭짓는 때다. 지금은 이렇게 좋은 때, 만날래야 만날 수 없는 천재일우千載一遇의 기회다.

따라해 봐라.

멸사봉공하자!

(복창) "멸사봉공하자!"

멸사봉공하자!

(복창) "멸사봉공하자!"

멸사봉공하자!

(복창) "멸사봉공하자!"

세상에서 할 일도 많을 테지만, 가능한 한계 내에서 우선적으로 상제님 일만 하자, 상제님 일만! 사사일은 도성덕립된 다음에 얼마고 할 수 있다.

상제님 사업은 뿌리장사! 기회를 놓치지 말라

상제님 말씀에 "세상 사람들이 물건 장사 할 줄만 알지, 천지공사 뿌리장사 할 줄은 모르는구나."(道典 9:62:6)라고 하신 말씀이 있다.

상제님 사업은 뿌리장사다. 하늘 땅 생긴 이후로 이런 장사가 세상에 어디 있나? 세상 사람들이 너무너무 이利끗에만 몰두하니까 상제님도 그런 술어를 쓰신 것이다. "장사는 뿌리장사가 제일이다.", 상제님 일이 세상에서 가장 밑뿌리, 진짜 고갱이란 말씀이다.

헌데 이 기회를 놓쳐 버리면, 다시는 기회 포착을 못 한다. 죽었다 깨어나도 못 하고, 억울하다고 어디다 머리 찧어봤자 소용이 없다. 하니까 이 좋은 기회를 절대로 놓치지 말아라. 내가 아주 신신당부를 하는 것이다.

그런 줄들 알고, 제군들은 반드시 육임을 짜라.

"나는 무엇을 위해서 이 세상에 왔나?" 할 때, "나는 상제님 사업을 하기 위해서 이 세상에 왔다." 이렇게 돼야 한다. 이건 신앙인으로서는 아주 지당지당 대지당한 얘기다.

"이 증산도 살림이 원 내 살림이고, 내가 먹고사는 일은 사생활이다. 상제님 사업하는 과정에서 이건 내 사생활이다."

아니, 이렇게 돼야 무슨 천하사도 얘기할 수 있고, 천지 역사를 하는 역군이라고 할 수 있지, 그렇지 않으면 얼굴 간지러워서 무슨 얘기가 되나.

일정日政시대의 경험

내가 일정시대에 세상 경험을 쌓으려고 천지 사두방 안 다닌 곳이 없었다. 일본이 대동아 공영권이라고 해서 2차 대전을 일으키고, 무섭게 날뛰는데 어쩔 수 없지 않은가. 여기 인천으로, 저 서울로 아무 일 없이 그냥 방랑생활을 했다. 내가 인천을 얼마나 잘 아는지, 인천하고 서울하고 인력거꾼 노릇 하라고 해도 번지수 하나 안 틀리고 갈 수 있다.

그러면서도 금일 충청도, 명일 경상도, 오늘은 조선, 내일은 만주, 모레는 북지로 돌아다녔다. 하도 많이 다녀봐서, 부산서 신의주, 서울서 저 상상봉까지, 경원선 정거장 이름을 쭉 다 외웠다.

내가 무슨 일이 있나? 그저 돌아다니면서 세상 구경하는 거지. 일본 인들 싸우는 거 구경하고, 낮 열두 시 되면 딴 사람들은 국방모 쓰고 묵도하는데, 난 하기 싫어서 어디로 숨어 버렸다.

내가 여기 인천에 있을 때, 저 용동 마루턱에 있던 '애관' 이라는 극 장 옆에 '조선여관' 이라고 있었다. 그 여관 주인이 곰보다. 가면 콩깻 묵밥을 주는데, 겨우 한 웅큼 준다. 그 때는 내 나이가 한참 때 아닌가. 나 혼자 한 너덧 그릇 먹어야 양이 찬다. 그래 두 사람 몫을 시켜서 겸 상으로 차려 먹는데, 주인이 "아니, 손님 하나는 어디 있어요?" 한다. 그러면 "그냥 갖다 놓으면 되지 않느냐." 하고 얼른 한 그릇 비우고 그 릇을 바꿔놓고 또 먹는다. 헌데 언제까지 그 짓을 할 수가 있나. 해서 저 김포에 와서 지금 저 종정의 어머니를 오라고 했다.

여기 김포에 가면 양촌면이라고 있다. 그 양촌면 식량 책임자가 나 하고 친했다. 쌀을 많이 줄 테니 자기 동네로 와 살라고 해서, 거기서 살다가 8.15를 맞이했다. 8.15를 맞이하고서야 집에 돌아가 상제님 사 업을 시작한 것이다. 그렇게 포문을 열었다.

그렇게 내가 일본인 세상에 잘 다니고, 국제인물들하고 별의별 짓을 다 하고 다녔다. 세상 말로 그렇게 까졌었다. 그 때 내가 만물박사 소 리를 들었던 사람이다. 그 때는 젊어서 세상 사람들이 "참 잘 생긴 사 람."이라고 그랬고, 말도 참 기가 막히게 잘했다.

그런 스물 네 살 먹은 내가 한다는 게, 세상 사람들에게 강증산을 믿으라는 거였다. 세상천지, 그 때 누가 강증산을 아는가? 내가 또 작은 소리 하는 것도 아니고, **"지구촌에 세계가족을 건설한다."** 하고 다녔으니 다 미쳤다고 하지.

그렇게 날뛰었어도, 80 평생을 햇빛도 못 보고 지금까지 왔다. 여태도 난 햇빛을 못 봤다. 시간이 안 됐으니 별 수 없지 않은가.

정성을 다 쏟으라

내가 그렇게 포교를 해봤기 때문에 안다. 한두 달은 한 열 명도 포교가 안 된다. 허나 한 석 달쯤 지나면 열 명, 스무 명, 서른 명, 백 명, 가속도가 붙어서 막 불어나기 시작한다.

그렇게 하려면 죽고 살고, **전부를 다 바쳐야** 된다. 그까짓 것 **가다가 어두우면 돌도 베고 자고, 배고프면 물도 실컷 마셔 보고.** 가다가 **배가 고파 쓰러져 죽다시피 하면 업어다가 밥 해주는 사람도 있었다.**

난 그렇게 했다. 뭐 별 도리가 없잖은가? 죽고 살고 다 바쳐 버렸으니까 말이다.

잘 살려면 한도 없는 것 아닌가. 그저 연명하면서 죽기살기로 뛰어야 한다.

이 혓바닥이 물건이라면, 아마 내 혓바닥은 백 번도 더 닳아 떨어졌을 것이다. 근래엔 그렇게 말을 많이 않지만, 잠자는 시간 빼놓고는 언제고 이 입술이 날날날날 했다. 밥 먹으면서도 "식고는 이렇게 해야 된다." 얘기해 주고. 그 때는 책이 한 권도 없지 않은가. 단 일 페이지도 없었다. 그러니 처음부터 끝까지 입으로 다했다, 이 입으로.

제군들도 한번 그렇게 정성을 다 쏟아서 해 봐라.

아니, 그렇지 않고서 어떻게 남 죽는 세상에 살고, 개인적으로 두겁조상이 되기를 바라는가. 대충 일해서 이 죽는 세상을 건지려고 한다면, 애들 문자로 멀쩡한 도둑놈이지, 그게 얘기가 되나?

천하사는 나처럼 해야 한다.

민족종교 증산도, 세계종교 증산도

그 시절에 강증산을 누가 알았는가. 헌데, 조금 있으면 강증산 모르면 간첩이라고 하는 세상이 온다. 상제님이 그렇게 되도록 틀을 짜 놓으셨다.

사상연구소 박사 40여 명이 지금 세계 각색 언어로 『도전』을 번역하고 있다. 곧 영어, 불어, 독일어, 서반아어, 일본어, 중국어, 러시아어 등등으로 번역돼서, 『도전』이 전 세계에 다 퍼질 것이다.

상제님 진리는, 한 번 터져 나오기 시작하면 순식간에 싹 돌아가 버린다. 세상에 이런 진리가 어디 있나? 우주의 주재자이신 상제님이 오셔서 **우주의 새 틀을 짜 놓으신 진리**인데!

그러면, "야, 과연 증산 하나님이 이 세상에 오셔서, 천지공사라는 신명공사를 보시고 세상 돌아가는 새 틀을 짜 놓으셨구나. 그래서 일·독·이 삼국동맹 해서 2차 대전도 일어났고, 우리나라에 오선위기로 삼팔선이 나뉘고 이런 남북 문제도 생겨났고. 아, 그러고서 보니까 **결론적으로 병으로써 심판하는 의통목**도 오는구나." 이런 게 세상에 자연 알려질 것 아닌가?

지금 이 세상은 생명공학이니 뭐니 해서, "천하天下는 오호정惡乎定고, 이 세상이 어떻게 될 것이냐?" 하듯, 수많은 학자들이 백 번 만 번, 머리 터지게 연구해 봤자 별스런 방법도 없고, 이 세상이 왜 이렇게 돌아가는지 알 수도 없다. 참 오리무중이다.

해서, 지금 이 지구상에 사는 사람들이 전부 뭔가를 찾고 있다. 한데 뭐가 있나? 없으니까 그냥 헛물만 켜고 있는 것이다. 상제님 진리를 모르니까.

지금은 학자들이 글쓸 거리가 없어서 못 쓰는 세상이다. 세상에 있는 것은 발라서 쓸 대로 다 써 버렸다. 공자 진리도 발라서 쓸 대로 다 썼고, 불교, 기독교도 다 발라 써 버렸다. 우리나라 율곡 이이니 퇴계 이황 등도 학자들이 다 발라 써 버려서, 크고 작은 것 하나도 남은 게 없다.

학계에서나 어디서나 상제님 진리를 몰라서 그렇지, 상제님 진리가 어디 한 군데서 터져 나와 세상 뉴스거리라도 되면, 세계적으로 수많은 학자들이 "왕!" 하고 다 달려붙어서 난리가 날 것이다.

아까 얘기한 대로, 지금은 전세계가 일초 생활권이다. 이런 정보화, 세계화 세상에 상제님 진리가 세상에 알려지기만 해 봐라. 단 일 초면 이 나라, 저 나라로 금방 퍼져 나간다. 상제님 진리가 세계화되는 것은 그렇게 순간적으로 될 수도 있단 말이다.

"장량張良, 제갈諸葛이 두름으로 날지라도 어느 틈에 끼인지 모르리라."(道典 7:24:1)는 상제님 말씀도 있지 않은가. 이제 의통목 전에 그게 터져 나온다.

또 그렇지 않아도, **상제님 문화는 곧 세계화**가 된다. 병목이 있고 없고를 떠나서도 세계화가 된다. 왜 그러냐? **상제님 진리는 우주원리의 본질**이 되기 때문이다. 아주 우주원리의 본 바탕이기 때문이다.

다시 얘기해서, 상제님 진리는 우주원리, 자연섭리다. 그러니까 우리 민족적 위치에서 보면 민족종교 증산도고, 또 세계로 보면 세계종교 증산도다. 아주 그렇게 되어져 있다. 내가 묶어서 한마디로 정리해서 하는 소리다. **민족종교 증산도**, 증산도 민족종교, **세계종교 증산도**, 증산도 세계종교! 그렇잖은가?

하니까 공중 헛물켜지 말고, 좋은 자리 주고 여유 있을 때 부지런히 뛰어라. 상제님 진리가 세상에 알려지기 시작하면 그 땐 이미 늦다.

새로 태어나 전부를 다 바쳐 일하라

제군들은 **이제 새로 태어나라.** 그렇게 비단요 깔고 비단이불 덮고, 뜨뜻한 데서 일고여덟 시간씩 자면서 편하게 살 생각은 당분간 좀 접어 둬라. 한 너덧 시간 웅크리고 새우잠 자고 활동해도 충분하다.

나는 한참 돌아다니다가 눈 위에서도 자 봤다. 졸린 건 못 배긴다. 사람 하나를 세워두고, 눈 위에서 그저 10분도 자고, 15분도 자고, 그렇게 일을 했다. 어려움 없이 되는 일이 어디 있나?

상제님이 다 만들어 놓으신 것, 누구도 하면 되는 것이다. 이건 무슨 복불복福不福도 없다. 상제님 진리는 어느 누구도 하기만 하면 성공을 한다.

하니까 전부를 다 바쳐서 해라.

또 '나 혼자만 성공하겠다.' 하는 개인주의는 버려 버리고, 국가와 민족을 위해서, 전 인류를 위해서, 가족을 위해서, 세상을 위해서, '할 수만 있다면, 이 한 몸은 희생타도 될 수 있다.' 하는 정신을 가져야 한다. 그렇다고 희생타가 되나? 아니다.

나는 언제든지 죽을 준비를 하고 살았다. 지금도 마찬가지다. 그래서 전부를 다 바쳐서 뛰었다. 그렇건만 죽지도 않는다. 상제님 신앙하는 사람은 죽고 싶어도 죽어지지도 않고, 오히려 더 건강해진다.

나는 밥을 요만큼만 먹으면 배가 찬다. 그런데 말을 하다 보면 점점 기가 살아서 소리가 더 강력해지고, 열 시간을 소리질러도 피곤한 줄 모른다. 그게 다 천지신명이 도와줘서 그런 것이다.

죽기는 왜 죽나? 왜 병이 나고? 나는 여태 감기도 한 번 안 앓아봤다. 여태 그렇게 세상에서 활동하고 했어도, 지금 이 시간까지 누워서 앓아본 사실이 없다. 상제님 사업은 전부를 다 바쳐서 하면, 할수록 건강해진다. 80 늙은이가 딴 사람 같으면 벌써 코(go~) 했을 것 아닌가. 허나 내 목소리만 들으면 젊은 사람하고 똑같다. 어디 손색이 있나?

하니까 제군들도 전부를 다 바쳐서 일해라, 전부를 다 바쳐서! **사람 하나라도 더 살리기 위해서 전부를 바쳐서 뛰어야 한다.**

헌데 이 증산도 종도사가 전부 다 바치라고 하는 것은 딴 사람들이 바치라고 하는 것하고는 다르다. 공부하는 학생들 공부 열심히 해서

학점 더 잘 맞고, 직장에 있는 사람들 직장에 더 성실하고 충성하면서
도, 나머지 시간 전부를 다 바쳐서 하란 말이다. 그러면서도 상제님 사
업을 얼마고 할 수 있다.

신앙은 생활화, 체질화가 돼야

신앙은 생활화, 체질화가 돼야 한다. 호흡하듯이 자연스럽게 해서,
몸에 배야 한다. 호흡은 하려고 의도적으로 해서 되는 게 아니잖은가.
그저 자연스럽게, 숨 들이쉬고 내쉬듯이, 생시로 깨어있을 때나 잠잘
때나 고르게 호흡하듯이, 그렇게 신앙을 해야 된단 말이다.

자연스럽게 청수 모시고, 자연스럽게 주문 읽고, 누구를 만나면 자연
스럽게 상제님 진리를 얘기하고. 그걸 쑥스럽고 이상하게 생각하지 말
아라. 이제 이 세상이 그렇게 돼 간다. 우리가 사는 세상은 상제님 세
상이다.

오늘 저녁에 내가 천지·일월·사람의 역사의 비밀을 얘기했는데,
어려운 것 같으면서도 쉽고, 알기 쉬운 것 같으면서도 굉장히 어려운
얘기다.

상제님 세상 하나가 만들어지느라고, 여러 천 년 동안 그렇게 굉장

한 전쟁을 하고, 서로 뺏고 뺏기고, 죽이고 살리며 오늘날까지 왔고, 그 속에서 여러 억조의 인구가 세상을 살다 갔다.

이번에 그 모든 것에 대한 총체적인 결론이 맺어진다. 이 매듭짓는 좋은 판에, 제군들도 한번 전부를 다 바쳐서, 능력이 허락하는 한 최선을 다 해서 좋게 매듭짓자는데, 왜 싫은가? 이 뱃심좋은 종도사가 다 매듭지어 놓고, 제군들은 결산만 하면 되는데 뭐가 그리 어려운가. 이 증산도 종도사의 뱃심은 천지를 뒤흔드는 뱃심이다.

지금 여기 앉아있는 신도들만 똘똘 뭉쳐도, 천하를 열 번도 더 뒤집어 놓는다.

하니까 다 바쳐서 해보겠다고 하는 사람, 어디 손 좀 들어봐라.

됐다! 아주 백 퍼센트다.

다시 한 번 강조하거니와, **인류역사가 생긴 이후로 가장 비전 많은 데가 여기 증산도다. 상제님 일은 천지의 열매를 따는 일이다.** 세상에 천지 열매 따는 일보다 더 큰 비전이 어디 있는가.

제군들이 상제님 신앙을 해서 천지에 공 쌓는 건, 어떤 사람이 뺏어가지도 못한다. 누가 어떻게 뺏어가나? 하니까 제군들! 좀더 정신을 가다듬고 걸음을 재촉해서 멋지게 한번 일해 보자. 그렇게 하지?

"예!"

큰일 하는 사람은 아주 체계적이고 조직적이고 치밀하고 규모적이어야 한다. 치밀한 계획을 세우지 않고서는 큰일을 못 한다.

부디 내 말을 명심하고, 잘 해봐라. 이상!

정의로운 신앙심으로 태을주를 읽으라

동지 치성, 도기 129(1999). 12. 22.

이제 말세의 개벽 세상을 당하여

앞으로 무극대운無極大運이 열리나니

모든 일에 조심하여 남에게 척을 짓지 말고

죄를 멀리하여 순결한 마음으로

정심 수도하여

천지공정天地公庭에 참여하라.

나는 조화로써 천지운로를 개조改造하여

불로장생의 선경仙境을 열고

고해에 빠진 중생을 널리 건지려 하노라.

(道典 2:20:2~4)

정의로운 신앙심으로 태을주를 읽으라

태을주는 자연 섭리의 귀결점

이 증산도 종도사는 입만 열면 태을주 타령이다. 왜 그러냐 하면, 태을주는 **앞 세상 전 인류에게 제 1의 생명**이기 때문이다. 태을주는 전 인류에게 제 1의 생명이고, 각 개인의 생명은 제 2의 생명이다. 이번 개벽 때에는 누구도 태을주를 읽어야만 살고, 태을주를 안 읽으면 죽는 수밖에 없다. 그런데 그 동안에는 증산도 종도사가 태을주 안 읽으면 죽는다는 소리를 하기가 안됐어서, 그냥 **몸에서 태을주 냄새가 나도록 읽어야 한다**는 말을 가끔 한 사실이 있다.

상제님 진리가 태을주로 비롯해서 태을주로써 매듭짓는다. 이건 더도 덜도 없는 얘기다. 진리 자체가 그렇게 되어져 있다.

그러면 태을주란 도대체 무엇인가.

태을주는 자연섭리의 결론이다.

내가 이런 얘기를 귀가 솔도록 하지만, 자연섭리가 성숙됨에 따라 봄에서 여름으로 넘어가고, 또 봄여름이 성숙됨에 따라 가을이 되면 열매를 맺는다.

인류역사도 마찬가지다. 인류역사의 법칙이란 자연섭리에 위배되어 제멋대로 이루어지는 게 아니다. '본래 그렇게 정해져 있는' 자연섭리에 따라, 천리가 성숙함에 따라 조성되는 것이다. 이렇게 알면 아주 참 더도 덜도 없다.

그래서 내가 입버릇처럼 노냥 "상제님 진리는 우주원리다. 대자연섭리다."라고 한다.

자연섭리가 바로 상제님의 진리다! 그리고 태을주는 자연섭리, 우주원리의 귀결점이다. 대우주 천체권이 형성되고 역사가 시작된 때부터, 그렇게 태을주로 귀결되도록 되어 있단 말이다.

전부를 다 바쳐 참신앙 정신으로

증산도에서는, **원시반본**原始返本을 바탕으로 해서 진리를 전개한다. 원시반본이라 하면 근본으로 돌아가는 것, 뿌리자리로 돌아가는 것을 말한다.

태을천의 상원군님이 전 인류의 생명의 뿌리다. 아주 밑자리다. 그래서 상원군님을 도외시하고, 상원군님을 접목시키지 않고서는 앞 세상을 살아나갈 수가 없다.

또 태을주의 원 바탕이 상원군님이시다. 태을천 상원군님을 뿌리로 해서 태을주가 구성됐다.

내가 근래에 와서 입버릇처럼 하는 소리지만, **만사무기**萬事無忌 **태을주**다. 태을주만 읽으면 세상 만사 안 되는 일이 없다. 세상만사에 거리낄 것이 없다.

또 **만병통치**하는 것도 **태을주**다.

내가 한평생 태을주 사업만 한 사람이다. 오직 외길 인생으로 80 평생을 살아왔다. 그 동안 내가 태을주를 읽어서 못 고친 병이 없다. 문둥병도 고치고 골수염 같은 것도 고치고, 폐병 같은 것도 고쳐봤다. 하여튼 이 세상의 병들을 다 열거할 수는 없지만, 태을주를 읽어서 못 고쳐 본 병이 없다.

그건 누가 대 주어서 억지로 읽는다고 되는 게 아니고, 또 교환식으로 태을주 읽어서 복 받으려는 생각으로 읽어도 안 된다. 그저 **참신앙**을 하면서, 태을주를 신앙하든 어쩌든, 신앙이라는 차원에서 전부를 다 바쳐 믿으면서 읽어야 한다. 또 병 고치고 나서 절대로 신앙을 배반하지 말고.

태을주권 내에서 전부를 바쳐 순리대로 살고, 절대 **신의를 저버리지 않는 의리 있는 사람**이 되겠다는 정신을 가지고 태을주를 받아들여야 한다. 자기에게 필요하면 달려들어 똑 따먹고, 그렇지 않으면 발길로 툭 차 버리는 건 있을 수 없는 일이다.

지금 군산에서 신앙하는 민모라는 신도가 있다. 그가 예전에 골수염 환자였다. 딴 곳도 아니고 여기 발 통뼈에 염증이 생겨서 골수가 썩는 병이다. 이런 큰 뼈 속에서 골수가 썩어서 흘러나온다. 그러니 어땠겠는가? 송장 썩는 냄새는 유도 아니다. 골수염 앓는 사람 옆에는 가지도 못한다, 그 냄새 때문에.

그가 태을주를 읽고서 병이 나았다. 그런데 병만 고치고는 신앙을 안 하고 배반해 버렸다. 신앙 안 하는 것까지도 좋은데, 배반을 해 버린 것이다. 완전히. 참 나야 뭐 뻔히 다 아니까 '너는 다시 재발할거다, 몇 해 지나면.', 이렇게 생각했다. 그런데 아니나다를까 재발해 버렸다.

그러자 그 어머니가 내게 찾아와서, "아이구 선생님, 우리 아들이 또 재발했는데 어떻게 다시 살려주실 수 없을까요?" 한다. 아니, 내가 그걸 어떻게 살리나.

하다하다 안 되니까 다시 태을주를 읽고 있다고 한다. 내가 그 어머니보다 나이를 더 먹었다. 그래 내가 이런 얘기를 해 줬다. "그렇게 상품 팔아먹는 식으로 약삭빠르게 살아서 되겠느냐?"고.

그 후부터는 태을주 잘 읽고 상제님을 잘 모시고 있다. 천안에 가서도 살고 여기저기 돌아다니면서 사는데, 도장에 가끔 나가 보면 그 신도가 와 앉아 있다. 이제 한 마흔 대여섯 됐을 것이다. 지금은 저 살기 위해서 신앙을 잘 하고 있다.

태을주의 기적

태을주를 읽으면 병만 고쳐지는 게 아니고, 늙은 사람은 아주 오래오래도 산다. 태을주를 잘 읽으면 백 살을 먹어도 건강하다.

지금도 오면서 보니까, 저 아산도장의 박재근 신도가 와 있다. 그 신도 연령이 나하고 비슷할 것이다. 그가 50여 년 전 신도다. 내가 8.15 그 다음 해인가 스물다섯 살에 포교시켰으니까, 그쯤 될 것이다. 재근이 여기 있지? 어디 있어? 한번 일어나 봐. 봐라. 저렇게 늙은 영감이다. 지금은 요 몇 해 전보다도 더 건강해졌다.

내가 저 신도를 보고 늘 하는 소리다. "태을주 잘 읽고 신앙 잘하면 수명을 연장하고 오래오래 살 거다." 저 사람과 함께 신앙하다가 그만

둔 사람들은 다 죽어 버렸다. 다 죽었다. 사실 내가 저희 선생님이다. 신앙하는 저희들한테는 내가 하나님 같은 사람 아닌가? 저희가 내 말을 잘 들었으면, 하나도 안 죽었을 것이다.

아산에 내 부동표가 얼마나 많았는지, 5.10 선거 때 벽보 한 장 없어도 출마만 하면 틀림없이 당선된다고 했다. 내게 부동점 6천 점이 있다는 것이다. 그러니 얼마나 신도가 많았겠는가.

지금 제 3변에도, 내가 일어나 한 바퀴 돌면 아마 여기 있는 신도들보다 따라나서는 사람이 더 많을 것이다. 하지만 그 사람들 다 늙어 빠졌고, 그리고 한 번 배반한 사람은 다시 건지고 싶질 않다. 그 인간성을 너무너무 잘 봐왔기 때문이다. 아니, 신앙을 내던졌는데 그걸 또 어떻게 받아주나? 그래도 저렇게 쫓아오는 사람이 있다. 헌데 저 사람 건강이 젊은 사람하고 비슷하다. 지금도 자꾸 건강해지고 있다. 상제님을 잘 믿기 때문이다.

그렇게 상제님을 잘 믿고 태을주를 잘 읽을 것 같으면, 무슨 사고가 나도 산다. 거짓말처럼 그런 일이 숱하게 있다.

다 똑같은 하늘 아래 살면서, 우리 신도라고 해서 차 사고가 안 날 수가 있나? 헌데 뭐 그런 사고가 아주 많이 있어도, 우리 신도들은 전혀 다치질 않는다.

그런 걸 다 얘기하려면 한도 끝도 없다. 이 태을주에 대해서는, 이론적으로 이렇고 저렇고 백 시간 교육을 듣는 것보다, 태을주 잘 읽으면 늙어서 죽을 사람도 수명이 연장되고 병든 사람도 산다 하는 것을, **직접 체험해 봐야** 한다.

내가 만병통치 태을주를 얘기하다가 곁가지 쳐서 여기까지 왔는데, 그렇게 태을주는 만병통치다.

태을주를 잘 읽으면 신명이 옹호한다

한마디로 정리해서, 태을주를 잘 읽으면 천지신명들이 그 사람을 옹호하고 다닌다. 그래서 무슨 일이 닥쳐도 죽지 않는다. 물에 빠져도 안 죽고, 차에 치여도 안 죽고, 불이 나도 안 죽는다. 그런 걸 내가 수없이 봐 왔다. 아니, 한평생 수많은 신도들 더불고서 태을주 신앙 사업만 했으니 뭘 안 봤겠나, 세상에.

하니까 잘 살고 복 받으려면 태을주를 갈 읽어라. 만일 태을주를 돈으로 환산해서 따진다 할 것 같으면, 아마 백억 천억 만억 원이 아니라 그 이상이라고 해도 모자랄 것이다. 또 태을주 빽이라는 건 돈 주고 살 수 있는 게 아니다.

우스개 소리지만, 6.25 동란 때 빽이라는 빽 자가 생겼다. 내가 더불고 있던 사람이, 어느 날 갑자기 나에게 "쇠 금金 자 옆에 쌀 미米 자 이은 자를 아십니까?" 하고 묻는다. "글쎄, 내가 옥편玉篇은 아니다마는, 세상에 있는 한자 쳐놓고서 내가 모르는 자가 별로 없는데, 나는 그런 글자가 없는 것으로 안다." 했더니, "그게 빽이라는 빽 자입니다." 한다. "어째서 그러냐?" 하니까 "6.25 동란 때 돈 많은 사람 아들은 빽을 써서 후방으로 가고, 돈 없는 자식들은 전방에 가서 다 죽었지요. 그래서 빽이라는 빽 자가 생겼습니다. 한데 그 빽이라는 빽 자는 쇠 금 옆에 쌀 미 자를 한 겁니다." 한다.

쇠 금은 돈이라는 의미 아닌가. 쌀도 돈이고 말이다. 그걸 다시 얘기하면, '살금살금', 쌀 미하고 쇠 금 자니까 말 그대로 살금살금이다. 옆구리 꾹 찌르고서 살금살금 하고 몰래 준다는 말이다. 뇌물을 쓴다는 소리다, 그게. 뇌물을 주면 후방으로 갔다. 그 때는 그게 아주 잘 통했다.

그러나 태을주는 그런 빽이라는 빽 자, '살금' 가지고도 안 되는 것이고, 대통령 빽 가지고도 안 되는 것이다.

우리가 포교하는 것은 바로 사람들에게 이런 태을주를 전해주는 일이다.

우리 일은 태을주를 전해주는 것

사람은 목석이 아니고 영체가 붙어 있는 존재다. 해서 태을주를 무작정 읽지 않는다. 태을주를 왜 읽어야 하는지, 태을주란 무엇인지, 어떤 과정을 통해 읽게 됐는지 하는 여러 가지 의문을 갖게 돼 있다. 그러다 보니 상제님 진리도 나오고, 신앙문제 같은 것도 나오게 된 것이다. 그러나 결론적으로 **우리 일은 바로 태을주를 전해주는 것**이다.

내가 가끔 이런 교육을 시키지 않는가? **"몸에서 태을주 냄새가 나도록 읽으라."**고. 이게 무슨 소리냐 하면, 한마디로 이번에는 태을주를 잘 읽으면 살고, 태을주를 안 읽는 사람은 죽는다는 얘기다. 태을주 외엔 아무런 살 방법이 없다.

우리가 지금 포교한다는 게, 내내 태을주를 전해주는 것이다. 증산도 신앙은 결국 그 사람이 태을주를 잘 받아들이느냐, 안 받아들이느냐 하는 데에 달려 있다. 태을주를 받아들이는 사람은 신앙하는 사람이고, 태을주를 안 받아들이는 사람은 증산도를 신앙 않는 사람이고 말이다.

참 어떻게 내가 입만 열면 죽는다는 소리를 하나, 그 안 좋은 소리를. 헌데 이제 더 이상은 도저히 어찌하는 수가 없다. 이번에는 우주원리가 춘생추살春生秋殺, 봄에는 물건 내고 가을철에는 죽여 버리는 절대절명의 원리로 돼 있기 때문에 다 죽는다. 가을 기운, 숙살지기肅殺

之氣로 인해 어찌해 볼 도리가 없다. 그건 **빽**으로도 안 되는 것이고, 군대의 위력 가지고도 안 되는 것이다. 정치 위력 가지고도 안 되고. 거기엔 아무런 방법이 없다. 그건 **천지 이치가 돼 놔서** 그렇다.

이번에는 춘생추살의 자연섭리가 전부를 다 죽이는 때다. 그런데 중산 상제님이 태을주를 바탕으로 한 의통醫統을 주셨다. 지구상에 사는 60억 전 인류가 한 사람도 남지 않고 다 죽는 것을, **태을주 읽어서 살 수 있게 하신 것**이다.

그래서 우리는 살려서[醫] 통일하는[統] 의통으로써 인류를 건져, 새 세상을 건설한다. 이것은 바탕이 그렇게 돼 있기 때문에, 백 번 천 번 만 번이라도 듣고 또 들어서 아주 확실하게 알고 있어야 한다. '아, 그렇구나! 그럴 수밖에 없구나!' 하고 말이다.

이건 그럴 수밖에 없는 것이다. 이걸 알아야 한다. 이번에는 판도가, 천지대세가 그렇게 돼 있다. 이건 상제님이 만든 것도 아니고 중산도 종도사가 만든 것도 아니다. 또 누가 부인하고 싶다고 해서 부인할 수 있는 문제도 아니다.

우리는 상제님을 신앙하는 신도로서 똑똑히 알고 믿으면 더 좋지 않은가. 사람은 분명해야 한다. 알지도 못하고 그냥 흐릿하게 믿는 것을 신앙이라 할 수 있는가? 아니 중산도 종도사처럼 더 분명한 사람이 있나? 나는 분명한 사람이다. 아주 가을 터럭을 째는 사람이다. 발음도 이처럼 명명백백하다.

신의를 지키는 마음으로 태을주 신앙을 하라

그래서 내가 이걸 아주 분명하고 자세하게, 얘기하고 또 얘기해 주는 것이다. 우리가 살고 있는 지금 세상은 하추교역기夏秋交易期이고, 서신西神이 사명司命해서 만유를 재제裁制하는 때다. 이 때에 상제님이 서신사명으로 오셨다. 상제님이 집행하신 천지공사라는 게, 천리天理와 지의地義와 인사人事에 합리적인 최선의 도로써 만유를 재제하는 것이다.

우리 증산도가 무슨 학술을 파는 점포도 아니고, 학술전람회장도 아니다. 그저 우리 신도들 신앙 잘 하고 포교 잘 하게 하려고, 내가 알아듣기 쉽게 교육을 시키는 것이다. **우리 일은** 단 한 가지, **사람 많이 살리는 게 목적**이다. 딴 건 아무 것도 없다.

또 이 종도사 교육은 아주 쉽다. 낫 놓고 기역자도 모르는 사람이라도, 세상일에 대해 말할 줄 알고 세상 살면서 경위 분석할 줄 아는 정도면, 누구라도 '아, 그렇구나!' 하고 알아들을 수 있게, 내가 그렇게 쉽게 설명을 한다. 누구도 한 차례 들으면 환하게 열리도록 말이다.

그래도 내 얘기를 듣고 또 들어야 한다. 잘못 생각하면, 종도사는 맨날 하는 얘기가 그 얘기다, 백 번을 들어도 한 소리 또 한다고 할 수도 있다. 그러나 내가 하는 얘기는 백 번 천 번 만 번이라도 듣고 또 듣고, 들어가면서 **이해하고 실천해야 되는 문제다.** 이 문제는 딴 것하고 다르다. **이건 죽고 사는 문제다.**

'이걸 위해서 상제님이 9년 천지공사를 보셨고, 그 9년 천지공사의 총 결론이 의통이다. **의통의 틀이 태을주다.**' 이런 얘기를 먼젓번에도 듣고 또 그 먼젓번에도 들었어도, 종도사에게 듣고 또 듣고 아주 귀가 솔도록 들어서, '아, 그렇구나!' 하고 뼛속에 깊이 새겨야 한다.

9년 천지공사의 총결론이 의통이다. 그 의통은 태을주를 틀로 하는 것이고, 그 고갱이가 상원군님이시다. 이건 내가 그 알갱이까지 다 들춰서 핵심을 말해 주는 것이다.

태을주의 고갱이는 상원군님이시다. **태을주는 내 제 1의 생명이고, 내 생명은 제 2의 생명이다.** 태을주를 안 읽으면, 내 생명을 보호해 줄 사람이 없다. 내 생명을 누가 건져주나? 태을주가 나를 건져준다. 태을주가 내가 사는 보호막이다. 물에 빠지든 불에 타든 차에 치이든 고약한 병에 걸리든, 그저 태을주만 잘 읽으면 산다. 하니까 **정성을 다 바쳐서 태을주를 읽어야** 한다.

그런데 태을주 읽고 신앙하다가 배반할 사람, 그럴 사람은 아예 처음부터 말아라. 엊그제도 내가 그런 이야기를 했지만, 처음에는 기가 막히게 잘 믿는다. 그러다가 어느 순간 배반을 한다. 저희들끼리 뭘 하다가 잘못되면 배반해 버리는 것이다.

허나 생각해 봐라. 상제님 진리가 10년 전의 진리, 10년 후 진리가 다른 게 아니고, 10년 전의 종도사와 지금의 종도사가 다른 사람이 아니다. 그러면 내내 그 진리, 그 사람인데 무엇이 잘못될 게 있나.

헌데 저희끼리 신앙하다가 삐딱하면 배반하는 자들이 있다. 인간이라는 게 그렇다. 왜 이런 얘기를 하느냐 하면, 우리 신도 중에 상상치 못하는 인간이 있을 수도 있기 때문이다. 정신이 그렇게 된 사람은 진작 나가라. 그런 자는 증산도뿐만 아니라 어디를 가도 스스로가 신앙할 자격을 상실한 사람이다.

그러니 상제님 신앙을 할 사람들은 절대로 배반하지 말아라. 그건 '불의不義' 한 행위다. 세상 사람들에게서 "아, 그 사람 아주 참 불의한 사람이다. 의롭지 못한 사람이다." 하고 평을 받으면, 그 사람 인생은 다 끝난 것이다.

세상에서 가장 미운 게 불의한 사람이다. 사람은 의리를 가지고 살아야 한다. 상제님 진리가 불의를 뿌리뽑고 정의를 규명하는 진리가 돼 놔서, 불의한 사람은 증산도에 들어와도 버텨내질 못한다. 사람들이 접촉해 주지 않을 뿐더러 신명들이 내쫓아 버린다.

마음을 바르게 갖고 신앙하라

내가 그 동안 상제님 진리에 대해서는 참 숱하게 많은 얘기를 해 왔다.

지금은 신앙하는 방법, 우리가 신앙을 어떻게 해야 되느냐 하는 문제가 더 중요하다. 내가 별 값어치 없는 얘기에 아까운 시간을 할애하는 것 같다만, 사실은 이런 인사문제들이 진리 이상으로 중요하다.

사람은 **처신을 잘 해야** 한다. 이 역사적인 사회 속에서 어떻게 사람을 상대하고, 내 몸을 어떻게 해야 적재적소에 두는 건지를 생각해야 한다.

내 몸이라 하는 것은 내 마음이 이끄는 것이다. '심야자心也者는 일신지주一身之主라', 마음이라 하는 것은 내 몸뚱이의 주인이다. 마음이 비뚤어진 사람은 제 몸뚱이를 바르게 갖질 못한다. 하니까 사람은 **마음 자세가 근본적으로 바르게 돼야** 한다. 어떻게 마음이 비뚤어진 사람이 자기 행동거지나 몸뚱이를 제대로 관리할 수 있겠나?

내가 노냥 얘기하거니와, 사실 지구상 인간의 한 사람으로서 생각해 볼 때, 지금 기존문화권이라 하는 것이 다 종국을 고했다. 다 끝장났단 말이다. 우리가 몸뚱이 맡길 곳은 이제 증산도밖에 없다. 상제님 진리밖에! 좋아도 증산도, 자기 기대에 좀 못 미쳐도 증산도다. 헌데 상제님 진리는 기대에 못 미치는 게 없지 않은가.

상제님 진리는 우주원리다. 상제님이 개척해서 만든 것도 아니고 자연섭리다. 자연섭리이기 때문에 **꼭 그렇게 되어지는 것**이다. 상제님 진리의 판이 자연섭리를 바탕으로 해서 짜졌다.

상제님이 천지공사를 다 보시고 하신 말씀이 있다.

이제 하늘도 뜯어고치고 땅도 뜯어고쳐 물샐틈없이 도수를 짜 놓았으니 제 한도限度에 돌아 닿는 대로 새 기틀이 열리리라.

(道典 5:320:1~2)

이 한마디가 전부를 다 정리한 말씀이다. "하늘도 뜯어고치고 땅도 뜯어고쳐 물샐틈없이 도수를 굳게 짜 놓았으니", 곧 프로를 그렇게 짜 놓았으니, "제 한도에 돌아 닿는 대로" 짜 놓으신 그 시간 그 순서, 곧 제 한도에 돌아 닿는 대로 "새로운 기틀이 열린다", 그 프로대로 진행이 된다는 말씀이다.

참혹한 개벽상황을 잊지 말라

금년 기묘년 정삼正三치성을 기억할 것이다. 정삼치성이라는 게 다른 말로 고사절이다. 다시 얘기하면 시무식始務式이다. 공무원들도 정월 초사흗날은 신년의 행정업무를 시작한다고 해서 시무식이라는 술어를 쓴다.

상제님도 새해를 맞이한 정월 초사흗날부터, 천지신명들을 다 모아 들여 천지공사 세상일을 다시 시작하셨다. 그리고 정삼 시무 고사치성이라 해서 치성을 행하셨다.

우리는 상제님 진리를 세간에서 인사적으로 집행해야 하기 때문에, 정삼치성을 올리는 것이다.

이번 정삼치성 때 내가 그런 얘기를 했다. 금년부터는 개벽의 전주곡이 울린다고. 그 때 참석했던 신도들은 들어서 알고 있을 게다. 사실 금년부터는 뭔가 다르지 않은가? 우선 그 숱한 천재지변을 생각해 봐라. 요새도 베네수엘라라는 나라에서 태풍으로 2만5천 명이 죽었다고 하는데, 아직 정확한 상황을 모른다는 것이다. 뉴스를 들어보면 죽은 사람이 5만 명이 넘는다는 소리도 들린다. 사람들이 제 2의 노아의 홍수라고 한다. 그런데 그건 죽은 사람 수가 그렇다는 거고, 실종자나 집 잃어버린 사람은 또 오죽이나 많겠는가. 한 나라가 박살이 나 버렸다.

헌데 그까짓 것은 다 국지적으로 일어나는 작은 일에 불과하다. 개벽 때 오는 괴병이라는 건 말로써 형언할 수가 없다. 사람들 편히 살고 있는 지금 세상에 내가 그런 참혹한 얘기를 차마 할 수가 없어서, 늘 그저 상제님 말씀을 빗대어 오다 죽고 가다 죽고 서서 죽고 밥 먹다 죽는다고, 그렇게 얼쩡얼쩡 넘어가고 말았는데, 그러다 보니 내가 죄인이 되고 말 것 같다.

그래서 이제는 차근차근 그걸 터뜨려야 되겠다 해서, 그대로 얘기해 주는 것이다. 내가 그걸 깨 주지 않으면 죄인이 되고 만다. 그걸 깨줌으로써 많은 사람들이 정신을 차릴 게고, 우리 신도들도 그 사실을 알고 포교도 잘 할 게고 말이다.

입도 후 교육이 중요하다

지금은 이런 개벽 세상이 돼놔서, 금세기를 사는 사람이라면 **누구라도 태을주를 읽어야** 한다. 태을주를 읽으면 만병통치가 되고, 무엇이고 소원도 성취된다. 또 일꾼들은 **포덕천하**布德天下도 할 수 있다. 여태까지 이 태을주 하나 가지고 상제님 진리를 포덕해 온 것이다.

태을주를 읽으면 또 **광제창생**廣濟蒼生도 되고, **만사여의**萬事如意도 된다. 그래서 아주 **무궁무궁**無窮無窮한, 어떻게 말로써 표현할 수 없는 것이 태을주다.

내가 가끔 이런 얘기를 했다. "태을주를 숨쉬듯 읽어라, 호흡하듯 읽어라."하고. 잠잘 때 태을주를 읽으면 나도 모르게 그냥 슬그머니 잠이 들어 버린다.

화장실에 가서도 태을주를 읽어라. 귀중한 태을주를 어떻게 화장실에 가서 읽을 수 있느냐고 하겠지만, 그런 건 따질 것 없다. 화장실에 가서도 읽어라. 그렇다고 누가 나쁜 놈이라고 하면 종도사가 시켜서 읽었다고 해라. 그게 죄라면 내가 받을 테니까.

태을주와 친하지 않은 사람은 이번에 다 죽는다. 내가 아주 솔직히 말하는 것이다. 후회하지 않도록, 그저 상제님 전에 청수 잘 모시고 태을주 잘 읽어라. 그렇게 해서, 아무리 어려워도 꼭 가족포교하고, 두 내외간에 서로 포교해라.

또 포교를 하면, 입도와 동시에 핵랑군에 가입시켜라. 입도를 하면 자동적으로 핵랑군에 가입되는 걸로 알면 된다. 핵랑군이 뭔가? 앞으로 사람 살리는 의통 구호대 아닌가? 다시 얘기하면 의통 부대, 의통 구호대의 전위부대다. 핵랑군이 그대로 구호대가 되는 것이다.

헌데 육임을 짜지 못하면 핵랑군에서 빠지게 된다. 그것을 명심해라. 초신도도 입도시킨 뒤 그냥 내던져두지 말고 집중교육을 시켜라.

그리고 **입도를 시키면 반드시 한 번은 와서 종도사 교육을 받게 해라.** 내가 매일 천 명씩이 아니라 그보다 더 한 숫자라도 교육시켜 줄 것이다. 하루에 한 다섯 시간씩만 시키면 어지간히 귀가 뚫려서 갈 것 아닌가.

해도자가 되지 말라

여기 오래 신앙한 사람들에게 하고 싶은 갈이 있다. **신앙**이라 하는 것은 **자기 평생을 사는 노선을 정착시키는 일이다.**

사람은 신앙 연륜이 깊어지면 그 도장의 초석지신礎石之身이라고 한다. 현무경玄武經에도 기초동량이라는 말이 있다. 주춧돌, 기둥 말이다. 오래 신앙하면 그런 기초동량이 돼야 하는 것이다. 새로 들어오는 신도들에게 모범신도가 돼서, 초입신도들을 잘 일으켜 줘라. 그리고 교육 같은 걸 담당해라.

교육은 무슨 교육이고, 확신 있는 교육을 시켜야 한다. 아니, 초등학교 학생들에게 글자공부 시킬 때도 "'어' 자 하면 이건 어머니의 '어' 자다.", 또 수학 공부시킬 때도 "하나에다 둘 코태면 결정적으로 셋이다." 하고 가르쳐야 되는 것이지, "글쎄, 어머니의 '어' 자라고 해도 되겠다." 어쩌고 한다든지, 뭐 하나와 둘 보태면 틀림없는 셋인데 그걸

"셋 같다. 셋이라고도 할 수 있다."고 한다든지, 그건 안 되는 얘기다. 상제님 진리가 어디 그런 진리인가?

핵랑군은 도꾼道軍

지금은 상제님 말씀으로 봐서, 사람이 다 죽는 개벽세상이다. 그러니 인간이라면 내가 잘 되고 못 되고를 떠나서, 안 하고는 안 되는 일이다. 이 일은 12만9천6백 년 만에 오직 처음 있는 개벽이다, 개벽!

이제 상제님 9년 천지공사의 총 결론을 맺는 시기다. 상제님이 이런 말씀을 하셨다. "육임군이 나가면 판이 걷힌다." 곧 육임군이 나가면 묵은 기운이 걷힌다는 말씀이다. **육임군은 도꾼道軍**이다. 도라는 도에 군사 군 자, 도꾼.

다시 얘기해서, 핵랑군이 육임을 짜서 일을 하니까 육임군이고 도꾼이다!

그런데 육임군이 나가면 묵은 기운이 다 걷힌다. 이 묵은 기운이란 증산도의 묵은 기운이라기보다도 이 세상의 묵은 기운을 말한다.

지금 세상을 봐라. 뉴스를 들어보면 도둑질하는 얘기가 대부분이다. 또 정치판에서는 서로 싸우느라고 정신이 없다.

머지않아 그런 기운이 다 걷힌다. 개벽을 한다, 개벽을!

이제 내가 전 신도에게 **총동원령**을 내린다! 그래도 안 들을 사람이 있을 것이다. 신앙은 자유지 누가 신앙 않는다고 욕할 사람 있나? 신앙은 자유다.

허나 제군들은 내 말을 액면 그대로 들어라.

지금 증산도 전 신도 총동원령을 내려서 총체적으로 체제 정리를 하려는 것이다. 하니까 절대로 낙오자가 되지 말아라. 이건 누가 동정할 사람도 없고, 동정 받을 수도 없는 일이다. 아니 천지가 개벽하는 마당에, 신앙 잘 해서 사람 많이 살리고 천지에 공 쌓아 복 받으라는데, 거기에 무슨 이유가 있을 수 있나? **포교하는 건 천지에 공 쌓는 일이다.** 천지에 공 쌓아서 복 받으라는 일을 싫다고 않는다는 데는 어쩔 수 없는 것이다.

지금 여기 동지치성 모시러 온 우리 신도들은, 신도 중의 신도라고 봐야 한다. 제군들은 내가 얘기하는 그대로 믿어라. 상제님 진리는 자연섭리다. 절대 억만 분의 1퍼센트라도 의심 같은 걸 품으면, 신명들이 미워한다. **신명들이 가장 미워하는 게 의심하는 것**이다.

여기 앉아 있는 종도사도, 우리 신도들 **불의한 것**을 아주 미워한다. 이게 사람 살리는 일이니까 봐 주는 것이지, 봐서 **심법이 틀어지고 잘못된 놈**은 뒤돌아보고 싶지도 않다.

공명정대한 신앙

상제님 진리는 진리 그대로다.

아니 사람이나 속지 신명이 속나? 신명은 안 속는다. 진짜로 상제님 사업을 위한 마음을 갖고 있는 사람은, 태을주만 잘 읽으면 안 될 일도 잘 된다. 그렇다고 해서, "도박해서 돈 따게 해 주십시오." 하면서 청수 모시고 태을주 읽어봐라. 그건 안 된다. 신명들이 "저런, 잡놈의 자식!" 하고 욕하고 떠나가 버린다.

사람은 공명정대한 사회에서, 공명정대한 일을 위해 살아야 한다. 상제님 사업이 그런 것이다.

상제님은 절대자, 우주의 주재자이시다!

우리가 하는 상제님 일은 다 공도公道를 위한 일이다. 우리 일은 태을주로 사람 살리는 데서부터 시작해서, 사람 살리는 걸로 매듭을 짓는다. 태을주를 읽음으로써, **만병통치**도 되고 **소원성취**도 되고 **포덕천하**도 되고 **광제창생**도 되고 **만사여의**도 된다. **태을주의 조화는 무궁무궁**하다. 세상만사가 나의 뜻대로, 마음대로 되니 만사여의다. 오죽하면 **태을주**를 **여의주**라고 하겠는가. 참으로 좋은 생명의 태을주다. 그걸 백억을 준다고 살 수 있나? 천억을 준다고 살 수 있나? 우리 신도들은 참으로 천하의 좋은 보물을 가졌다.

다시 한 번 하는 얘기지만, 태을주 읽으면 안 되는 게 없다.

제 2변 때 들은 얘기다. 어떤 문둥병 환자에게 태을주를 읽혔더니, 그냥 막 몸뚱이에서 불이 나더란다. 한겨울인데도 너무 열이 나서, 옷을 홀딱 벗고 자기 집 앞 방죽으로 가서 얼음을 깨고 뛰어들었단다. 헌데 얼음물로 훌훌 닦았더니, 몸에 붙어 있던 딱지들이 전부 다 벗겨지더라네. 그 길로 문둥병이 나아 버렸다는 것이다.

이렇게 태을주는 말로써 표현할 수 없는 진리다.

천리는 때가 있고 인사는 기회가 있다

내가 요새 날마다 보고를 받는다. 그래서 이 전국 도장이 어떻게 둥글어 가는지를 환하게 알고 있다. 전국적으로 아주 그렇게 세세밀밀하게.

내가 하나하나 지켜보고 있으니, 부지런히 포교해라, 부지런히! 이 기회를 놓치면 후회해도 소용없다. "천리는 때가 있고 인사는 기회가 있다."는 말을 명심해라. 천리는 때가 있고 인사는 기회가 있다. 천리가 둥글어 가는데, 그 때를 놓쳐 버리면 세월은 유수와 같이 흘러가 버리고 만다.

또 **인사라 하는 것은 기회가 있다.** 그 기회를 놓쳐 버리고 포착 못 하면 그만이다.

자, 오늘 내 말 듣고 대오각성해서, 소속 도장에 돌아가 전부를 다 바쳐서 최선을 다하겠다 하는 사람, 어디 손들어 봐라. 그렇다고 직장 일을 시원찮게 하고 공부를 제쳐두라는 게 아니다. 학생들은 공부 더 잘하고, 직장인은 직장에 더 충성하고, 그런 연후에 신앙을 잘 하라는 것이다. **하자 없는 신앙생활을 일관되게 잘 해서 육임 짜고 할 사람**, 다시 한 번 손 좀 들어봐라.

손 안 든 사람 없나?

됐어. 아주 백 퍼센트다.

꼭 그렇게 해라. 이건 내가 진리의 사도로서, 하늘의 진리를 대변하는 것이다. 상제님 진리는 머리털만큼도 틀림이 없다. 속임수를 외수外數라고도 하는데, 상제님 진리는 그런 외수가 전혀 없다.

순천자順天者는 흥興하고, 역천자逆天者는 망亡이라

하니까, 제군들은 일단 직장에 충성해라. 밥 먹고살려면 직장에 충성해야 될 것 아닌가. 그렇게 해서 월급 타다가 살림 잘 하고, 또 성금도 내고, 그리고 한 시간이라도 아껴서 포교를 해라.

신앙은 더도 말고 기독교인들만큼만 해라. 기독교인들은 누가 무슨 소리를 해도 들은 척도 않는다. 얼마나 무섭게 신앙하는지 알잖는가?

또 불자들 신앙을 봐라. 그 사람들은 불자로 들어갈 때, 부모도 형제도 처자도 다 내던진다. 성姓도 다 집어 내던지고 아무 것도 없다. 중 보고 가서 당신 성이 뭐냐고 물어봐라. "아, 중이 무슨 성이 있습니까?" 하고 만다. 불자로서 받은 이름을 법명法名이라고 하는데, 그들에게는 다만 법명만 있을 뿐이다. 만공이라든지 혜암이라든지 말이다. 인간의 도리 문제를 떠나서 얼마나 잘 하는 신앙인가.

이번에 세상사는 데 귀감이 될 참 좋은 문구가 있다. "순천자順天者는 흥興하고 역천자逆天者는 망亡이라." 하늘 이치에 순응하는 사람은 흥하고 잘 되고 하늘 이치를 거스르는, 역하는 사람은 망한다는 말이다. 사람은 순리대로 살아야 한다. 세상 이치를 거스르고 사는 사람은 절대로 망하게 돼 있다.

상제님 진리는 단순한 진리가 아니다. 증산도라고 이름을 붙였을 뿐이지, **증산도 진리는 자연섭리다.** 자연섭리가 상제님 진리이고, 상제님 진리가 자연섭리다. 한마디로 자연섭리라 어쩔 수 없이 그렇게 돼 가고 있는 것이다. 상제님이 이 세상 둥글어 갈 것을 정할 때, 흐르는 물 물똘 돌려놓듯 세상일을 돌려 놓으셨을 뿐이다. 이리저리 해서, 이러고 저러고 해 가면서 **의통목**과 만나게끔 말이다.

그저 표현하기를, 의통이 있으니까 의통목이라고 하는데, **가을 추살秋殺의 원리**라는 건 어쩔 수 없는 것이다. 춘생추살春生秋殺, 봄에 초목을 내서 가을철에는 죽인다 하는 자연섭리를 누가 어떻게 바꿔 놓나? 가을철 상설霜雪 기운이 와서 숙살지기로 죽이는데, 그걸 누가 어떻게 하는가. 그걸 세계에서 가장 강력한 클린턴더러 막아 달라고 하면 막아지나? 육해군을 동원해서 가을 좀 못 오게 해 달라고 하면 되는가? 아니면 유엔(UN)총회에다 청하면 그 가을을 막아줄 수 있나? 그건 안 되는 얘기다.

그래서 상제님도 모든 큰 겁재는 다 물리쳤으나, 오직 병겁만은 그대로 둔다는 말씀을 하신 것이다. 천지에서 정해진 그건 그대로 두고 너희들에게 오직 의통을 전해 준다, 곧 사람 살리는 방법만 전해준다는 말씀이다.

포교는 제군들이 하는 것

상제님이 유찬명, 김자현을 보고 각기 10만 명에게 포교하라고 공사 보신 게 있다. 유찬명은 선뜻 대답을 했는데, 김자현은 우물우물하고 대답을 않는다. 그래 상제님이 재촉해서 대답을 받으셨다.

포교는 제군들이 하는 것이다. 바로 제군들이!

미국의 루스 몽고메리(Ruth Montgomery, 1912~)라는 여자가 쓴 책을 보면 "앞으로 지구의 극이 이동하는데 살아남을 숫자가 1억1만이다."라고 한다. 앞으로 다 죽고 1억1만이 산다는 것이다. 1억1만이면 지금 60억 인구의 60분지 1 아닌가. 그런데 지금 실정으로 우리가 어떻게 1억1만을 살리겠는가! 무슨 재주로 어떻게!

지난번 상제님 성탄절 때, 영국의 변호사 크리스토퍼 신도가 왔었다. 한 두 주 동안, 우리 신도들이 성지 답사도 시켜주고 나름대로 교육도 시키고 해서 돌아갔는데, 갈 때 인사를 한다고 나한테 왔다. 내국인 같으면 나를 어떻게 만날 수나 있나? 내가 만나줄 시간도 없고 말이다. 헌데 외국 신도니까, 가서 어떻게 잘 좀 하라고 격려하는 뜻에서, 특별히 식사 대접도 해서 보냈다.

내가 그 신도에게 그랬다. 자국민을 대표해서, 자국민이라면 스스로 자自 자, 영국 국민을 대표해서란 뜻이다. 영국 국민이 지금 6천 만인데 엄격히 따지면 5천9백만쯤 된다. 6천만이라고 하고 60분지 1이면 백만 아닌가. 그래 내가 그 신도보고 "60분지 1인 백만을 살릴 수 있겠는가?" 했더니, 한참 생각하다가 "예스!" 한다. 그렇게 세 번을 다짐받았다. 그 신도가 가서 지금 어떻게 하고 있는지 모르지만, 아마 속으로 한참 난리가 났을 것이다.

그런데 그 사람은 개벽하고 죽는 걸 안다. 지금 일급 문화인들은 이번에 개벽하는 걸 알고 있다. 아무래도 지식 수준이 우리나라보다 선진국 사람들이 낫다.

대아大我를 위해 소아小我를 희생하는 정신으로

그러니 제군들은 사람을 많이 살려라. 나는 우리 신도들이 포교 많이 하고 신앙 잘 해서 복 받기를, 자나깨나 평생을 두고 축복하고 기원하는 사람이다. 나에게는 우리 신도가 내 농산물과 같다.

난 불의한 걸 보면 아주 질색을 한다. 농사에 비유해서, **나는 그 불의한 걸 기생충으로 본다.** 농사짓는 데 방해놓는 기생충. 기생충이 생기면 농사를 다 망친다. 인간 세상에 흡혈귀가 있잖은가. 피 빨아먹는 놈 말이다. 농산물에도 그런 게 많다. 농약을 뿌려야 없어지는 것들.

간혹 단체에 그런 사람이 들어오면, 단체가 병든다. **일어탁수**一魚濁水 격으로, 여러 사람에게 피해를 준다. 신도들 정신도 황폐화시키고.

그러니 제군들은 누구든 대아大我를 위해 소아小我를 희생시키는 정신으로 신앙해야 한다. 그렇다고 해서 소아가 희생이 되는가. 그렇지 않은 게 또 천리다.

만일 도장에 그런 **불건전한 사람**이 있으면, **반드시 충고를 해줘라.** 모범 신앙인이 되라고.

또 처음 들어오는 사람에게는 진리도 설고, 김지 이지 박지 최지, 사람들도 다 설다. 스무 명이면 스무 명 다 처음 본 사람들이니 오죽하겠는가. 처음 사람들이 오면 더 잘 대해주어야 한다.

제군들은 부디 내 말을 명심하고, **제대로 된 신앙**을 해라.

알았는가! ⊚

인류를 건지는 증산도의 사명

광주도장, 도기 130(2000). 1. 6.

상제님께서 말씀하시기를

"현하 대세가 씨름판과 같으니 애기판과 총각판이

지난 뒤에 상씨름으로 판을 마치리라." 하시고

하루는 종이에 태극 형상의 선을 그리시며

"이것이 삼팔선이니라." 하시니라.

또 말씀하시기를 "씨름판대는 조선의 삼팔선에 두고

세계 상씨름판을 붙이리라.

만국재판소를 조선에 두노니

씨름판에 소가 나가면 판을 걷게 되리라." 하시니라.

(道典 5:7:1~4)

인류를 건지는 증산도의 사명

개벽은 대자연 섭리

상제님 진리는 꼭 종교라고 할 수만은 없는 진리다. 왜냐 하면, 아까 어느 신도가 기도문에서 지적한 바와 같이, 상제님 진리는 12만9천6백 년 만에 오직 한 번 일어나는, 개벽을 집행하는 진리이기 때문이다. 그래서 『이것이 개벽이다』라는 책을 쓸 때에도, 책이름 자체를 개벽이라고 했다. 벌써 한 20여 년 전 얘기다. 그 뒤로 여기저기서 개벽문제를 들고 나오면서, 지금은 우리나라에 개벽이라는 문구가 많이 나돌고 있다.

증산도는 기존 문화권마냥, 수신제가치국평천하修身齊家治國平天下를 한다든지, 무슨 사랑 운운한다든지, 견성見性을 해서 왕생극락을 한다든지 하는 것과는 아주 판이 다른 진리다. 그런 건 다 2차, 3차 지엽적인 문제다. 지금은 개벽을 하는 때가 돼서, 죽고 사는 문제가 걸려 있기 때문이다. 우선 살고 난 다음에 도통을 하든지, 잘 되든지 해야 하는 것 아닌가. 기존 문화권의 가르침 같은 건 다 살고 난 다음 일이란 말이다.

상제님 말씀을 빌어서 얘기하자면, 상제님 진리는 "남 죽을 때에 살자는 일이요, 남 사는 때에는 영화榮華와 복록福祿을 누리자는 일"(道典 8:67:3)이다.

한마디로 다 죽는 때라는 말이다. 지금은 한 민족이나 동양사람, 그렇게 국지적으로, 부분적으로 죽는 것이 아니고, 이 지구상에 사는 60억 전 인류가 죽는 때다. 왜 그러냐? **왜 한꺼번에 전 인류가 몰살당해야 하느냐?**

그 이유가 '우주 1년 춘하추동 사시' 라는 자연섭리 속에 들어 있다.

상제님은 그것을, "천지의 대덕大德이라도 춘생추살春生秋殺의 은위恩威로써 이루어지느니라."(道典 8:37:2)고 하셨다.

천지의 이치라는 게, 봄에 물건 내고, 가을철에는 춘하에 생장한 물건을 전부 다 죽인다. **열매를 맺은 다음엔 다 죽여 버린다.** 지구 1년은 초목농사 짓는 것, 다시 말해서 초목개벽이다. 초목의 춘생추살이다.

헌데 우주년으로 볼 때, **천지농사**라는 것은 **사람농사**다. 상제님 말씀과 같이, 천지가 해와 달, 일월이 아니면 빈 껍데기이고, 천지일월도 사람이 아닐 것 같으면 빈 그림자에 불과하다. 천지일월이라 하는 건 꼭 사람농사를 짓기 위해 존재하는 것이기 때문이다.

해서 우주년 가을철에는 천지에서 낸 인간을 다 죽여버리는 것이다.

그런데 우리 인간 욕심으로 볼 때, "그것 참 말이 안 되는 소리다. 도대체 왜 죽이느냐?"고 반박할지도 모른다. 그러면 초목의 측면에서 한번 생각해 봐라. 우리가 초목이라면, "가을철에 왜 상설霜雪 기운이 와서 우리를 다 죽이느냐?"고 억울해 할 것 아닌가.

허나 그게 진리다.

이 천지일월의 순환법칙을 묶어서 그저 자연섭리라고 한다. 대자연의 섭리. 한마디로 **천지일월은 춘하추동, 생장염장生長斂藏으로 순환**하는 것이다.

봄에 물건 내서, 여름철에 기르고, 가을철에는 그 진액을 전부 다 뽑아 모아 열매를 맺는다. 또 겨울철에는 폐장을 하고 다시 또 새 봄이 되면 새 싹을 내보낸다.

우주년도 지구년과 똑같은 방법으로 돌아간다. 그 이치가 똑같다. 이 대자연 섭리라는 건 바꿀 수도 없고, 꼭 그렇게 되는 수밖에 없는 불변의 법칙인 것이다.

상제님은 개벽을 집행하기 위해 오신 우주의 주재자

한 마디로 얘기해서 상제님 진리는 개벽이다!

그런데도 우리 증산도 신도들은 여태 상제님 진리의 주제가 뭔지, 파악하지 못하고 있다. 상제님 천지공사의 내용이념, 그 바탕과 결론이 뭔지를 모르고 있다. 해서 내가 오늘 다시 한 번 상제님 진리를 정리해 주려고 한다.

내가 교육시키고 나서 매번 하는 얘기가 있다. "이 세상에 남은 것은 개벽으로 죽는 것밖에 없다. **상제님이 그 개벽을 해결하기 위해서 이 세상에 오셨다.**"고.

우주원리로 묶어서 얘기하면, 요 하추교역기는 '서신西神이 사명司命해서 만유를 재제裁制하는 때'다. 우주의 절대자, 주재자가 오셔서 만유를 재제, 마름질할 재, 지을 제 자, **마름질하여 다시 만드는 때라는** 말이다.

우주의 주재자이신 상제님이 인간개벽을 집행하기 위해, 서신사명으로 오셨다. 그걸 다시 얘기하자면, 상제님이 오셔서 천지공사를 행하셨다는 말이다. 상제님 스스로 "호남 서신사명湖南西神司命"이라고 하시지 않았는가. 그건 상제님이 어거지로 만든 것이 아니다. 자연섭리, 진리 자체가 요 때는 상제님이 그런 사명을 갖고 오시게끔 되어져 있는 것이다.

지금 각색 민족이 심고心告 올리며 부르는 분은, 호칭만 다를 뿐 **내내 한 분**이다. 그 한 분을 그들 나름대로 주님이라고도 하고, 옥황상제라고도 하고, 상제라고도 하고, 한울님이라고도 하고, 하나님이라고도 하는 것이다.

우주의 주재자, 원 통치자는 오직 한 분, 바로 증산 상제님이시다.

상제님 천지공사 그대로 둥글어 간다

상제님은 개벽공사를 집행하시기 위해서, 먼저 역사적인 신명들을 회집시켜 신명정부神明政府를 조직하셨다. 그리고 거기에서 앞 세상 둥글어갈 프로그램을 짜셨다.

상제님 **천지공사는 앞 세상의 시간표, 이정표**다. 우리가 살고 있는 이 세상은 상제님이 천지공사에서 짜 놓으신 틀 그대로만 둥글어 간다. **이 세상 현실이라는 것은 상제님이 공사로써 판 짜 놓으신 내용이념이 표현되는 과정**인 것이다.

상제님이 공사를 마치고 하신 말씀이 있다.

이제 하늘도 뜯어고치고 땅도 뜯어고쳐 물샐틈없이 도수를 굳게 짜 놓았으니 제 한도限度에 돌아 닿는 대로 새 기틀이 열리리라. (道典 5:320:1~2)

다시 말해서, 상제님의 대 이상향에 의해 짜 놓으신 프로그램, 그 시간표, 이정표에 의해서 자꾸 새 기운이 열린다는 말씀이다.

허면 이 세상 주인공이 누구인가? 바로 증산 상제님이시다. 말할 것도 없이 우리가 살고 있는 **이 세상은 상제님 세상**이다. 상제님은 "이 천지가 다 내 것이다!" (道典 5:154:6)라고 하셨다.

그렇건만 그것을 알 만한 사람이 누가 있나? 오직 상제님 신도들밖에 없다. 그런데 우리 증산도 신도들도 그걸 잘 모르는 것 같다. 암만 봐도 실감나게는 모르는 것 같다.

이 세상은 상제님이 임인(壬寅, 1902)년부터 9년 동안 공사 보신 그대로만 둥글어 간다. 머리털 한 올만큼도 벗어난 게 없다. 그저 그대로다.

내 나이가 벌써 80이다. 내가 열 살 이전부터 상제님 진리를 알았다. 우리 아버지가 보천교를 믿으셨던 분이다. 저 장성 갈재 넘어가면 정읍 대흥리 있지 않은가. 여기 광주서 서울 가자면 정읍 고속도로 바로 옆에 있는 마을이 대흥리다. 거기가 전에 보천교 본부가 있던 곳이다.

일정 시대 때 보천교 신도가 7백만이었다. 그 때 2천만도 안 되는 인구에 7백만이라는 신도가 뭉쳤으니, 망건 쓰고 귀 빼놓은 사람은 거의 보천교 신도였다는 얘기다. 광주에도 굉장히 많았다. 그저 알고 따르는 사람, 모르고 따르는 사람 할 것 없이 다 모였다.

우리 아버지도 충청도 사람인데 보천교를 따랐다. 그 당시 우리 집이 굉장히 잘 살았다. 그 때는 세 끼 밥만 먹어도 부자라고 했다. 그렇게 극히 가난하고 살기 어려운 때인데, 전국 신도들이 우리집에 그렇게 많이 찾아왔다. 오면 누구라도 한 달도 묵어갈 수 있고, 두 달도 묵어갈 수 있었다. 밥 잘 주고, 갈 때는 여비도 톡톡히 주고, 부시쌈지에 담배 한 쌈지씩 넣어주니, 좋다 할 수밖에 없잖은가.

우리집에 오는 신도들 중엔 간부들도 많았다. 와서 이 사람은 이런 얘기하고, 저 사람은 저런 얘기를 한다. 그 때마다 나는 옆에서 그 어른들 말씀하는 소리를 가만히 들었다. 그러면서 저절로 교리가 깨져 버렸다. '야, 과연 상제님은 하나님이시다! 만일 허용이 된다면 **성장해서 상제님 일은 내가 했으면 좋겠다.**' 하는 막연한 생각도 해 봤다.

내가 한 아홉 살쯤 됐나? "만국활계남조선萬國活計南朝鮮이요 청풍명월금산사淸風明月金山寺라. 세계만국을 살려 낼 구원의 활방은 남조선에 있고 맑은 바람 밝은 달 금산사로다."(道典 7:14:1~2)라는 상제님 말씀이 있다. 내가 그 성구가 하도 좋아서 입춘서로 기둥나무에 써 붙인 사실이 있다.

허면 그 때 남조선이 어디 있나. "일만 나라의 살 기운은 오직 남쪽 조선에 있다." 상제님이 그렇게 천지공사로써 판을 짜 놓으셨던 것이다.

내가 상제님 진리를 알고서부터 이 세상 둥글어 가는 것을 보면, **상제님이 판 짜 놓으신 꼭 그대로만 되어간다.** 한 점, 한 획, 조금도 틀림이 없다!

제군들도 그것을 번연히 보고 있지 않은가. 상제님 신도로서 이러한 것을 주체적으로, 주인 정신을 가지고 제대로 알아야 한다. 제군들 신앙의식이 그렇게 돼야 한다.

상제님이 천지공사 보신 이후로, 공사 내용과 이 세상 둥글어 간 게 머리털만큼이라도 틀린 것 있는가? 그런 것이 있으면 연구해 가지고 와서, 전 신도들 앞에서 질문해라. 내가 답변해 줄 테니까.

우리 문화가 인류문화의 모태

그러면, 왜 상제님과 같은 우주의 절대자가 이 땅에 오시게 됐는가?

결론부터 얘기하자면, 인류역사를 통해서, 인류문화의 모태母胎가 우리나라이기 때문이다. 어머니 모母 자 밸 태胎 자, 모태. 이렇게 얘기하면 싹 돌아갈 것 아닌가.

그저 알아듣기 쉽게 얘기해서, 세상이 열린 이후로 가장 먼저 햇빛을 보고, 인간문화를 개발한 데가 우리나라다. 우리나라 역사가 전 인류 역사의 바탕, 뿌리다.

이 지구상에 9천 년 역사 기록을 가진 나라가 우리나라밖에 없다. 서양 역사는 땅 속에 매장되어 있는 것까지 다 발굴해도, 6천 년이 채 안 된다. 우리나라 고대 역사서 『환단고기桓檀古記』가, 바로 우리 9천 년 역사를 기록해 놓은 책이다.

얼마 전 미국인 신도 웨인이 왔을 때, 내가 그를 몇 시간 더불고 『환단고기』 얘기를 했다. 이 책이 우리나라 9천 년 역사를 담고 있는 것이라고. 그가 그런 얘기를 듣고 놀라는 빛이다. 그래 더 신빙성을 주기 위해, "너희 나라 큰 대학에 가면 이 책이 있을 것이다."라고 말해 주었다. 거기 가서 찾아보라고 말이다.

지구상의 **모든 인류문화**라는 것은, **우리나라 문화를 바탕으로 해서 전개된 것**이다. 이것을 아주 똑바로 알아야 한다.

또 지정학상으로 봐서도, **우리나라가 지구의 혈穴**이다. 학술용어 그런 것 다 따지지 않아도, '우리나라를 위해서 전 지구가 형성되어 있다', 이렇게 알면 아주 틀림이 없다. 여기 한반도가 그런 곳이다. 지구의 속알갱이, 고갱이, 진짜배기 땅이다!

세계지도를 펼쳐 놓고 보면, 우리 한반도를 중심에 두고 일본이 왼편에서 감싸주었다. 이렇게 좌측에 붙은 건 청룡이라고 한다. 집으로 얘기하면 담이라고 할까, 초가집의 울타리라고 할까. 저 부산 태종대에 가서 보면, 날씨 좋은 날에는 구주九州가 건너다 보인다. 일본이 우리나라를 그렇게 바싹 감아주었다. 일본은 좌청룡 중에서도 내청룡이다. 그리고 저 아메리카가 외청룡이다.

또 우측에 붙은 건 백호白虎라고 한다. 중국대륙, 저 싱가포르까지가 내백호다. 백호가 튼튼해야 녹줄이 붙는다. 헌데 중국대륙이 얼마나 육중한가. 아프리카도 한 7억 이상이 사는 굉장히 큰 대륙 아닌가. 그 아프리카가 외백호다. 호주 저쪽은 안산案山이고. 가만히 봐라. 꼭 그렇게 되어져 있다.

지리학상의 문제를 얘기하려면 한도 없다. 아까 잠깐 내가 어느 지방에서 교육시킨 비디오 테이프 틀어놓은 걸 보니까, "동해 서해가 내 명당수다", 이런 것도 얘길 했는데, 그런 소리까지 다 하려면 몇 시간 해도 끝이 안 난다.

이렇게 지구라는 것은 순전히 우리나라 하나를 위해 생겨져 있는 것이다.

그래서 우리나라가 24절후도 가장 똑바르고, 물맛도 최고 좋고, 기후도 가장 좋다. 우리나라 토질에서 생긴 것이라면, 무엇이고 그렇게 좋다. 초목 같은 건 더 말할 것도 없다. 인삼 하나를 표본으로 들어 얘기하자면, 중국이 우리나라 옆에 바로 연륙돼 있는 데지만, 중국 인삼 닷 근이 우리나라 인삼 한 근 턱이 안 된다. 약력藥力이 그렇단 얘기다. 국산 인삼 한 근 먹을래, 중국 삼 닷 근을 먹을래 하면, 우리나라 인삼 한 근 먹는 게 낫다.

무엇이고 그렇게 우리나라 것이 가장 뛰어나다. 또 지구상에서 두뇌가 가장 영특한 게 우리 한국 사람이다.

여러 가지 면으로, 우리나라가 후천 새 세상을 마련하는 중심이 되기 때문에, 상제님과 같은 우주의 절대자가 이 땅에 오시게 됐고, 우리나라를 바탕으로 공사를 보신 것이다. 이렇게 알면 더도 덜도 없다.

미륵불의 강세 약속을 받은 진표율사

그리고 또 상제님이 이 땅에 오시게 된 과정에 무슨 일이 있었느냐 하면, 천 한 이백여 년 전 통일신라시대에 진표율사眞表律師라는 중이 있었다. 저기 정읍 위가 바로 김제다. 전라북도 김제군 금산면 금산리의 금산사라는 절에서 진표율사가 상제님과 약속한 게 있었다.

　진표율사가 얼마나 독특하게 공부한 사람이냐 하면, 딴 사람은 그냥 앉아서 정성들이고 주문을 읽는다든지 해서 도통하려고 하는데, 그는 망할 망亡 자 몸 신身 자, 망신참법亡身懺法이라는 수행법으로 공부를 했다. 시한부를 정해놓고, 그 시간까지 한소식 듣지 못하면 죽어버린다는 극단의 각오로, 돌로 온몸을 두들기면서 하나님 뵙기를 소원했다. 그 대상이 딴 사람도 아니고, 하나님에게 직접 자기 소원을 들어 달라고 한 것이다.

　그러니 천상에서 하나님이 볼 때 참 너무너무하다. 그걸 상대할 수도 없고, 안 할 수도 없더란 말이다. 상대를 안 해 주면 불쌍한 생명이 죽을 테고.

　인류역사 이래로 그렇게 온 몸을 다 바쳐서 열정적으로 도를 구한 사람이 없다. 상제님이 보실 때, 그 정성이 얼마나 갸륵한가. 그리고 너무도 가엾지 않은가. 해서 상제님이 진표에게 임어臨御해 주셨다. 상제님이 임어하셔서, "네 정성이 그렇게 지극할진대, 네가 본 내 요 모습 요대로를 받들어 세우겠느냐?" 하니까 "네, 하겠습니다!" 하고 약속을 했다. 그리고서 세운 게 바로 지금 금산사 미륵전에 있는 미륵불이다.

　중들에게 **부처라는 말은 바로 하나님이란 소리다.** 세속의 하나님, 주님. **그들은 우리 상제님을 부처라고 한다.** 그 때 진표율사가 너무너무 극진하게 도를 구하니까, 하나님이신 상제님이 부처의 모습으로 잠깐 현현해 주신 것이다.

지금 미륵전 자리가 옛날 금산사 연못 자리다. 숯으로 그 못을 메우고 거기다가 미륵불을 조성했다. 미륵신앙이 그 때부터 처음 시작된 것이다.

부처에는 두 종류가 있다. 좌불坐佛과 입불立佛. 좌불, 앉아있는 부처는 과거불, 지나간 부처이고, 입불은 미래불未來佛, 장래불將來佛로서 장차 세상을 건지기 위해 걸어오는 부처다.

내가 지금 상제님이 오시게 된 역사적인 과정을 말해 주고 있다. 천이백여 년 전, 통일신라 시대에 진표라는 불자가 미륵부처님이 우리나라에 내려오시기를 생명을 다 바쳐 지극정성으로 기도해서, 미륵부처님이신 상제님께 약속을 받고 미륵불상을 세웠다. 그러고 그 후 천이백여 년 동안, 수많은 중생들이 미륵신앙을 해왔다. 그러니까 **진표를 비롯한 우리 민중들의 천이백여 년 동안의 염원과 기도에 응하여**, 상제님이 이 한반도에 오시게 된 것이다.

상제님께 하소연한 리치 신부

그런가 하면, 한 4백여 년 전에 이태리 로마 예수회에서 공부한 마테오 리치(Matteo Ricci, 1552~1610)라고 하는 신부가 있었다. 동양 이름으로 이마두利瑪竇, 호는 때 시時 자 법 헌憲 자, 시헌이라고 하는 분이다.

리치 신부가 카톨릭 중심 세계 통일국을 만들기 위해, 중국에 와서 카톨릭을 전파했다. 헌데 중국은 역사적으로 여러 천 년을 묵은 나라다. 중국문화라는 게 동양철학 아닌가. 그가 와 보니, 원 진리는 동양에 다 있어서 다시 어떻게 해볼 도리가 없다. 해서 평생 동안 카톨릭을 선전했지만, 그 뜻을 이루지 못하고 생로병사라는 자연법칙에 의해 늙어 죽어버렸다. 오늘날까지 그 뼈가 중국 땅에 묻혀 있다.

헌데 그는 죽어서 영혼으로 별나라, 대우주 천체권을 찾아다녔다. 못 살고 가난한 인간들이 보람있는 생활을 할 수 있도록 도와주려고, 그 방법을 찾아다닌 것이다.

그런데 다른 별나라에 가 보니, 그 문명이 지구에다 댈 게 아니다. 지구보다 수백 년 앞서 있더란 말이다. 해서 리치 신부가 그 천상문명을 따 내려, 지구의 과학자들에게 알음귀를 열어 주었다. 지상의 인간들이 그 알음귀에 힌트를 얻어, 여러 가지 생활문명 이기利器 등을 발

명했다. 그게 인간들 스스로 생각해내서 한 일인 것 같지만, 사실은 신명들이 알음귀를 열어 줘서 된 것이다.

헌데 세상을 살기 좋게 만들어 놓고 보니까, 오히려 인간들이 더 못돼진다. 가령 전기나 전화 같은 것 없이 살 때는, 오히려 사람들이 순수하고 인정이 있어서, 나누어 먹을 줄도 알고 거짓말도 않고 본심대로 살았는데, 그런 좋은 것을 열어 주니 더 못 되어졌더란 말이다. 지능만 발달돼서, 남에게 해를 붙인다. 이웃사람에게도 거짓말하고, 친척간에도 거짓말해서 둘러먹으려고나 하고.

리치 신부가 여러 가지로 시험해 보고서, '아, 양으로써는 질을 개선할 수가 없구나. 안 되는구나.' 하는 걸 깨달았다. 그래서, 동서양의 역사적인 신성神聖, 불타와 보살들을 전부 거느리고, 천상 궁궐 상제님께 등장해서, 며칠이고 몇 달이고 상제님께 졸라댔다.

"우리가 양으로써는 질을 개선시킬 수가 없으니, 주님, 주재자, 통치자께서 **직접 인간 세상에 오셔서 그 바탕을 고쳐 주십시오. 좋은 세상이 되도록 새 판을 짜서 새 세상을 열 수 있도록 해 주십시오.**"

그러니 상제님인들 어떻게 하겠나.

상제님이 하신 말씀이 있다.

이 문명은 다만 물질과 사리事理에만 정통하였을 뿐이요, 도리어 인류의 교만과 잔포殘暴를 길러 내어 천지를 흔들며 자연을 정복하려는 기세로 모든 죄악을 꺼림 없이 범행하니 신도神道의 권위가 떨어지고 삼계三界가 혼란하여 천도와 인사가 도수를 어기는지라.

이에 이마두는 원시의 모든 신성神聖과 불타와 보살菩薩들과 더불어 인류와 신명계의 큰 겁액劫厄을 구천九天에 하소연하므로 내가 서양 대법국 천개탑에 내려와 이마두를 데리고 삼계를 둘러보며 천하를 대순하다가 이 동토東土에 그쳐 중 진표가 석가모니의 당래불當來佛 찬탄설게讚歎說偈에 의거하여 당래의 소식을 깨닫고 지심기원至心祈願하여 오던 모악산 금산사 미륵금상에 임하여 30년을 지내면서

최수운에게 천명天命과 신교神敎를 내려 대도를 세우게 하였더니 수운이 능히 유교의 테 밖에 벗어나 진법眞法을 들춰내어 신도神道와 인문人文의 푯대를 지으며 대도의 참빛을 열지 못하므로 드디어 갑자甲子년에 천명과 신교를 거두고 신미辛未년에 스스로 이 세상에 내려왔나니…. (道典 2:27:1~8)

내가 이 공사를 맡고자 함이 아니로되 천지신명天地神明이 모여들어 '상제님이 아니면 천지를 바로잡을 수 없다.' 하므로 괴

롭기는 한량없으나 어찌할 수 없이 맡게 되었노라. (道典 4:100:12)

이 말씀을 봐라. 상제님이 이 세상에 오고 싶어서 온 것이 아니라, 이마두가 동서양 도통신들을 모두 거느리고 상제님께 하소연해서 오셨다는 말씀이다. "살려주십시오, 죽여주십시오." 하면서 세상 사람을 건져 달라고 말이다.

상제님 강세를 예고한 최제우 대신사

상제님은 또 "서양 대법국 천개탑에 대순하다가 오직 너희 동토에 그쳐 금산사 미륵불에 30년 동안 명을 붙여 의지해 있으면서 먼저 최제우를 내었다."고 하셨다.

최제우가 여기 저기 돌아다니면서 여러 날 기도했지만 결국 공부를 못 하고, 마침내 경주 용담에 가서 통通을 했다. 헌데 그가 상제님께 통을 받고도 참법을 지어내지 못하기 때문에, 상제님이 갑자甲子년에 천명과 신교를 거두고 친히 이 세상에 오셨다는 말씀이다. 최제우는 갑자년에 대구 장대將臺에서 참형을 당했다.

상제님은 신미(辛未, 1871)년에 이 세상에 오셨다.

허면 왜 상제님이 신미생으로 오셨는가?

신辛 자는 열매기 신, 여물 신 자다. 미는 진술축미辰戌丑未의 미未다. 다 5토土인데 미토만은 10토다. 그래서 열매가 여무는 토다.

미未는 또 십무극十無極, 무극대도를 상징한다. 그렇기 때문에, 신해辛亥도 있고 신축辛丑도 있지만 상제님은 꼭 신미생으로만 오시게 돼 있는 것이다.

이런 것은 아주 중요한 문제라서, 내가 조금 설명을 덧붙이는 것이다. 여기에 이걸 전혀 모르는 신도가 많이 있을 테니까.

또 상제님은 강姜씨 성을 쓰고 오셨다. 신농씨의 성이 강씨다. 인간 성으로 그 중 먼저 비롯된 성이 강씨다. 상제님이 "지금은 원시原始로 반본返本하는 새 세상인 고로 강성을 따 가지고 왔다."고 말씀하셨다.

상제님은 그런 지난한 과정을 거쳐서 이 세상에 오신 것이다.

무지몽매했던 우리 민족

그런데 상제님이 이 세상에 오실 때, 우리나라 실정이 어떠했는지 아는가?

한 마디로, 우리 민족은 너무너무 민도民度가 낮고 무지몽매했다. 내가 어려서만 해도, 우리 민족은 참 바보였다. 너무 무식해서 한문은 그만 두고서라도, 국문, 그 때는 언문이라고 했는데, 국문으로 제 이름 쓰는 사람이 몇 없었다.

또 한문 서당이 너댓 동네를 합쳐야 한 군데쯤 있었다. 헌데 그 서당에 다니는 학동이 몇이었느냐 하면, 그 여러 동네를 합쳐봤자 열 명 미만이었다. 그러니 어떠했겠는가. 한번 생각해 봐라.

사람은 지능이 발달됐고, 금목수화토金木水火土 오행五行 정기를 전부 갖고 타고났다.

짐승은 토기土氣면 토기, 수기水氣면 수기, 화기火氣면 화기 하나씩 갖고 태어난다.

하나 예를 들면, 소는 북방北方 수기水氣를 타고나서 성질이 느긋하고, 그 기운이 응기해서 발바닥이 이렇게 주먹 둘로 나뉜 것 마냥 됐고, 말 같은 것은 남방南方 화기를 타고나서 성질이 급하고, 발굽도 통굽으로 되어져 있다. 또 개 같은 것은 서방西方 금기金氣를 타고 나와서, 삼복 더위에 개장국을 먹으면 퇴서退暑가 되고, 암만 뜨겁게 먹어도 목구멍 데는 법이 없다.

사람은 오행정기를 타고나서, 기거좌와起居坐臥를 마음대로 한다. 엎어지고 드러눕고 뒹굴고, 자유자재로 동작한다. 여러 가지 사고 방식도 두루두루 다 갖추고 있다.

헌데 그렇게 고루 갖추고 있건만, 배우지 않으면 아무 소용이 없다. 인간 뚜껑만 썼을 뿐 짐승과 똑같다.

그 때, 우리나라 실정이 어떻게 돼 있었느냐? 내가 늘 입버릇처럼 얘기하지만, 왕건이 고려라는 나라를 세우고 불교를 국교로 수립樹立했다. 나무 수 심을 수 자, 설 립 자, 심어 세워서 475년 불교국가를 형성했고, 이성계가 이조 5백 년 동안 유교를 수립했다.

나라마다 제 나라 역사가 다 있지 않은가. 우리나라도 우리나라의 역사가 있다. **우리나라는 환인천제 환웅천황 단군국조님**으로 해서, 우리나라의 **시원 이념**, **역사적인 민족의 혼**이 있다. 헌데, 그건 어디에다 송두리채 내던져 버리고, 남의 나라 문화를 수입해 온 것이다.

그렇게 해서 우리 민족이 **천 년 이상 혼 빠진 민족**이 돼버렸다. 그런데다가 또 나라에서 실정失政을 했다. 당시 우리나라는 양반국가였다. 사실 양반이 몇 명이나 되겠나. 그 때는 과거에 급제해서 벼슬을 해야 양반이라고 했다.

헌데 그 과거라는 것도 제대로 공평하게 본 게 아니다. 벼슬아치의 자손, 친인척들만 과거 볼 수 있는 자격이 있었다. 또 거기서 장원급제 하는 사람은 미리 정해 놓고 형식적으로 보는 경우가 많았다. 자기네 들끼리 돌림번으로 장원급제하고, 정승 판서도 저희들끼리 해먹고 말이다. 그리고 나머지는 전부가 다 상놈이다.

그러니 일반 국민은 어떻게 살았겠는가? 배우지 않았으니 아무 것도 모르잖는가. 그저 망건도 못 쓰고, 수건 댕겨 매고 살았다. 여기 앉아 있는 사람 한 95퍼센트쯤은 조상들이 다 그렇게 살았다.

우리 조선이 유교를 받아들이고, 그렇게 고랑때(골탕)를 먹었다. 우리 조선이 어디까지 갔었나 하면, 내 하나로 묶어서 얘기할 테니 들어 봐라.

조선시대 세금 제도에 군사 군軍 자 기 정旌 자, 군정세軍旌稅라는 게 있었다. 그 군정세란 알기 쉽게 얘기해서 상놈들 불알세다. 세금 이름이 불알세다. 친구들끼리 "불알세 냈어?" 그런다. 그러니까, "네 놈 상놈이 아들을 낳았으니까 아들 낳은 세금을 내야 될 것 아니냐?" 하는 소리다. 또 상놈의 아들은 커서 군대를 가야 된다.

그런데 양반은 불알세를 안 낸다. 당연히 군대도 안 갔다. 상놈만 세금 내고, 상놈만 군대 가고. 얼마나 불공평한가. 그래도 나라 제도가 그러니 어떻게 할 도리가 있나? 이의를 제기하면, "이놈 반역자다." 하고 잡아 가둘 게 뻔한데. 사실 우리 민족이 그랬다.

우리나라를 일본에 의탁하심

그러니 상제님이 볼 때, 이 민족을 가지고 쟁쟁한 세계 열강 속에서 뭘 어떻게 하겠나. 세상 사람들 심부름꾼 수준도 안 되는 실정인데. 우리 민족을 세계 열강 속으로 이끌어 내서, 개벽 일꾼으로 쓰시려 하건만, 도저히 방법이 없다.

해서 우리나라를 의탁할 곳을 찾으셨다. 일정한 기간 동안, 어느 나라에 맡겨서, 하다못해 껄이라도 좀 벗겨야겠다 하신 것이다. 이 **'껄 벗긴다'** 는 말, 제군들은 알아들을 것 아닌가. 한 마디로 말해서, 껄도 못 벗은 우리나라, 껄이라도 좀 벗겨서 세상에 내 놓으려고 다른 나라에 의탁을 하셨단 말이다.

상제님이 하신 말씀이 있다.

조선을 서양으로 넘기자니 인종이 다르므로 차별과 학대가 심하여 살아날 수 없을 것이요

청국으로 넘기면 그 민중이 우둔하여 뒷감당을 못할 것이요

일본은 임진란 후로 도술신명道術神明들 사이에 척이 맺혀 있으니 그들에게 넘겨주어야 척이 풀릴지라.

그러므로 내가 이제 일본에게 잠시 천하통일의 기운과 일월대

명日月大明의 기운을 붙여 주어 천하의 역사役事를 시키려 하노라.

그러나 그들에게 한 가지 못 줄 것이 있으니 곧 '어질 인仁 자라. 만일 어질 인 자까지 붙여 주면 천하는 다 저희들의 것이 되지 않겠느냐. 그러므로 어질 인 자는 너희들에게 붙여 주리니 오직 어질 인 자를 잘 지키라.

너희들은 편한 사람이요 저희들은 곧 너희들의 일꾼이니 모든 일을 분명하게 잘 하여 주고 갈 때에는 품삯도 못 받고 빈손으로 돌아가리니 말대접이나 후하게 하라. (道典 5:122:2~10)

우리 민족을 서양으로 넘길 것 같으면, 되물려 받을 도리가 없다. 왜냐하면 서양 백인종들이 수치도 많고 과학문명도 발달한 반면, 우리 민족은 너무도 무지몽매해서 우리 민족을 서양으로 넘길 것 같으면, 그 아구에서 빠져 나올 도리가 없기 때문이다. 저 흑인 노예 모양 황인 노예가 될 게 뻔하잖은가. 흑인종은 많기나 하니까 표시도 안 나겠지만, 우리 민족은 노약자, 어린애까지 다 합쳐도 채 2천만이 안 되는데, 그나마 노예로 끌려가면 남는 수가 얼마나 되겠는가? 그들 아구에 한 번 들어가면 다 녹아 버리고 만다. 다시 되물려 받을 도리가 없다. 그래 서양으로 넘길 수가 없는 것이다.

또 우리 민족을 중국으로 넘길 것 같으면, 그들이 우둔해서 감당할 도리가 없다.

해서 우리 민족을 일본으로 넘기시는데, 일본에게 천하통일지기天下統一之氣와 일월대명지기日月大明之氣를 붙여주어서, 천하의 일꾼으로 내세우되, 그들에게 주지 못할 것이 착할 인 자, 도덕률이라고 하셨다.

만일 그들에게 천하통일지기와 일월대명지기를 붙여주고, 거기다가 도덕률까지 붙여주면, 천하가 다 저희들 것이 될 것 아니냐는 말씀이다.

그래서 일본은 우리나라를 맡아 일해 주고, 결국 배사율背師律, 등 배背 자, 스승 사師 자, 스승을 배반하는 율법에 의해서 망했다.

이게 무슨 말이냐?

일본이 서양한테 과학문명 기술을 배우고는 서양사람을 치려 달려붙으니 스승을 배반하는 것 아닌가. 해서 그 불의한 것을 신명들이 용서치 않았단 말이다.

또 우리나라도 일본의 문명을 열어 준 선생님 나라다. 일본이 백제에 글 가르치는 학자를 요청해서, 백제에서 전라도 영암의 왕인을 보내어 천자문부터 글을 가르쳐 줬다. 사실 일본문화는 백제로부터 비롯된 것이다.

이렇게 우리나라가 일본의 선생님 나라이니, 선생님 나라를 오랫동안 차지하고는 못 있을 것 아닌가. 선생님 나라를 틀켜쥐고 뭘 어떻게 하겠는가? 잠깐 거느려 식민통치는 할지언정, 도리상 자기들 것으로 만들 수는 없잖은가.

일본은 그렇게 우리나라에도 배사율에 걸리고, 서양사람에게도 배사율에 걸려서 망하게 돼 있었다.

일본은 우리의 일꾼

상제님이 "너희들은 편한 사람이요 저희들은 곧 너희들의 일꾼이니 모든 일을 분명하게 잘 하여 주고, 갈 때에는 품삯도 못 받고 빈손으로 돌아가리니 말대접이나 후하게 하라."(道典 5:122:9~10)고 하셨다.

저들이 우리나라에 와서, 죽도록 우리나라를 개화시키느라고 애도 쓰지만, 결국 품삯 한 푼도 못 받고 쫓겨간다는 말씀이다.

지금 『도전』에는 다 안 썼지만, 상제님이 신명으로 명치明治를 몇 번씩 잡아다가 조선을 맡으라고 시키시는데, 그가 말을 안 듣는다. 명치가 약은 사람 아닌가. 그래서 몇 번 숨도 못 쉬게 만들고 혼내시는 그런 사건이 있었다.

일본인이 우리나라에 와서 죽도록 제방, 수리사업, 철도 등에 역사했다. 헌데 그런 건설 사업도 중요하지만, 그보다 더 중요한 게 있다. 사실 그 때까지 우리 민족은 숫자 하나도 제대로 세지 못했던 민족이다. 그런 우리 민족의 머리를 열어 준 것이다.

일본이 통치하면서, 우리나라에 초등학교를 안 다닌 사람이 별로 없다. 가난하고 못 생겼든 어떻게 됐든, 그저 사람 뚜껑만 썼으면, 취학 연령 되면 으레 초등학교에 가는 걸로 알고, 학교 교육을 받았다.

우리들 어렸을 때 그랬다. 학교 교장하고 면장하고, 지금은 파출소라고 하는 지서의 순사하고 다니면서, 아이들이 학교에 안 가면 때려서라도 학교에 집어넣었다. 안 넣으면 안 되는 걸로 돼 있었다. 그렇게 해서, 누구도 다 머리 빡빡 깎고 초등학교를 다녔다.

그 전에는 머리 깎은 사람이 없었다. 전부 다 머리를 땋았는데, 머리 속에 이가 득실거렸다. 아마 여기 앉은 어린 사람들은 모를 거다. 머리 이는 새까맣다. 보리만큼 큰 놈이 설설 기어다닌다. 또 서캐라고 있는데, 이의 알이다. 이를 까는 알. 애들 머리 속에 서캐가 보통 한 천 개, 암만 없어도 한 삼사백 개는 다 있었다.

그걸 다 깎아 버리고, 저 6.25 동란 때까지만 해도 디디티(DDT)라고 있었는데, 그걸 갖다가 뿌렸다. 그러면 이가 하얗게 기어 나온다.

우리 민족이 그런 민족이었다. 개구리가 올챙이 적 생각 못 한다고,

지금 사람들은 그걸 모른다. 참 얘기가 안 됐던 때다. 그런 아이들을 학교에 끌어다가 교육시키니까, 초등학교를 졸업하고 나면 숫자도 알게 되고, 축구공 찰 줄도 알게 되고, 제법 글자도 쓸 줄 알게 됐다.

그렇게 해서 우리 민족이 껍을 벗었단 말이다.

그런데 거기까지만이다. 중학교는 안 가르쳤다. 왜 그랬냐? 식민지 국민에게 많은 걸 가르치면 안 된다는 걸 알았기 때문이다. 사람은 중학교만 가르쳐도 **민족**이라는 것을 알게 된다. 그렇게 되면 우리 민족의 가슴에 일본인들에 대한 미움이 생긴다. 저들이 우리나라를 꿀꺽 삼켰으니, 우리 민족의 가슴에 '저들을 죽여야겠다.'는 생각이 들 수도 있다. 그래 초등학교 이상은 안 가르친 것이다.

그건 영국이 인도를 식민 통치할 때도 그랬다.

그런데 배우려고 하는 사람을 어떻게, 무슨 재주로 안 가르치나. 행정적으로, 제도적으로, 못 배우게 해야 할 것 아닌가. 그래서 그들이 어떤 제도를 만들었냐 하면, 그 때 지세地稅라는 세금이 있었다. 지금으로 말하면 재산세다. 또 호세戶稅라는 세금이 있었다. 그 때 논밭 한 두락이면 이백 평이다. 한 마지기가 한 두락인데 이백 평을 기준한다. 열 마지기면 이천 평, 한 섬지기면 4천 평이다.

당시 자급자족하고 남는 땅을 가진 사람이 몇 명 안 됐다. 게다가 제도적으로 일본이 우리 민족을 착취하려고 '동척'이란 걸 만들었다.

'동양척식주식회사'라고, 농민들에게 빚을 주고 이자를 받는데, 손주변, 증손주변, 고손주변까지 매겨서 착취하는 방법을 썼다. 그렇게 해서 우리 농토를 다 뺏어가 버렸다. 그러니 우리 민족은 간신히 논 몇 마지기 지어서 구명도생苟命徒生하면 그뿐이었다.

해서, 땅이 어느 만큼 있어서, 먹고살고 자식 중학교 가르칠 수 있는 재산이 되는 사람만 자식을 중학교에 보내라고 했다.

그 때 우리나라 실정을 보면, 지금 도시로 말해서 한 동에 자식을 중학교 보낼 수 있는 재산 가진 사람이 두 집 있으면, 굉장히 부자동네였다. 거개가 한 동에 하나 꼴도 없다. 그러니 전국적으로 중학교 나온 사람이 몇 명 없다. 남북을 합쳐도 아마 몇백 명 안 될 것이다.

그리고 외국에 유학한 사람은 극히 소수다. 저 동아일보사하고 고려대학을 만든 김성수 같은 사람. 그는 호남부자다. 장덕수, 송진호 등등 몇 사람뿐이다. 그러니 반항할래야 무식해서 어떻게 반항을 하나.

헌데 초등학교도 못 가르치면 부려먹을 수가 없다. 사람을 부려먹으려면, 말귀라도 알아듣고, 어디 갔다 오라고 하면 갔다 오고, 갔다 와서 보고라도 할 수 있어야 하니까, 자기들 심부름꾼으로 부려먹으려고 초등학교를 가르친 것이다. 어찌 됐건, 그들이 초등학교라도 가르쳐 줬으니까, 우리 민족의 껄을 벗겨 준 것이다. 굉장히 약다.

그러고서, 그들은 낙후된 우리나라 치산치수治山治水를 했다. 헐벗은 산에 사방공사砂防工事를 했다. 모래 사 자, 막을 방 자, 산사태 나는 걸 막는 공사다. 산에 나무를 심어서 산사태 방지하는 공사를 일본인들이 다 해 줬다. 해서 우리나라 산천을 그런 대로 좋게 만들었다.

다만 산에다가 아카시아 나무 같은 몹쓸 것을 심은 게 흠이었다. 그들이 수종 선택을 좋게 해 줄 리가 있나.

우리나라가 바둑판

그러고서 상제님은 이 세상을 **오선위기**五仙圍碁, 즉 **우리나라를 바둑판 삼아**, 다섯 신선이 바둑 두는 것처럼 둥글어가게 판을 짜 놓으셨다.

전북 순창 회문산에 오선위기혈五仙圍碁穴이 있다. 아주 옛날부터 전해 내려오는 얘기로, 거기가 오천자지지五天子之地다. 그 혈자리에 묘를 쓰면, 천자 다섯이 나온다는 것이다. 상제님이 그 기운을 취해서, 우리나라를 중심으로 다섯 신선이 바둑두는 것처럼 세상 판을 돌리셨다.

상제님이 짜신 세상 운로에 대한 말씀을 봐라.

내가 이제 천지의 판을 짜러 회문산에 들어가노라.

현하 대세를 오선위기五仙圍碁의 기령氣靈으로 돌리나니 두 신선은 판을 대하고 두 신선은 각기 훈수하고 한 신선은 주인이라.

주인은 어느 편도 훈수할 수 없어 수수방관하고 다만 손님 대접만 맡았나니 연사年事에 큰 흠이 없어 손님 받는 예禮만 빠지지 아니하면 주인의 책임은 다한 것이니라.

바둑을 마치고 판이 헤치면 판과 바둑은 주인에게 돌아가리니 옛날 한고조漢高祖는 마상馬上에서 득천하得天下하였다 하나 우리나라는 좌상坐上에서 득천하하리라. (道典 5:6)

허면, 왜 우리나라가 바둑판인가?

우리 **한반도**는, 지정학상으로 **본래 하늘땅이 생길 때부터 바둑판**이다. 아주 그렇게 되어져 있다. 그걸 누가 만든 게 아니다. 어째서 그런가?

여기 잘 아는 사람도 더러 있을 테지만, 바둑판을 갖다 놓고 보면, 가로 세로 모두 열 아홉 열 아홉, 보태면 서른여덟 줄이다. 그러면 38 아닌가?

세계지도를 펴놓고 **위도로 38**을 찾으면, 바로 **우리나라 삼팔선**이다. 경도 위도는 지구라는 차원에서 그어진 것이지만, 그게 불모이동不謀而同으로 기가 막히게 딱 맞아떨어졌다.

바둑은 흑점도 절반 권리를 가지고 있고, 백점도 절반 권리를 가지고 있다. 바둑판을 상대하고 저쪽에서 한 점 놓으면 나도 한 점 놓고, 그렇게 똑같이 놓는데, 그 중심이 바로 삼팔선이다.

그런데 바둑은 바둑돌을 한 구멍도 안 남기고 다 놓고 따내야 심판이 나는 것이다. 그 바둑판 점수가 361점이다. 흑점이고 백점이고, 바둑돌을 놓을 수 있는 바둑점은 열 십 자 교차점밖에 없다. 그게 361구멍이다. 그 중, 가운데 점 하나는 왕초구멍[太乙, 天元]이다.

그럼 실제로 우리나라에 360구멍이 있느냐?

있다. 본래 우리나라가 8도道에 360주州다. 지금 남북도라는 것은 일본인들이 저희들 행정 편의상, 식민통치에 편리를 도모하기 위해 갈라 놓은 것이지, 원래는 전라도, 경상도, 충청도, 황해도, 강원도, 경기도, 평안도, 함경도, 이렇게 8도다.

본래 전주, 나주 해서 전라도, 경주 상주 해서 경상도, 충주 청주 해서 충청도다. 헌데 다 남북도로 갈라 버렸다. 경기도, 황해도는 원 판이 좁아 가를 수가 없어서 그냥 둔 것이다. 떡 조각으로 말하면, 그거 한 쪽 턱도 안 되지 않는가. 강원도는 산골짜기라서 더 말할 것도 없고. 또 평안도는 평양하고 안주를 묶어서 평안도, 함경도는 함흥하고 경성으로 해서 함경도였는데, 그것도 남북으로 갈라 버렸다. 그렇게 8도를 남북도로 갈라서 13도 217개 군이 된 것이다.

그러면 왜 360주를 만들었느냐?

그 때는 한 고을에서 나는 세금 가지고 나라살림을 하루씩 했다. 지금은 의회, 국회 같은 것이 있어서 예산심의도 하고 결의도 하지만, 그 때는 그런 기구가 없었다. 해서 360주를 두고, 일 년 나라살림을 한 것이다. 그러면 십 년도 살림을 할 수 있고, 이십 년도 할 수 있고, 백 년도 할 수 있다. 계산할 필요도 없으니 얼마나 편한가.

헌데 그 360주를 억지로 만들었다기보다도, 고을마다 다니면서 보면, 지리적인 여건이 독립적으로 거기에 고을이 들어서게끔 돼 있다. 묘하게 꼭 그렇게 되어져 있다. 어찌 그렇게도 잘 생겨서, 꼭 그 자리에 고을이 섰는지, 참 신기할 정도다.

그건 상제님이 만드신 것도 아니고, 여기 앉았는 증산도 종도사가 갖다 붙인 것도 아니다. 어떻게 물릴 수도 없고 부정할 수도 없게, 본래부터 우리나라가 바둑판이다.

"두 신선은 판을 대하고 두 신선은 훈수한다."

이것은 지금도 그렇잖은가. 요즘에도 보면 왜 그렇게 남의 나라 일에 걱정이 많은지, 우리 조선사람끼리 뭘 하는데, 미국 일본, 거기다 중국 러시아까지 네 신선이 떡 하니 끼어서 말이 많다.

그 숱한 얘기를 지금 한꺼번에 다 할 수 없어서 그렇지, 그 동안 역사적인 과정을 보면, 우리나라 문제를 가지고 꼭 네 나라가 붙어서 저희끼리 시비를 한다. 1차 대전 때부터 2차 대전, 또 지금 남북 상씨름까지, "감 내놔라, 배 내놔라" 하면서, 남의 살림 가지고 백 년 동안을 내려오고 있다.

우리나라가 참 묘한 나라다.

헌데 왜 그렇게 열강들이 우리나라에 자꾸 손을 대느냐?

중국이 볼 때, 일본이 한국을 먹을 것 같으면, 자기들에게 불리해진다. 또 중국서 한국을 얻을 것 같으면 일본이 불리해지고. 러시아에서 볼 때도 마찬가지다. '저거 일본이 먹으면 안 되지. 아이구, 저거 중국이 먹으면 안 되지.' 하면서 각축전이 벌어진 것이다. 그러면서 서로 앞다투어, 우리나라를 독립국으로 만들어줬다. 우리가 만들어 달라고 한 것도 아니다. 대한제국의 고종황제도, 그렇게 해서 황제가 된 것이다.

중국이 그 전에는 얼마나 고약했었냐 하면, 조선에서 세자 하나만 봉하려고 해도, 저들의 허가를 받아야 했다. 조선이라는 나라 이름도, 이성계가 건국을 하고 중국의 허가를 받아 붙인 이름이다. 뭐 하나 우리나라 뜻대로 한 게 없다. 말할 것도 없이 우리나라는 중국의 속국이었다. 그러다가 **상제님의 오선위기 공사**로 세계 열강들의 각축전이 벌어지게 된 것이다.

상제님 공사내용이 그렇게 되어져 있다.

이 세상은 애기판, 총각판, 상씨름판으로

그러고서, 상제님이 이 세상 둥글어가는 것은 씨름판 도수를 갖다 붙였다. 애기판, 총각판, 상씨름판으로.

애기판은 애기들 싸움이다. 한 여나믄 살 먹은 애들이 까까중 아닌가. 나이가 적으니까 머리 기를 새도 없고, 배안머리라 해서 너무 부드럽고 노랑머리도 있으니, 머리카락 굵어지고 검어지라고 몇 번씩 깎아주지 않는가. 그래서 까까중이다. 그런 애들이 씨름을 했다.

또 총각판은 이삼십 먹은 떠꺼머리 총각들, 머리 땋아 테를 두른 총각들이 씨름을 했다.

그리고 상씨름판은 상투쟁이들이 하는 씨름이다. 그 땐 그렇게 했다.

상제님이 씨름판을 붙여 놓고, 도전장을 어떻게 운영했느냐?

『삼국지』를 보면 참 멋지고 통쾌하다. 그건 완전히 꾸민 이야기만은 아니잖은가. 『삼국지』에서 가장 영웅적이고 의리 있는 분이 관성제군關聖帝君이다. 오관참장五關斬將 관운장이다. 두 형수를 가마에 태우고 필마단기匹馬單騎로 오관을 깨뜨려 가면서 적진을 헤쳐나간 관운장! 얼마나 장쾌한가.

그 관성제군을 상제님이 씨름판 싸움 붙이는 선봉장으로 임명하셨다. 그런데 상제님이 관운장에게 서양에 가서 싸움을 일으키라고 하니까, 관운장이 안 가려고 했다. 그래 상제님이 관운장 삼각수 한쪽 수염을 잡아뜯어 버렸다. 『도전』에, 태인 관왕묘에 수염 한 갈래가 떨어져 있었다는 게 바로 그것이다.

허나 우주의 주재자가 가라고 명령하는데 어기는 재주가 있는가? 하나님 명령인데. 관운장이 그렇게 수염 뽑히고 쫓겨갔다.

그가 서양에 가서 싸움을 붙일 때, 처음에 어떻게 도전했느냐 하면, 발칸반도에서 오스트리아 황태자를 죽이게 만들었다. 남의 나라 황태자를 죽여버렸으니, 가만히 있겠는가? 거기서부터 싸움이 될 밖에. 관성제군이 가서 그렇게 만들었다.

그 숱한 얘기는 지금 다 할 수 없으니까 빼고, 그렇게 해서 1차 대전이 발발했다. 1차 대전이라는 게 까까중들끼리 싸운 싸움이다. 그 1차 대전이 끝나고 국제연맹이 생겼다.

그러고서 2차 대전은 일본이 일으킨 전쟁이다. 상제님이 공사로 일본에게 천하통일지기와 일월대명지기를 붙여 주신 덕에, 저희들 세상이다 싶으니까, 일본이 군국주의로 세계를 제패하려는 야심을 가졌다.

장구산 사건이니, 노구교 사건이니, 일본이 선수를 치고는 그걸 핑계 삼아 전쟁을 일으켰다. 참 멀쩡한 사람들이다. 그렇게 해서 2차 대전이 발발한 것이다.

그러면서 대동아 공영권이라고, 일본·이태리·독일 삼국이 동맹해서 세계를 제패하여 삼분 천하, 지구를 세 쪽으로 나누어 차지하겠다고 날뛰었다. 그 전쟁이 십 년을 갔다.

그 때 나는 일본 식민통치 하에 사는 한 사람으로, 그 전쟁의 틈바구니에서 세상을 돌아다니며, 상제님 천지공사 내용이념이 집행되는 걸 지켜보았다. 해서 당시 일본인들 싸운 것을 아주 환하게 잘 안다.

도운道運과 세운世運은 번갈아 둥글어 간다

참고로 그 시대상황을 조금만 애기할 테니 들어봐라.

일본이 얼마만큼 이 지구상에서 패권을 잡았었냐 하면, 우리나라는 식민 통치국이니 말할 것도 없고, 저 만주로 해서, 싱가포르, 필리핀, 남양군도까지 일본이 다 차지해 버렸다. 중국도 절반 이상을 차지했다. 『삼국지』를 보면 유비가 쫓겨 들어간 서촉이 중경重慶인데, 장개석이 그 산골짜기까지 쫓겨 들어갔다. 말할 것도 없이, 동양은 다 일본인 세상이었다.

본래 만주는 중국이 통치하던 곳이 아니다. 우리나라 땅이었다. 천 삼백여 년 전, 신라 김춘추가 당 고종과 협상해서 소정방이 군대를 몰고 들어와 백제, 고구려를 통합했다. 그 후 신라군이 당나라군을 내치는데, 압록강까지만 뺏고 그 위쪽은 그냥 내던져 두어서 만주가 주인 없는 땅이 된 것이다.

만주가 얼마나 넓은가? 얼마나 넓은지, 가도가도 끝이 없다.

이걸 그저 꿈처럼 알 게 아니라, 다시 한 번 정리를 해 봐라. 상제님이 일본에게 기운을 붙여 줬으니, 얼마나 승승장구했겠는가.

그런데, 그 사이에 하나 끼워 넣을 이야기가 있다. 2차 대전이 생기면서, 보천교가 없어져 버렸다. 상제님 공사내용이 그렇게 돼 있다. 상제님 공사가 삼변三變 성도成道다. 세상 운로도 세 번 변해서 매듭이 지어지고, 내적으로 도운도 세 번 변해서 매듭이 지어진다. 그러니까 **세운世運도 삼변 도운道運도 삼변**, 묶어서 삼변 성도다.

헌데 도운과 세운이 어떻게 둥글어 가느냐? 꼭 번갈아서 둥글어 간다. 도운 한 번, 세운 한 번. 세운이 한 번 들어오면 도운이 침체되고, 도운이 나가면 세운이 들어온다.

1차 대전이 끝나면서 보천교가 한참 성했다. 그 당시 보천교 신도가 7백만 소리를 했다. 그런데 2차 대전이 발발하면서 일본이 보천교를 강제 해산시켜 버렸다. 허나 사상집단이 돼 놓으니, 쉽게 해산이 안 됐을 것 아닌가. 헌데 마침 1936년 병오丙午년에 보천교 교주 차경석 성도가 죽어버렸다. 그러니 별 수 있나? 망하는 수밖에.

도운은 거기서 제 1변이 끝났다. 그러고서 씨름판으로 말하면 애기판이 끝나고, 총각판인 2차 대전이 발발한 것이다.

허면, 2차 대전이 왜 총각판이냐?

2차 대전은 아까 말한 대로 중일전쟁이 발단이 돼서 일어난 전쟁이다. 그 중국사람들이 편발을 하지 않았는가. 편발, 머리 땋는 것이 청나라 풍속이다. 중국사람들 머리 꼬랭이가 한 발씩은 된다. 해서 2차 대전이 총각판이다.

일본의 패망공사

그 때, 나는 어린 나이에도 상제님 사업하려고 동으로 서로, 오늘은 조선, 내일은 만주, 모레는 북지로, 다닐 수 있는 데까지 다 돌아다녔다. 그 때는 나 혼자였다. 일본이 얼마나 무섭게 탄압을 했던지, 단체가 있을 수도 없었다.

헌데 나는 일본이 쫓겨 들어가는 날짜까지 알았다.

『도전』을 보면 이런 문구가 있다.

歲月汝遊劍戟中인데 往劫忘在十年乎아

세월아! 너는 전쟁의 겁액 속에 흘러가는데 그 겁액이 10년 세
월에 있음을 잊었느냐! (道典 5:292:5~7)

"세월아 네가 검극 가운데 노는데, 곧 전쟁을 하는데, 왕겁망재십년
호, 그 겁이 10년 간다는 것을 잊어버렸느냐?"

쉽게 말해서 10년 동안 전쟁을 한다는 뜻이다. 그 10년 되는 해가 을
유乙酉년이다, 서기 1945년.

그러면 전쟁이 끝나는 게 1년 365일 중 과연 어느 날이냐?

상제님이 세상 비결이라 해서 일러주신 말씀이 있다.

삼인동행칠십리　오로봉전이십일
三人同行七十里요　五老峰前二十一이라
칠월칠석삼오야　동지한식백오제
七月七夕三五夜요　冬至寒食百五除라 (道典 5:308:2~3)

'칠월칠석삼오야' 라는 구절을 봐라. 삼오, 석 삼 자 다섯 오 자 더하
면 여덟이다. 또 삼오를 승하면 3 곱하기 5는 15가 된다. 그러니까 3·
5, 글자는 두 잔데 8월 15일을 말한다. 밤 야 자는 어조사고. 그래서 8
월 15일에 일본이 손을 든다 하고, 아예 상제님이 판을 박아 놓으셨다.
그러니 어떻게 그것을 그대로 이행 않겠는가? **천지신명들이 다 상제님
신하들**인데, 만일 이행을 않는다면 천지신명들이 그걸 그냥 두나?

상제님 판이 그렇게 짜여져 있다는 것을 알았기 때문에, 내가 경기도 김포에 가서 집 한 구탱이 얻어 놓고, 저 종정 어머니 태사모하고 편안하게 앉아서 때를 기다렸다. 몇 날 며칠에 일본이 망한다고, 벽에다 아주 굵직하게 써 붙여 놓고 말이다. 바로 그 날 망해 버렸다.

아니 그 기세로 봐서는 일본이 어디 손들게 생겼었는가? 천하가 다 자기들 세상인데.

헌데 히로시마에 원자탄을 맞고는 일본이 손들어 버렸다. 원자탄은 한 번 맞아봐야 그 위력을 안다. 세상 사람들은 그저 원자탄으로 일본이 망했다 하는 역사적 사실만 알 뿐, 그 충격과 위력이 어떠했는지는 잘 모르고 있다.

히로시마에 냅다 원자탄 한 방을 떨어뜨렸는데, 아니 어떻게 된 게 시퍼런 불이 한 번 번쩍하더니, 날아다니는 새 한 마리, 기어다니는 짐승 하나도 없고 땅 속에 버러지 하나, 세균 하나도 안 남았다. 사람은 그냥 새까만 재가 되어 버렸고. 그런 무기가 세상에 어디 있나.

그래 항복을 안 할래야, 안 할 수가 없는 상황이다. 시간을 지체했다가는, 동경에고 대판에고 언제 또 떨어질지 모른다. 한 방만 맞으면 아무 것도 남는 게 없는데, 어쩔 도리가 없잖은가. 해서 손들자 하고 항복한 것이다. "그저 저희 본토만 살려주십시오!" 해서, 그것만 간신히 남고 나머지는 다 내뱉어 버렸다. 조선, 만주로 해서 숱한 동양 땅 다

토해 놓았다.

그게 상제님 공사다.

내가 교육시키는 건, 머리털만큼도 보태지도, 빼지도 않고 사실 그대로다. 그게 상제님이 판 짜 놓으신 것이니 조금이라도 틀릴 턱이 있나. 상제님이 우주의 주재자이신데.

상씨름이 끝나간다

그렇게 해서 2차 대전이 끝이 났다.

2차 대전이 끝나고 1945년 국제연합, 유엔총회(UN)가 생겼다. 그러면서 일본이 손들고 우리는 나라를 되물려 받았다.

그런데 또 경인(庚寅, 1950)년에 6.25 동란이 발발했다. 이게 상씨름판이다.

상제님이 "씨름판대는 조선의 삼팔선에 두고 **세계 상씨름판을 붙이리라.**"(道典 5:7:3)고 하셨다.

상제님 공사대로, 애기판 총각판이 끝나고, 이제 3차에 와서 어른들끼리, 상투쟁이끼리 상씨름이 붙었다. 상제님 천지공사 보실 때, 어른은 상투 틀지 않았나. 쉽게 얘기해서, 지금 북쪽 상투쟁이 남쪽 상투쟁이, 두 상투쟁이들이 삼팔선을 가운데 두고 샅바싸움을 하고 있는 것이다.

허면 8.15 해방된 지가 도대체 언제인가? 6.25 동란 정전 협정 맺고서도 50년 잔뜩 세월이 흘렀다. 그런데도 여태 우리나라는 완전 독립이 안 됐다. 샅바를 떡 잡고서, 밀고 당기고, 냅다 배지기도 들어가고 하는데, 아직까지도 판결이 안 났다.

지금 남북회담이라는 것도 그런 거다. 이렇게 해보자 저렇게 해보자, 모여서 세계 정세를 협상하는데, 그럴 때마다 미국 일본 중국으로 해서 러시아까지, 네 신선이 언제고 참견을 한다. 그게 바로 오선위기다.

세상에 사는 보통 사람들은, 우리나라가 독립된 걸로 착각하는 경우가 많은데, 우리나라는 아직까지 독립이 안 된 나라다. **상제님 공사가 끝이 안 났단 말이다.** 남북이 통일되고 이 세계 대열 속에서 완전히 독립이 돼야 명실공히 독립국 아닌가.

풍류주세백년진風流酒洗百年塵

그러고서 상제님은 결론적으로 "씨름판에 소가 나가면 판을 걷게 되리라."(道典 5:7:4)고 하셨다.

상씨름판에는 으레 소가 나오잖는가. 씨름은 소걸이다. 씨름판에 소가 나오면 씨름판이 걷힌다, **매듭이 지어진다**고 하셨다.

그런데 소가 나왔다. 그 소를 가지고 나간 사람이 정주영 씨다. 아니, 대한민국에서 누가 정주영 씨에게 상씨름 씨름판에서 승리하면 소 상품을 줘야 될 테니 소를 좀 갖다 걸어놓으라고 시킨 사람 있나? 아무도 없다. 남쪽에도 없고 북쪽에도 없다. 시킨 사람도 없는데, 자그마치 5백 마리를 트럭에다 싣고 삼팔선에 소를 등장시켰다. 그 뒤에 또 5백 한 마리가 나갔고.

상제님 공사라는 게, 본인도 모르게 속에서 신명들이 시키잖는가. "너, 이 농장에서 통일소를 키워서 상씨름하는 데 상품으로 갖다 바쳐라." 하고. 세계정세가 자기도 모르게 그렇게 둥글어 가는 것이다. 불모이동不謀而同으로, 꾀하지 않아도 저절로 그렇게 되어지는 것이다. 그 소 천 한 마리 낸 것을 가만히 생각해봐라. 참 싱겁지도 않은 일이다.

헌데 **"판이 걷힌다"**는 말씀을 가만히 봐라. 이 말씀은 세상 시끄러운 것이 천 년 만 년 가는 게 아니란 뜻이다.

"풍류주세백년진風流酒洗百年塵이라"(道典 8:25:9), 전에도 내가 얘기한 적이 있는데, 상제님이 천지공사 보신 후 백 년이 차면 풍류, 노래 부르고 춤추고 술 마시고 그렇게 해서 백 년 묵은 기운을 씻는다는 말씀이다.

상제님 공사 보신지가 신축(辛丑, 1901)년서부터 손가락으로 꼽으면 벌써 99년째가 되고, 임인(壬寅, 1902)년서부터 보면 98년이 된다. 상제님 천지공사를 바탕으로 지난 백 년 동안을 돌아보면, 풍상이 오죽이나 많았는가. 전쟁도 1차 대전, 2차 대전, 지금 3차 대전까지는 안 붙었지만 6.25동란을 거쳐서 제 3변에 이르렀고, 도운도 제 1변 보천교로부터, 용화동에서 내가 일으킨 제 2변을 거쳐 지금이 제 3변이다.

이제 백 년을 기점으로 해서, 노래 부르고 춤추고 술 마시며, 모든 티끌을 다 씻어 버린다. 상제님이 그렇게 판을 짜 놓으셨다.

지구의 궤도수정

이 세상은 전부 상제님이 판 짜 놓으신 그대로만 둥글어 간다. 세상 이치를 누가 어떻게 하나, 천지조화를.

이제 병목만 남았다. 우리 신도들이 귀 막고 입 막고 신앙 잘해서, 병목 터지는 날짜를 읽어줬으면 좋겠는데, 그렇게는 안 될 것이다. 이 병목 터지는 것도 2차 대전 때 일본 물러가는 것처럼, 『도전』 속에 정확하게 나와 있다. 그러니 『도전』을 정신차려서, 정성 들여 읽어 봐라.

그러면 병목 터지는 날짜를 알 수 있다.

내가 근자에 와서 참 해서는 안 될 얘기를 하고 있다. 지방에 돌아다니면서 폭탄 선언을 한다. 앞으로 사람의 능력으로 해결치 못할 사건이 두 가지가 있다고.

내가 묶어서 다시 한 번 얘기할 테니 들어봐라.

하나는 뭐냐 하면, 지축이 바로 서서 이 **지구의 공전 궤도가 틀어지는** 사건이다. 지금 우리가 살고 있는 지구는 타원형 궤도로 돈다. 이 타원형 궤도가 정원형, 공 같은 형태의 궤도로 바뀐다. 알기 쉽게 얘기해서, 계란 같은 형 지구가 공 같은 형 지구로 궤도 수정을 한다.

그걸 어떻게 믿는가? 증산도 종도사가 거짓말 할 수도 있지 않은가?

그걸 신빙성 있는 걸 들어서 얘기할 테니 들어봐라. 신빙성 정도가 아니라, 아주 그 원칙이 있다.

『주역周易』은 서양에서도 부정하는 사람이 없다. 여기에도 『주역』을 아는 사람이 혹 있을 테지만, 『주역』은 이 세상 둥글어 가는 천지의 자연섭리를 담아 놓은 글이다. 그건 누구도 긍정할 것이다. 공부를 안 해서 모를 뿐이지, 사실이 그렇다.

달나라에 보내는 인공위성을 만드는데, 그 초점이 안 맞으면 인공위성이 딴 데로 갈 수도 있다. 억만분지 일이라도 잘못되면 달나라 착륙을 못 한다. 헌데 바로 그걸 『주역』을 갖다 놓고 연구한다.

허면 『주역』이 무슨 책인가? 그것은 우리가 살고 있는 이 지구가 계란 같은 형, 타원형으로 둥글어 가는 이치를 담은 책이다. **『주역』을 연구하고 보면 그 결론이 『정역正易』이다.** 결론적으로 계란형 지구 궤도가 공 같은 형 궤도로 바뀐다는 것이다. 『정역』은 공 같은 형 세상을 얘기한 것이다.

사실은 그 이치를 공자가 설명해 놓았는데, 그것을 우리나라 김일부 선생이 『정역』에 써 놓은 것이다. "앞으로 지축이 바로 선다."고!

답답하면 『주역』을 보고 『정역』을 봐라. 거기에 결론을 다 맺어 놓았다.

변화된 그 세상에 대해, 내 조금만 얘기할 테니 들어봐라. 지금은 계란 같은 형 궤도니까, 지구가 태양을 안고 돌아갈 때 근일점近日點, 원일점遠日點이 생긴다. 태양과의 거리가 가까운 때도 있고 멀어지는 때도 있단 말이다. 그래서 춘하추동 사시四時가 생긴다.

헌데 그 궤도가 동그란 공 같은 형으로 수정을 하면, 어떤 현상이 일어나느냐?

춘하추동 사시가 없이 맨날 봄이다. 지구가 태양을 안고 동그랗게 돌아가니까, 태양 거리가 먼 데도 없고 가까운 데도 없고 똑같게 된다. 그래서 사시장춘四時長春, 봄도 봄이고, 여름도 봄이고, 가을도 봄이고, 겨울도 봄이다. 달도 보름달, 초승달 구분이 없게 된다. 언제고 똑같이 만월이다. 그런 희한한 세상이 된다.

그걸 다 얘기할 수 없어서, 그저 대강 조금만 얘기해 주는 것이다. 지식이 부족하고 무식한 것이 한이지, 『주역』과 『정역』을 공부해 보면, 천지의 이치가 그렇게 되어져 있다는 것을 안다.

또 지구가 궤도 수정을 하면 어떠한 결과가 오느냐?

육지가 물 속으로 빠지는 곳도 있고, 바다가 육지로 솟기도 한다. 그렇게 되면 죽는 수밖에 없지 별 수 있나? 그만큼 지구상에 사는 사람들이 엄청난 충격을 받는다.

그건 과학의 힘이나 사람의 능력으로 거부할 도리가 없다. 자연섭리이기 때문이다. 조그만 지진 하나 일어나는 것도 불가항력인데, 지구가 궤도 수정을 하니 무슨 능력으로 뭘 어떻게 하겠는가.

그것을 글로 쓰는 사람이 있다. 미국의 루스 몽고메리(Ruth Montgomery, 1912~)가 거기에 대한 책을 여러 권 썼다. 궁금하면 그 책을 읽어봐라.

우리나라는 아직까지 세계 수준에 못 미치는 나라다. 해서 그런 책 하나 쓰는 사람도 없지만, 선진국에서는 지구가 궤도 수정하는 것을 모르는 사람이 거의 없다. 그 책을 봐서도 별로 없는 줄 알고 있다.

세상 사람들이 알고 얘기하건 모르고 얘기하건, 그저 일본은 물 속으로 다 쑥 들어가 버리고, 한 20만 명 살 수 있는 땅덩이만 남는다는 말도 있고, 미국 대륙이 두 쪽 난다, 로스앤젤레스 같은 곳은 물 속으로 다 쑥 빠져 버리고 아무 것도 안 남는다는 등 여러 가지 설說이 있다. 이것이 전부 지축 서는 상황을 얘기한 것이다.

이게 누구도 해결 못 하는 문제의 하나다. 그 이치가 우주가 형성될 때부터 자연섭리로 정해져 있는데, 사람이 어떻게 할 재주가 있나. 지구상에 사는 사람은, 좋건 그르건 누구나 당하는 수밖에 없다.

숙살지기肅殺之氣로 오는 인간개벽

이런 커다란 변혁, 사람의 능력으로써는 어떻게 수습할 수 없는 일대 사건이 있고, 또 그 다음 하나는, 바로 상제님이 말씀하신 **춘생추살**春生秋殺이라는 **자연섭리 문제**가 있다. 상제님이 말씀하지 않으셨다 해도, 춘생추살이라는 건 누구도 다 아는 이치다. 가을 기운이 숙살지기肅殺之氣라는 것을 다 알지 않는가.

봄여름은 분열·생장 과정이고, 가을겨울은 통합·수장 과정이다. 자연섭리란, 묶어서 얘기하자면 분열·통합, 분열·통합, 그 작용만 하는 것이다. 그걸 달리 얘기하면, 우주는 살리고 죽이고, 살리고 죽이고, 살리고 죽이고 그것만 되풀이하는 것이다. 내고 없애고 내고 없애고 말이다.

1년 초목개벽으로 본다 하더라도, 새 봄이 되면 만지평야에 발 들이밀 틈도 없이 초목을 낸다. 한 7월쯤 저 들판에 나가서 무성한 초목을 봐라. 흙을 더듬어보면, 흙 하나라도 더 차지하려고 그러는지, 풀뿌리가 마구 뒤엉켜 있다. 헌데 가을철이 되면 그게 다 죽어버린다. 담배씨 만한 풀 하나도 안 남고 그냥 다 죽어버린다.

지금 사람 문제도 그렇다. 그 동안 이 봄여름 분열·생장 과정에서 사람 낸 것을 봐라. 지구상을 다니면서 보면, 웬 사람이 그렇게 많은지, 그것 누가 다 낳았는지, 달막달막한 게 다 사람이다.

이제 그 사람들이 가을개벽을 맞는 것이다.

가을 개벽기의 괴병 창궐은, 지구가 궤도 수정하는 충격에 비할 게 아니다. 지구가 궤도 수정하는 때에는, 충격은 크게 받을지언정 살 가능성도 있다.

허나 괴병이 오면, 60억 전 인류가 한 사람도 빠짐없이 가을철 생사의 갈림길에 놓이게 된다. 초목이 전부 다 전멸당하는 것과 같이, 우리 전 인류도 그런 시간대를 맞이하는 것이다.

상제님은 바로 이 때 **인간개벽**을 위해, **인간 씨 종자를 추리기 위해 오신**분이다.

상제님 진리는 열매기 진리

이런 대개벽을 극복할 수 있는 진리가 바로 상제님 진리다. **상제님 진리는 정치, 종교, 경제, 문화, 사회, 각색 부문이 다 함축돼 있는 진리다. 인류문화를 하나의 문화권으로 총 정리**해서, 그 속에서 이 세상이 전개되도록, 그렇게 돼 있는 진리다.

상제님 진리는 **사유비유**似儒非儒, 유도 같으면서도 유도가 아니고, **사불비불**似佛非佛, 불교 같은데 불교도 아니고, **사선비선**似仙非仙, 선도 같은데 선도도 아니다.

상제님 진리는 불의를 뿌리뽑고 정의를 규명하는 진리다. 윤리도덕서부터 생활문화까지, 그 속에 포함되지 않는 것이 없다. 공자, 석가, 예수가 부르짖은 모든 가르침이 그 속에 다 들어 있다.

상제님은 또 가가도장家家道場이요 인인성신人人聖神으로, **집집마다 다 도장**이 되고, **사람마다 다 성신이 된다**고 하셨다. 그러니까 상제님 세상은 말할 것도 없이 **현실선경**現實仙境이다.

크게 볼 때, 기존 문화권이라 하는 것은, 우리 인간 세상에 다 필요치 않은 것들이다. 여러 천 년을 사는 데 부담만 돼 왔다. 지금까지도 그 가르침을 따르자면 괴롭기만 하다.

결론적으로 얘기해서, 종교라는 것은 **생활문화라야** 한다. 우리 인간들이 생활하는 데 없어서는 안 될, 꼭 필요한 문화라야 한다. 그렇지 않으면 인간 세상에 수용 당할 수가 없다. 사람 사는 세상에 맞는 가치관, 진리의 값어치가 없으면, 자연 거부당하고 퇴색되고 마는 것이다.

헌데 상제님 진리는 이런 세상이 수억만 개가 있어서 여러 억만 년이 간다 하더라도, 절대로 거부당하지 않는 진리다. 상제님 진리는 참 진리, 열매기 진리다!

운수는 좋건마는 목 넘기기가 어렵다

내가 가끔 하는 소리가 있다.

"앞 세상에는 법이 없다. 다만 양심법이 있을 뿐이다."

앞 세상은 **신명세계와 인간세계가 하나로 합치되는 세상**이다. 가을이 되면 열매 못 맺는 게 어디 있나? 봄여름에 제 실속 차린 대로, 70퍼센트도 여물고 30퍼센트도 여물고, 잘 여무는 놈은 80퍼센트, 90퍼센트도 여문다. 앞 세상에는, 그렇게 차별은 있을지언정 **모든 인간이 도통을 한다.**

앞으로는 또 사람이 굉장히 오래 산다. 태모님 말씀에도 "상수上壽는 천2백 살이요, 보통 사는 사람은 9백 살이요, 암만 못 살아도 7백 살은 산다." 하는 말씀이 있지 않은가.(道典 11:181:11) 실제로 지금 생명 공학이라는 게 거기까지 가고 있다.

자, 봐라. 지구상 각 나라가 서로 어떻게 해서든, 부자가 되려고 난리가 났다. 지금 돈을 한몫에 거둬들일 수 있는 게 생명공학 분야다.

알기 쉽게 얘기해서, 인체 속에는 늙는 요소가 있다. 그 때문에 사람이 늙는 것이다. 이 늙는 요소만 제거시키면, 그것만큼 젊어지고 안 늙는다.

자, 그러면 늙는 요소를 제거시키는 호르몬 주사약을 만들어서 일반 구멍가게에 내다 팔아봐라. "하나 맞으면 5년이 젊어진다. 또 하나 맞으면 10년이 젊어진다."고 할 것 같으면, 아이들이 껌이나 과자 사 가듯이, 숱한 사람들이 너도나도 주사약을 사 갈 것 아닌가.

이렇게 대중화해서 시판할 수 있는 것을 어느 나라에서 먼저 만드느냐? 이것이 지금 세계 각국의 초미의 관심사다. 그것만 만들면, 전 세계 돈을 혼자서 다 독점할 수도 있다.

그런 세상이 지금 초를 다투고 있다. 앞으로는 제군들이 암만 못 살아도 5백 살 이상은 다 살 것이다. 5백 살만 사나? 한 천 살 이상 산다는 것을 내가 알지만, 그런 얘기는 할 수 없어서 안 하는 것이다. 상제님을 잘 믿어서 이 목만 넘기면, 5백 살 이상은 산다. 나도 앞으로 제군들과 같이 오래오래 산다.

종정이 얼마 전에 휴대폰을 샀다. 최신형이라고 해서 샀는데, 돈도 몇 푼 안 한다. 거기서 별 게 다 나온단다. 헌데 누가 또 얘기하는데 "지금 그것보다 더 좋은 게 나왔습니다." 한다. 단 며칠 만에. 요것만 한 것 가지고 다니면서 '왕과 비' 같은 텔레비전 드라마를 본다고 한다. 하루가 멀다 하고 달라지는 이런 세상이다.

그러면서 이 세상은 고(go~)한다.

"운수는 좋건마는 목 넘기기가 어려우리라."(道典 4:27:7)고 하신 상제님 말씀도 있지 않은가. 운수는 좋다마는 목 넘기기가 어렵다. 앞 세상이 이렇게 기가 막히게 좋은데, 그 세상에 살아남는 사람 수가 얼마 안 된다는 말씀이다.

살려서 통일한다

하나의 사건을 얘기하면서 곁가지로 여기까지 왔는데, 그 개벽상황이란 게 바로 의통목이라는 것이다.

상제님 말씀을 봐라.

선천개벽 이후로 홍수와 가뭄과 전쟁의 겁재劫災가 서로 번갈아서 그칠 새 없이 세상을 진탕하였으나 아직 병겁은 크게 없었 나니 이 뒤에는 병겁이 전세계를 엄습하여 인류를 전멸케 하되 살아날 방법을 얻어 내지 못할 것이라.

그러므로 모든 기사묘법奇事妙法을 다 버리고 오직 비열한 듯 한 의통醫統을 알아 두라.

내가 천지공사를 맡아봄으로부터 이 땅위에 있는 모든 큰 겁 재를 물리쳤으나 오직 병겁만은 그대로 두고 너희들에게 의통을 붙여 주리라.

멀리 있는 진귀한 약품을 귀중히 여기지 말고 순전한 마음으 로 의통을 알아 두라. 몸 돌이킬 겨를이 없고 홍수 밀리듯 하리 라. (道典 7:24:2~7)

앞으로는 괴병이 온 세상을 엄습해서 인류를 전멸케 한다. 인류라면, 한국 사람이나 동양사람에 국한된 게 아니다. 흑인종이건, 백인종이건, 황인종이건, 다 당한다. 괴병이 전 인류를 전멸케 하는데, 사람들이 살 아날 방법을 못 얻는다. 그래서 상제님이 오셔서 의통醫統을 전해 주 신 것이다.

상제님이 모든 것은 다 없애 버렸으나, 괴병은 그냥 그대로 두셨다. 그건 **천지 자연의 섭리**이기 때문에 없앨 수도 없는 것이다. "대신에 내가 사람 사는 방법을 제시해 주마." 해서 상제님이 주신 게 의통이다.

괴병이 돌 때에는, 일 분 일 초라도 아파서 죽는 게 아니다. 죽는다고 소식 주고 죽는 게 아니다. 그냥 쓰러져 버린다. 앞으로 다가오는 괴병은 그런 병이다. 해서 상제님이 진귀한 약품이나 별스런 것 가지고도 안 되니까, 그런 것 다 버리고 오직 의통만 알아두라고 하신 것이다.

의통이란 의원 의, 살릴 의醫, 거느릴 통統, '살려서 통일한다' 는 뜻이다. 사람을 살려서, 나라도 통일하고 문화도 통일하고 정신도 통일한다. 죽는 세상에 사람을 살릴 것 같으면, 자연적으로 통일이 될 것 아닌가. 천리天理와 지의地義와 인사人事에 합리적인 최선의 진리, 원시반본하는 진리, 정의로운 진리, 상제님 진리권으로 전부를 통일한다.

전 인류의 뿌리, 상원군님을 찾아야 산다

상제님 9년 천지공사의 총 결론이 의통이다. 그리고 의통의 핵, 그 바탕이 태을주太乙呪다.

그러면 **태을주의 원 핵**은 무엇인가? 그 핵은 **태을천太乙天의 상원군上元君**님이다. 태을천의 상원군님!

그러면 상원군님은 누구인가?

상원군님은 전 인류의 뿌리다. 백인종, 황인종, 흑인종을 통틀어 전 인류의 뿌리다.

상제님이 "이 때는 원시반본原始返本하는 시대라. 혈통줄이 바로잡히는 때니 환부역조換父易祖하는 자와 환골換骨하는 자는 다 죽으리라."(道典 2:41:1~2)고 하셨다. 환부역조는 애비를 바꾸고, 할애비를 바꾸고, 뼈를 바꾸는 걸 말한다.

원시로 반본하는 이번 개벽기에는, **반드시 태을주를 읽고 자기 생명의 원 뿌리인 상원군님을 찾아야 산다.** 그렇지 않고 예수나 부처, 공자를 찾으면 못 산다. 그것으로는 이번 개벽을 극복 못 한다. 초목개벽 때 모든 진액이 그 뿌리로 돌아가듯이, 우린 인간도 그 원 뿌리 자리로 돌아가야 하는 것이다. 인류의 원 뿌리가 바로 상원군님이시다.

태을주는 태을천 상원군님이 핵이기 때문에, 태을주를 읽으면, 세상에 안 되는 일이 없다. 만병통치도 되고, 차가 다 박살났어도 살아남을 수 있다.

태을주 읽는 사람은, 언제고 천지신명이 보호하고 다닌다. 청수 잘 모시고 태을주 읽는 사람은, **천지신명의 보호막에 싸여서 산다.** 이걸 알아둬라. 천지신명이 태을주 잘 읽는 사람을 얼마나 끔찍하게 위하는지.

아니 자기가 뭐라고 천지신명이 그렇게 보호막을 쳐주는가. 태을주를 읽기 때문에, 태을천 상원군님을 찾기 때문에 보호해 주는 것이다.

태을주 읽는 사람 쳐 놓고, 세상 살면서 흉하게 다치는 사람이 없다. 상제님 잘 믿는 사람 쳐 놓고, 차 사고 나서 허물 벗어진 사람 하나 없다. 만일 그런 사람이 있다면, 그 사람은 신앙을 잘 않는 사람이다. 도둑놈 심보를 가졌다든지, 살기가 등등해서 쌈박질 잘하고, 신앙하면서도 '저놈 죽게 해 주십시오, 가다가 엎어지고, 돈 좀 뺏게 해 주십사', 뭐 이런 고약한 생각을 두었다든지 하는 사람, 그런 사람은 신도라고 할 수도 없다만, 그런 사람은 사고를 당할 수도 있다.

진실로 신앙하는 사람 쳐 놓고, 치성 도시러 오다가 차가 몇 바퀴씩 뒤집어지는 일이 벌어져도 아무렇지도 않다. 두 살 먹은 애, 한 살 먹은 애기 싣고 가다 그런 사고가 나도, 놀라지도 않는다.

태을주가 그런 주문이다.

상제님 공사 보시던 구릿골에 가면, 김형렬 성도 손자 현식 씨가 살고 있다. 나보다 나이를 더 먹은 사람이다.

헌데 상제님 공사보신 지가 벌써 한 백 년 지났건만, 그 동네에서는 아무런 변괴도 없었다고 한다. 누가 개 한 마리 잡아간 일도 없고, 6.25 동란 때도 거기서는 누구 하나 죽은 사람이 없다. 끌려가서 당한 사실도 없고. 그렇게 조용하고 좋다고 한다. 거기 가서 어떤지 얘기 좀 들어봐라. 상제님이 공사 보시던 데니까, 뭐 말할 것도 없지 않은가. 태을주 주문만 가지고도 그렇다.

그런데 태을주 읽으면서 거짓말하면 안 된다. '나는 그저 태을주로써, 내 전부를 다 바쳐 태을주의 그림자가 되어 살겠다.' 하는 **진심을 갖고 읽어야** 한다.

태을주는 내 제 1의 생명

상제님 진리는 한마디로 태을주로 비롯해서 태을주로 매듭짓는 진리다. 상제님 9년 천지공사가 그렇게 호호탕탕한데, 그 결론을 볼 것 같으면, 태을주로 사람 살려서 매듭짓는 것이다.

증산도는 천지대업을 집행하는 곳이다.

"순천자順天者는 흥興하고 역천자逆天者는 망亡이라." 하는 말이 있듯이, 하늘이치에 순응하는 사람은 살고, 하늘이치를 거스르는 사람은 죽는다. 이건 아주 옛날부터 하는 소리다.

이번에는 증산도에 들어와서, **상제님 진리를 믿고 상제님 진리대로만 좇아가는 것, 그것이 순리다.**

그러니 결론적으로 태을주를 읽어야 한다. 태을주 읽어서 상원군님을 찾는 사람만이 살고, 상원군님을 안 찾는 사람은 죽는 수밖에 없다.

좀 과격한 얘기 같지만, 사실이 그렇다.

경천위지經天緯地란 말이 있다. 쉬운 말로 얘기하면 하늘 쓰고 도리질하는 사람을 말하는데, 사실 사람이 어떻게 하늘 쓰고 도리질하는 재주가 있나? 그저 너무너무 잘난 사람, 그걸 경천위지라고 하는 것이다.

헌데 그런 사람이라도, 이번에는 태을주를 안 읽으면 못 산다. **태을주는 제 1의 생명이고, 내 생명은 제 2의 생명이다.**

상제님이 꼭 그렇게 되도록 판을 짜 놓으셨다.

의통醫統의 세 가지 종류

그런데, 이번 개벽은 또 태을주를 읽기만 한다고 사는 것도 아니다. 의통醫統이 있어야 한다. 이 의통이란 실물實物이다.

의통은 세 가지 종류가 있다. 호부戶符가 있고 호신護身의통이 있고, 상제님이 "나를 잘 믿는 자에게는 해인海印을 전하여 주리라."(道典 6:50:4) 하신 해인이 있다.

그 중 해인은 이미 죽은 사람의 인당에 찍어서 살리는 것이다. 내가 지금 해인 사용 방법까지 얘기해 준다.

사람 이마 두 눈썹 사이, 여기가 인당印堂이다. 본래 도장 인 자, 집 당 자, 인당이라고 한다. 개벽할 때 도장 맞는 곳이 인당이다. 인당은 그 때 딱 한 번 써 먹는 자리다. 뭐 이런 얘기를 다 하자면 한이 없다. 이건 별도 교육을 받아야 한다. 허나 중생들에게 그런 건 필요 이상이고, 그걸 다 교육시킬 수도 없다.

본래 사람이 생겨날 때부터, 개벽할 때 거기에 도장을 맞고 살라고, 거기에 도장 쳐서 살리라고 해서 인당이다. 이 인당에 도장을 치면서 "어명御命이야!" 하고 데려간 혼을 다시 불러들이는 것이다. 어명이라 하면 상감님의 명령 아닌가.

혹시 전에 이런 얘기 들은 사람도 있을 것이다. 어려서 앓다가 죽었는데, 어디를 가니까 염라대왕이 "너는 아직 올 때가 멀었으니 다시 가거라." 그렇게 해서 돌아오다가 다리에서 뚝 떨어지는 바람에 깼다고. 깨고 보니까 온 가족이 둘러앉아 울고 있더라고 말이다.

해서 이틀 만에 살았다는 사람도 있고, 사흘 만에 살았다는 사람도 있다. 그런 말 들은 사람 혹 있나? 어디 손 좀 들어봐라. 그런 소리 더러 들었나? 봐라. 이렇게 많다.

그런 일이 있다.

죽은 사람을 살린다!

헌데 이미 죽었는데 어떻게 인을 쳐서 살리는가? 그건 그냥 혼만 데

려간 경우, 하루나 이틀 전에 죽었을 때 도장을 쳐서 살린다는 말이다.

내가 이런 말하면 제군들이 '종도사는 거짓말쟁이다. 당최 과학적으로 납득 안 되는 소리를 한다.'고 할 것 같으니까, 그것을 입증하기 위해 손들어 보라고 한 것이다. 세간에는 그런 사람이 얼마고 있다. 하루 이틀, 한 사흘까지도 죽어서 혼만 빠져나간 사람은 다시 살릴 수 있다.

그러면 내가 여기다가 신빙성 있는 얘기 하나 덧붙일 테니 들어 봐라.

예수 제자 열두 명, 12사도 중에 요한이란 사람이 있다. 요한이 참 기도를 잘하고 잘 믿던 사람이다.

그런데 한 날은, 저 해 뜨는 나라 흰 옷 입은 무리들 ─ 동방 해 뜨는 나라 흰 옷 입은 민족이 우리밖에 더 있는가─ , 백의민족이 하나님 명을 받아 죽은 사람 이마 위에 도장[印]을 쳐서 살리는데, 산 사람을 세어 보니 열두 지파에 14만4천 명이더라는 것이다.

그 때 이마 위에 치는 도장이 바로 해인이다.

의통은 어명을 집행하는 마패와 같은 것

그러면 의통은 어떤 것인가?

알아듣기 쉽게, 내가 우리나라 역사를 기준으로 해서 얘기해 준다.

옛날에 나라를 통치하는 상감님이 있잖은가? 상감님도 몸은 하나다. 허나 자기 식으로 나라를 통치해서, 국민들을 전부 다 잘 살게 하고 싶을 것 아닌가.

헌데 예전에 보면, 지방의 양반들 또는 토호들이 권력을 남용해서 세력 없는 사람 재산을 뺏기도 하고, 예쁜 여자라면 남의 계집도 빼앗아 갔다. 그렇게 못 된 사람들이 있었다.

그런 걸 잘 다스리기 위해서 상감님이 어사御使를 두었다. 상감님 어 자, 하여금 사 자. 하여금 사 자가 부릴 사 자다. 글자 그대로 상감님이 부리는 사람을 어사라고 한다. 다시 얘기하면 상감님의 분신이다. 상감님은 아니지만, 상감님 명으로 상감님 노릇을 할 수 있는 사람이다.

이렇게 상감님 대타 노릇할 수 있는 권한의 소유자를 만들어서, 상감님 행동을 하게 했다. 그런데 어사에게 무슨 징표가 있어야 할 것 아닌가. 그 징표 가운데 마패馬牌라는 것이 있다. 마패는 동판에다가 말을 그린 것이다. 말을 하나 그린 것도 있고, 둘 그린 것도 있고, 셋 그린 것도 있다. 그래서 이름이 마패다.

그 말 숫자에 따라 권한이 달라진다.

두 도를 다스린다든지, 세 도를 다스린다든지. 어사가 그 마패를 지니고, 자기 구역을 사두방 돌아다닌다.

그 때 우리나라 제도에 역말이라는 게 있다. 역촌驛村이라고도 했다. 대전역 서울역 할 때 쓰는 역驛 자가 역말 역 자다. 역말 역 자에 마을 촌 자 역촌이다. 그리고 역촌마다 파발마가 있었다.

부산 영도에서 무슨 사건이 터졌다 했을 때, 그것을 조정에 알리려면 전령이 영도에서 파발마를 타고 다음 역까지 간다. 그 다음 역에서 다시 다른 전령에게 인계하고. 그렇게 해서 한양의 조정에까지 가는 것이다. 그런 제도가 있었다. 그 때는 전화 같은 게 없으니까 그럴 수밖에 없었다.

물론 가장 빠른 게 봉화인데, 봉화는 낮에는 소용없지 않은가.

봉화에 대한 숱한 이야기는 지금 다 할 수가 없다. 또 전령에 대해서도 그렇다. 한 역에서 다음 역은 말이 한 번도 쉬지 않고 달려갈 수 있는 거리다. 전령을 이어받아 또 다음 역으로 가는 것이다.

내가 생각할 때, 말이 한 시간에 60킬로미터쯤 달린다면 부산 영도에서 서울까지 아마 일고여덟 시간 정도는 걸리지 않았나 싶다.

그리고 역촌에는 어사가 출두할 때 부릴 수 있는 군사들이 있다. 그들을 역졸驛卒이라고 한다. 군사 졸 자 역졸이다. 큰 역에는 얼마, 작은 역에는 얼마 해서 그 수가 정해져 있다. 언제고 어사가 명령하면 발동하는 군사다.

평소에는 어사가 폐의파립敝衣破笠을 하고 다닌다. 떨어진 옷, 깨진 갓 쓰고, 서민들 술 먹는 데 가서 기웃거린다. 어떤 땐 촌 양반집에 가서, 아니면 시골 농사 짓는 집에 가 얻어먹고 자면서 유도심문으로 여러 얘기를 듣는다. 고을 원님은 어떻게 정치를 하고, 어떤 양반은 어떻게 고약한 짓을 하고, 또 누가 부모에게 효도를 잘 하는지, 좋은 얘기 그른 얘기를 다 듣는다.

그렇게 민정을 시찰하다가, 워낙 고약한 게 있으면 '아 이 놈은 전속轉屬시켜야겠다.' 고, 역촌에 가서 역졸 대장을 불러 마패를 보이고는, "아무 날 아무 시 아무 장소에서 어사 출두한다. 얼마만큼 모여라."고 명한다. 그리고 그 근처에 있는 역졸들을 다 소집한다.

그러고서 일정한 시간이 되면, 일정한 인원이 정해진 장소에 모여서 어사출두를 한다.

그런데 어사가 출두할 땐, 영의정, 지금으로 말하면 국무총리라도, 또 임금님 동생인 대군이라도, 절대 어사의 명에 복종해야 한다. 어명인데 어떻게 따질 수 있는가. "어명이야!" 하고 암행어사가 출두하는데, 조금이라도 불평을 한다든지, 고개를 한 번이라도 든다든지 하면, 역률逆律로 몰려서 삼족三族이 멸한다. 삼족이라면 자기 친족, 처족, 외족을 말한다.

의통이라는 것은 바로 이 마패와 같은 것이다. 상제님의 대행자, 후천세상을 개창하는 주역인 **우주의 절대자, 주재자, 우주 통치자의 어명을 대행하는 기구**다. 이만 하면 알아들었는가?

이러고도 못 알아들으면, 나로서도 어쩌는 수가 없다. 나보다 더 자세히 해석해 줄 사람은, 아마 지구상에 없을 게다.

백조일손百祖一孫

근래 사람들은 너무너무 약아빠져서, 제가 제 꾀에 넘어간다. 하는 짓으로 봐서는 밉살스러워서 얘기해 주고 싶지 않지만, 사람을 살려야 되지 않는가? 사람 살리는 사람은 인자해야 된다. 어떻게 하나? 모르는 사람은 절이라도 해 가면서라도 알려줘야지.

그저 모르는 사람은 가르쳐 줘야 하니까, 그런 의미에서 내가 한 얘기 또 하고, 자세하게 풀어서 얘기해 주는 것이다.

내가 의통 사용법도 다 얘기했고, 의통의 종류도 다 얘기했다. 더 이상은 얘기할래야 할 수가 없다.

그러면 의통 제작법을 얘기해 줘야 하는데, 그것은 알아도 소용없지 않은가. 그건 천기누설天氣漏泄이다. 도비道秘다.

역사란 여러 천 년 수많은 사람이 왔다 간 자취다. 왕고내금往古來

今에 별의별 신앙인들이 다 왔다 갔다. 그들이 전한 여러 가지 신빙성 있는 증거가 많다.

우리나라에도 전해오는 말이 있다. "백조일손百祖一孫"이라고. 할아버지는 백 명인데 손자는 하나밖에 안 된다는 말이다. 아니 자꾸 새끼쳐서 벌어질 테니 할아버지가 백 명이면 손자가 천 명, 백조천손百祖千孫이라 해야 하지 않겠는가. 그런데 백조일손이라는 것이다.

할아버지는 백 명인데 손자는 하나밖에 없다? 그러면 아흔아홉 명의 할아버지 손자들은 다 죽어 버린다는 말 아닌가. 백분지일, **복 좋은 할아버지의 손자 하나만 산다, 다 죽는다는 소리**다. 다 죽는다!

"만경萬逕에 인적멸人跡滅이라" 즉, 만 갈래 길에 사람이 다 죽어서 자취가 끊어졌다는 말도 있다. 그 수많은 길에 다니는 사람 하나도 없이, 개벽해서 다 죽었다는 말이다.

자손이 살아야 조상이 산다

상제님이, 각 선영신들, 김씨, 이씨, 박씨, 최씨, 그 수많은 성씨의 선영신들이 천상공정에 등장해서 60년씩 적공積功을 해도 쓸 자손 하나 못 타내는 자도 많다고 하셨다.

하늘이 사람을 낼 때에 무한한 공부를 들이나니 그러므로 모든 선영신先靈神들이 쓸 자손 하나씩 타내려고 60년 동안 공을 들여도 못 타내는 자도 많으니라.

이렇듯 어렵게 받아 난 몸으로 꿈결같이 쉬운 일생을 헛되이 보낼 수 있으랴.

너희는 선영신의 음덕을 중히 여기라. (道典 2:101:1~4)

지금이 바로 이런 때다.

고목도 조그만 이파리 하나라도 있어야 숨구멍이 트여서 산다. 이파리 하나 없고 조그만 수냉이(순) 하나 없으면, 아무리 큰 나무라도 완전히 썩어 버리고 만다. 이렇게 얘기하면 그 이치를 알 것이다.

안팎곱추든 눈이 먼 불구자든, 자손이 하나라도 남으면 그를 통해 조상 신명이 대대로 다 산다. 허나 **자손줄이 끊어지면** 소용없다. **조상들이 다 넘어가고 만다.** 그러니 조상들이 이 개벽철에 자손 하나라도 어떻게 구출하려고 할 것 아닌가. 그래 천상공정에서 각 성 선영신들이 지금 난리가 났다.

개벽 때 사는 방법은 오직 증산도에 들어오는 것밖에 없다. 딴 것 없다. 그러니 증산도에 들어와, 상제님 사업해서 저도 살고 남도 살려주라는 말이다. 이번이 그렇게 중차대한 때다.

상제님을 신앙하고 상제님 공사를 인정하는 신도라면, 이것을 다 인정해라. 더 따질 것도 없고, 이것을 액면 그대로 받아들여라. **지금은 개벽해서 전부가 다 멸절되는 때다.** 그 때문에, 각 성의 선영신들이 천상공정에 등장하는 것이다. "야, 이번엔 개벽이다! 이번 개벽에 내 자손 하나라도 좀 살려야겠다. 그래야 신명인 나도 살고, 우리 아버지도 살고, 할아버지도 살고, 증조할아버지도 살고, 고조할아버지도 살고, 내 자손이 대대손손 산다."고 하면서.

이것을 명심해라!

인류를 건지는 증산도의 사명

우리는 허구많은 역사과정에서 이렇게 인간개벽을 하는 시점에 태어나, 다행히도 상제님 진리를 만났다. **이제 인간개벽**이다! 우리는 인간개벽을 하러 오신 상제님 일꾼으로서 인류를 건져내야 하는 대 사명을 안고 있다.

우리 증산도는 아직 개척단체다. 무에서 유를 형성해야 하는 단체란 말이다. 제군들은 증산도의 얼굴이다. "전부를 다 바쳐서 이 사회 속에서 한 명이라도 더 건지겠습니다!" 하는 사람들 손들어 봐라. 가면으로 손들지 말고. 틀림없지?

됐다. 내게다 거짓말하면 좋지 않다. 자기 양심에 가책이 될 뿐더러 천지신명이 허락지 않는다. 또 그걸 떠나서도 잘 해야 한다.

내가 될 수 있으면 이런 얘기를 안 하려고 했는데, 이 얘기를 않고서 그냥 슬슬 넘어가면, 내가 천고의 죄인이 되고 만다. 다시 얘기하지만, 이번에는 지구상에 사는 60억 인류가, 상제님의 의통이 아니면 한 명도 못 산다. 살 사람은 누구라도 상제님 영향권 내에 들어와야 한다.

우리 일은 상제님 진리로써 남 죽는 세상에 살자는 일이요, 나 살고 남 산 세상에는 잘 되자는 일이다. 남 죽는 세상에 살 수 있는 성스러운 이념으로, 남도 살려주어야 할 것 아닌가. 그렇게 내가 살고 남도 살려주면, 그 뒷세상에는 자연 잘 될 것 아닌가. 상제님도 공덕 중에 가장 큰 공덕은, **사람 살리는 공덕**이라고 하셨다. 사람 살리는 공덕보다 더 큰 공덕이 어디 있겠나?

이번에는 절대로 다른 방법이 없다. 그저 이 의통인으로써만 산다. 이 때는 원시로 반본하는 때다. **태을주**, 그리고 **의통**이라는 게 **원시반본하는 핵심**이다.

모든 것이 다 살고 난 다음 얘기 아닌가. 그 때 가서 어쩌고 해봤자 소용없다. 하니까 내 직장에 충실하고, 학생들 공부 잘하고 건전하게 살면서, 최선을 다해 신앙하고 포교해라.

중산도는, 중산도 지도자는 아주 건전하다.

제군들은 먼저 남편 노릇, 주부 노릇, 아버지 노릇, 자식 노릇 잘하고, 자기 분수를 지켜 국가와 민족을 위해 봉사하는, 손색없는 사람이 돼라. 그러고 나서 상제님 신앙에 전부를 다 바치는 **참신앙**을 해라.

이번 개벽공사에서 사람 살릴 수 있는 방법은, 오직 중산도에서 틀켜쥐고 있다는 사실을 다시 한 번 명심하고, 최선을 다해 신앙 잘 해서, 제군들 모두 큰 복 받기를 축복한다. 이상.

세상 사람들에게 태을주를 전하자

증산도대학교 교육, 도기 129(1999). 11. 7.

오는 잠 적게 자고 태을주太乙呪를 많이 읽으라.

하늘 으뜸가는 임금이니

오만 년 동안 동리동리 각 학교에서 외우리라.

신농씨神農氏가 백초百草를 맛코아

약을 만들어 구제창생에 공헌하였거늘

우리는 입으로 글을 읽어서 천하창생을 구제하느니라.

(道典 7:58:1~2, 7~8)

세상 사람들에게 태을주를 전하자

상제님 대업, 태을주로 시작해서 태을주로 마무리짓는다

오늘은 내가 상제님 천지공사의 내용이념에 대해, 다시 한번 정리해 줄까 한다.

결론부터 얘기하자면, 상제님 9년 천지공사는 한마디로 **태을주로 시작해서 태을주로 마무리짓는 내용이념**을 담고 있다. 다시 얘기하면, 상제님 어천 이후 태을주로 사람 살리는 것으로 시작해서, 의통목에 태을주로 사람 살리는 것으로 마무리짓는다는 말이다. 이것을 제군들은 체계적으로, 확실하게 알아야 한다.

상제님은 천지공사를 마무리하고, 뭘 어떻게 신앙해야 된다는 철칙도 제시하지 않은 채, 그냥 슬그머니 어천하시고 말았다. 그래서, 상제님 공사 시 수종들었던 성도들이 허망하여, 갈피를 잡지 못하고 방황

했다. 상제님을 잃어버린 절망감으로, 세간에 상제님과 같은 그런 절대 자가 또 있지나 않나 하고, 뿔뿔이 흩어져서 동으로 서로 분주하게 찾아다녔다.

그런데 그런 분이 또 있을 수 있나, 세상 천지! 상제님이 12만9천6백 년 만에 처음으로 오신 분인데. 아니 개벽장으로서 개벽을 준비하느라고, 12만9천6백 년 만에 오직 한 번 이 세상에 왔다 가신 분인데, 그런 분이 또 어디 있겠난 말이다.

돌아다니다 다니다 허탕을 치고, 다들 지쳐서 집으로 돌아갔다. 헌데, 그 중에 상제님이 대학교 공사를 붙이신 김경학 선생이 있다. 그가 집에 와 보니, 그의 어머니가 돌아가셨다. 그 동안 '좋은 스승 만나 성공해서 어머니 모시고 한 세상 좋게 호강하고 살아보자.' 고 그토록 노력했는데, 아무 것도 이룬 것 없이 어머니가 돌아가셨던 것이다. 그러니 그 심정이 오죽했겠나? 그 허탈하고 비참한 심정을 생각해 봐라. 김경학 선생이 비통을 이기지 못하고 대성통곡을 하는데, 문득 상제님 말씀이 생각났다. 천지공사를 보시면서, 태을주를 읽으면 죽은 사람도 산다고 하신 상제님 말씀이 기억난 것이다.

그래서 곧바로 청수 모시고, 태을주를 지극 정성으로 읽었다. 헌데 태을주를 읽으니까, 죽은 어머니가 꼼지락꼼지락 살아나더란 말이다. 참 얼마나 좋은가? 태을주로 죽은 어머니를 살렸으니!

그런 뒤 태을주에 대해 자신감이 붙었다. '야, **태을주가 진짜로 사람을 살리는 주문**이로구나! 이 태을주를 가지면 죽은 사람도 살리고, 병든 사람도 고치겠구나!' 하고, 그 때부터 누가 아프다든지 죽었다든지 하면, 쫓아다니면서 고쳐 주었다. 아예 병 고치는 길로 나섰다.

세상 사람들에게 태을주를 전수하라

그가 병을 고쳐 준 많은 사람 가운데, 버들 류柳 자, 마땅 의宜 자, 벼슬 경卿 자, 류의경이라는 사람이 있었다. 그 사람이 그 때, 장질부사로 사경을 헤매고 있었다. 이 장질부사는 전염병이 돼 놔서 환자를 격리시켜야 하는 병이다. 그건 지금도 그렇다. 그 근처에 아무도 못 가게 하고, 가족도 쉬쉬하면서 간신히 밥이나 갖다 주고, 그러다가 죽으면 끝나는 것이다. 그런데 김경학 선생이 거기를 파고들어서 고쳐주겠다고 덤벼든 것이다. 아니 불치병으로 병들어 죽게 생긴 사람을 고쳐 준다고 하니, 얼마나 좋은가.

김경학 선생이 자신감을 갖고, 류의경에게 가서 청수를 모시고 지극 정성으로 태을주를 읽어 주었다. 그랬더니 정갈로 장질부사가 없어져 버렸다. 완전히 고쳐진 것이다.

좋아라 하고 김경학 선생이 류의경을 데리고, 상제님 천지공사 보시던 구릿골 약방에 찾아갔다. 아마 제군들도 가 봤을 테지만, 옛날 집이라는 게 안방, 건넌방, 마루, 전퇴, 부엌, 그것밖에 없잖은가. 삼 칸 전퇴집이다. 방도 아주 작다. 그런데 그 약방에 들어가 보니, 도배한 곳에 칼자국이 눈에 띈다. 열 십＋ 자로 칼자국이 있는데, 열 십 자 교차점의 종이가 조금 떨어져 있다. 그래서 그걸 잡아당기니까, 그냥 힘없이 호르르 하고 떨어진다. 네 구텡이를 다 떼어 보니 거기에 '봉명개훈奉命開訓' 이라고 글자가 써 있다. 받들 봉 자 목숨 명 자, 열 개 자 가르칠 훈 자, "명을 받들어서 가르침을 열라."는 뜻이다. 여기서 봉명개훈이란 태을주를 두고 하신 말씀이다. 그러니까 이 말씀은 **"명을 받들어서 태을주의 가르침을 열라."**는 말씀이다.

태을주 포교로 신도 7백만을 모았던 보천교

이렇게 태을주를 읽으면, 도통도 하고 병도 고친다고 소문이 나니까, 세간 사람들이 "우~" 하고 모여들어 태을주를 읽었다. 그랬더니 많은 사람들이 개안이 되어, 신명을 보고 천상에도 왔다갔다했다. 이게 거짓말 같은 사실담이다. 그런 기적이 일어나니까, 여기저기서 사람들이 몰려들었다.

태을주를 읽으면, 불치병도 잘 고쳐진다. 그러니까 한마디로 태을주는 만병통치약이다. 태을주 읽어서 죽은 사람도 살리는데, 못 고치는 병이 어디 있겠나.

그런 주문이기 때문에, **태모님이 상제님한테 도통을 받아** 가지고 **태을주로써 도문을 개척**하기 시작했다.

전라도, 경상도, 충청도 일부 해서 보천교가 시작됐다. 태을주를 바탕으로, 보천교가 신도 7백 만을 모았다. 그 7백 만이라는 수는, 당시 보천교의 실세를 얘기한 것이다. 그 때 인구로 보아 7백 만이면, 망건 쓰고 귀 빼놓은 사람은 다 보천교로 달라붙은 것이다. 그래서 일본사람들이 그 무서운 식민통치를 펴면서도, 보천교만은 어떻게 할 수 없어, 그저 슬슬 달래고 동태나 살펴보고 그랬다.

보천교의 엄청난 위세도 **태을주의 힘**으로 가능했던 것이다. 그렇게 증산도는 제 1변도 태을주, 제 2변도 태을주를 가지고 부흥했다.

그리고 이제 **제 3변도, 태을주를 가지고 일하고 개벽을 매듭짓는다.** 아직 의통목이 나오진 않았지만, 의통은 그 실체가 태을주를 바탕으로 구성되어져 있다. 태을주는 그렇게 **현묘불측지공玄妙不測之功을 거두는 주문**이다.

다시 얘기해서, 상제님 9년 천지공사 내용이, 김경학 선생이 태을주로써 죽은 어머니 살리는 것으로 출발해서, 개벽을 마무리짓는 제 3변 의통목에도 태을주로 사람을 살린다. 최수운이 말한 바, "아동방 3년 괴질 운수"를 의통인 태을주로써 매듭지어, 새 세상을 맞이하게 된단 말이다.

상제님 일은 태을주로 시작해서 태을주로 매듭짓는다. 이것을 명심해라! 호호탕탕한 상제님 진리를 그냥 그렇게 방만하게 알고 말 것이 아니라, 그 **본질을 바르게 알고 신앙해야** 한다.

봉명개훈의 주제, 태을주

다시 한번 얘기해 준다.

상제님 진리를 여는 봉명개훈은, 태을주를 가르침으로써 시작되었다. 상제님은 김경학 성도에게 대학교 공사를 붙이셨다. 그게 또 절묘한 것이다. 그 많은 성도 중에 바로 대학교 공사를 맡은 김경학 성도가 봉명개훈이라는 글자를 떼었다. 그리고 그 봉명개훈의 주제가 태을주였다.

'훔치훔치 태을천 상원군 훔리치야도래 훔리함리사파하'

그러니 대학교 공사로서, 그 이상 더 큰 공사가 어디 있겠나?

이 김경학 성도를 통해, "봉명개훈 태을주"가 이 세상에 처음 드러나게 되었는데, 그 백 년 후, 자그마치 백 년 후에 태을주로써 의통목을 매듭짓는다는 게, **상제님 진리의 총 결론**이다. 자, 이만하면 정리가 되었는가!

우리가 신앙하면서 이제 이런 것도 정리해 볼 수 있는 시기가 되었다. 그 동안 여러 번 이것을 얘기해 주고 싶었지만, 상제님 진리를 피상적으로도 다 알지 못하는 사람들에게, 결론적인 얘기를 할 수가 없었다. 이제 내가 이 시간을 통해 잠깐 정리해 주는 것이다.

이창호 신도의 일심

시간은 참 아깝지만, 내가 제군들에게 해 주고 싶은 얘기가 있다. 저 함양에 이창호라고 하는 한의사 신도가 있다. 확실히는 모르겠는데, 그 사람 나이가 아마 아흔 살이 넘지 않았나 싶다. 그는 일본에 있는 명문 대학을 나왔다. 당시 대학을 나오고 나니, 일본인들에게 부역을 해야 될 상황이었다. 그래 그게 하고 싶지 않아서, 다시 한의학 공부를 하고 한의사가 된 사람이다.

그가 한평생을 함양 땅에서 약장사하면서 사는데, 워낙 조그마한 산촌 마을이라서, 그저 자기 식솔들 호구할 정도 밖에는 약이 잘 안 팔린다. 몇십 년 동안을 그렇게 살아왔다. 그런데 그를 누가 포교한 게 아니다. 『이것이 개벽이다』 등등 책을 보고 신앙을 하기 시작했다.

헌데 신앙을 하다 보니, 자기도 도장을 하나 만들고 싶어졌다. 그래서 혼자서 빚을 내어 도장을 만들기로 했다. 그러자 그 부인이 난리가 났다. 약이 안 팔려서 밥 먹기도 힘든데, 그 많은 돈을 빚내서 도장을 만들면 어떻게 갚느냐고 말이다. 그러건저러건 그가 부인 말을 듣나, 꼭 해야 하는 일인데? 결국 빚을 얻어 도장을 냈다. 그랬는데, 부채를 얻은 그 날부터, 거짓말같이 약이 잘 팔리더란다. 그래서 그걸 거뜬히 갚았다. 그리고 혼자서 도장을 운영했다.

그런데 얼마 안 있어 본부 도장을 새로 개축한다는 연락이 왔다. 거기도 도장이라고, 본부 도장 개축하는 건축비 부담금이 어느 정도 차례가 갔던 모양이다. 그가 일수로 또 5백만 원을 얻었다. 그 때 돈 5백만 원이면 큰돈이다. 겨우 첩약 몇 첩씩 팔아서 5백만 원 일수를 어떻게 넣나? 허나 그는 상제님을 잘 믿으면, 무엇이든 다 잘 될 거라고 믿었다.

정말로 또 약이 잘 팔렸다. 정신없이, 밥 먹을 새도 없이 환자들이 와서, 약을 달라고 했다. 그래서 그걸 거뜬히 다 넣었다.

그 사람이 치성 때 내게 와서 하는 소리다. "상제님 사업을 하려고 하면 그렇게 다 잘 됩니다." 그러면서 또, "종도사님, 저도 의통목을 보겠습니까?" 하고 묻는다. "아, 보기만 하겠는가? 복록도 성경신이요 수명도 성경신인데, 상제님을 잘 믿으면 당연히 보고 말고. 여부가 있나?" 그랬더니, 그냥 좋아서 얼굴이 환하니, 희색이 만연하다. 지금도 여전히 잘 살고 있다. 아마 제군들보다 더 건강하지 않나 모르겠다.

태을주 읽으면 모든 게 해결된다

내가 노냥 하는 소리지만, **증산도는, 상제님 진리**는 한마디로 묶어서 **태을주 문화**다. 이것을 바르게 알고 신앙해야 한다. 태을주에 나오는 **태을천 상원군님**이 우리 **전 인류의 원 뿌리**다.

상제님 진리는 원시로 반본하는 진리다. 가을이 되면 우주 만유가 원시로 반본한다. 원 대자연 섭리가 그렇게 되어져 있다. 그러니까 이 하추교역기에는 태을주를 읽어서, 제각기 제 생명의 원 뿌리로 돌아가야 한다.

이런 것을 바르게 알고 읽어라. 하지만 너무 많이 알아도 안 좋다. 주문을 읽으면 자꾸 이것저것 생각이 나는데, 그런 게 전부 다 수행을 방해하는 것들이다. 그러니 그저 '상원군님은 나, 우리 조상, 모든 종족을 초월한 전 인류의 뿌리다.' 이렇게만 알고 읽으면 만사 해결이다. 병든 사람 병 고쳐지고, 안 되는 일도 잘 끌러지고, 모든 일이 다 잘 된다.

이창호 신도는 90 늙은이다. 내일 코(go~)할지 모레 코할지 모르는, 대추 곶감내 나는 늙은이다. 시골 산천에서 약봉지나 파는 그런 늙은이가, 후천 오만 년에 대한 뜨거운 열망을 가지고 5백만 원이나 일수를 얻어, '모두 하니까 나도 같이 해 보겠다' 고 나서는 의욕, 그 불타는 의욕을 한번 생각해 봐라.

여기 앉아 있는 제군들은, 지금 혈기왕성한 한참 때 아닌가? 무엇이 무섭나. 한참 때는 호랑이도 안 무섭다고 하지 않는가.

의통목 때 태을주를 바탕으로 한 의통으로써만 살 수 있다

상제님 사업은 사람 살리는 일이다.

그런데 '태을주로써 사람을 살린다' 는 이 기적 같은 일을 누가 믿겠는가. 판밖의 사람은 절대로 이걸 인정도 못 하고, 믿지도 못한다. 당연한 사실이다. 허나 우리 신도들은 태을주의 위력, 그 신비성, 권위를 체험해 보았으니, 여러 가지로 알고도 남음이 있을 것이다. 그러니 이 개벽기에 어서 포교를 많이 해서, 태을주를 세상 사람들에게 알려야 한다.

상제님 진리는 한마디로 개벽이다, 개벽. 상제님이 개벽 때에 사람 살리라고 의통을 주셨던 것이다.

세상에 있는 모든 병을 대속하였으나 오직 괴병만은 그대로 남겨 두고 너희들에게 의통醫統을 전하여 주리라. (道典 10:27:9)

이 개벽목에 쓰일 의통이, 바로 태을주를 바탕으로 한 것이다. 또 태을주는 태을천 상원군님을 바탕으로 한다. 상원군님은 아까도 내가 얘기했지만, 전 인류 생명의 원 뿌리이다. 해서 태을주를 지극 정성으로 믿고 주문 읽으면서 상원군님을 찾으면, 모든 사기邪氣가 범하지 못하고, 만 가지 소원이 다 성취된다. 차 사고가 나도 안 다치고 아픈 사람 고쳐지고, 하고 싶은 일 뜻대로 다 이루어지고.

여기 앉아 있는 종도사가 거짓말하고 있는 것 같은가? 거짓말이 아니다. 사실 그대로다. 태을주를 잘 읽을 것 같으면 불치병도 안 고쳐지는 게 없고, 또 이루어지지 않는 일이 없다.

상제님께서 태을주를 "**만사무기**萬事無忌 태을주요, **소원성취**所願成就 태을주요, **포덕천하**布德天下 태을주요, **만병통치**萬病通治 태을주요, **광**

제창생廣濟蒼生 태을주요, **만사여의**萬事如意 태을주요, **무궁무궁**無窮無窮 태을주다.”라고 하셨다. 태을주 가지고 안 되는 것이 없다. 만병통치도 되고, 생각하는 대로 다 되고, 광제창생도 되고, 포덕천하도 되고, 태을주를 읽으면 만사가 내 생각같이 다 된다. 그러니 무궁무궁한 태을주다.

그 뒤에 일본인 세상이 되었을 때 그들이 글 쓴 걸 보면, “**태을주는 여의주**如意珠다”라는 문구가 더 들어갔다. 용은 여의주를 얻어야 조화를 부릴 수 있다. 세상 만사가 태을주를 읽으면 자기 마음대로 다 된다고, “만사여의 태을주”라고, 일본사람들이 그런 글도 썼다.

이게 내가 증산도 도문 열고, 이 자리에서 처음으로 하는 소리다. 이제 때가 돼서 말해주는 것이다.

이렇게 상제님 공사 내용이, 태을주로 사람 살리는 것으로 시작해서, 개벽 때 사람 종자 살려서 새 세상 여는 것을 태을주로 매듭짓는다. 태을주는 이런 주문이다. 제군들이 증산도를 신앙하면서, 태을주 읽는 이유나 알고 읽어야 하지 않겠는가?

한마디로 묶어서 얘기하면, **증산도는 세상 사람들에게 태을주를 전수하는 사업**인 것이다.

의통목 때에도, 태을주를 바탕으로 한 의통으로써만 살 수 있다. 오다 죽고, 가다 죽고, 서서 죽고, 밥 먹다 죽고, 자다가 죽는 개벽 때에,

태을주로써 내가 사는 것은 물론이고, 사람들을 살려서 **후천 조화 선경의 씨앗을 만드는 것이다.**

제군들은 이것을 믿어라! 상제님 공사내용이 그렇다.

도공도 태을주를 바탕으로 한다

증산도에서 요 몇 해 전부터 도공道功을 내려 주었다. 내가 그 이름을 도공이라고 붙였다. '도공' 이라는 이름은, 인류 역사상 처음 붙여진 이름이다. 그리고 그 결과를 귀신 신神 자 나을 유癒 자, 신유라고 했다. 그건 완전히 백 퍼센트 병이 나았다는 유 자다. 그것도 내가 처음 붙여 준 이름이다.

왜 도공이라고 하고, 왜 신유라고 했느냐?

세상에 기공氣功이라는 게 있다. 기운 기 자를 쓰는데, 그저 기만 가지고 운용하는 것을 기공이라고 한다. 하지만 **도공은 유형 무형이 다 함축되어 있는 도道적인 차원의 것이다.** 그래서 내가 도공이라고 한 것이다.

또한, 신유란 도공을 하다 보면 도력이 축적돼서, 굳이 병을 고치려고 하지 않아도 자연히 낫는 걸 말한다. 체내에 있는 노폐물이 다 제거

되기 때문에 낫는 것이다. 도공을 하면, 좋은 것만 오지, 그른 건 전혀 따라오지 않는다. 그래서 **도공은 하는 만큼, 건강이 좋아진다.**

그런데, **도공은 반드시 태을주를 바탕으로 해야** 한다. 태을주! 태을주를 자꾸 읽으면, 태을주 기운이 몸 속에 축적된다. 그러면서 몸도 건강해지고, 사기邪氣도 제거되는 것이다.

태을주를 잘 읽으면, 신명들이 따라서 읽는다. 판밖의 사람들은 "저 늙은이 지금 거짓말하고 있네. 신명이 어떻게 따라 읽어? 세상 사람 속이는 소리 하고 있네."라고 할 테지만, 제군들은 아마 알고도 남을 것이다.

지극 정성으로 청수 모시고, 잠심潛心하여 태을주를 읽을 것 같으면, 옆에서 신명들이 태을주를 따라 읽는다. 물체는 안 보여도 소리는 들린다. 들어 본 사람들이 여기 더러 있을 것이다. 들어 본 사람 손 좀 들어 봐라.

참, 저렇게 많다.

때를 놓치지 말고 육임을 짜라

제군들은 그저 포교를 해라. 꼭 누가 시켜서 하느니보다 스스로 자진해서, 신바람 내서 포교해라. 매사가 신바람 나서 자발적으로 해야지, 시켜서 하면 조금 하다가 지쳐서 일이 안 된다. 사람은 매사에 피동자가 되어서는 안 된다. 자기가 주동자가 돼서, 스스로 자발적으로 뛰어라. 그래서 제군들 각자에게 주어진 육임을 짜라.

"만의 하나라도 때를 놓치지 말라."(道典 2:25:1)는 상제님 말씀도 있지 않은가. 제군들은 만의 하나라도 때를 놓치지 말아라.

내가 가끔 이런 교육을 시킨 사실이 있다.

2차 대전 당시, 일본·독일·이태리가 대동아공영권이라고 해서 삼국동맹을 맺고 난리칠 때, 영국도 연합군을 조직해서 맞섰다. 그때 영국 수상이 처칠 경이다. 그렇게 한참 바쁜데, 처칠 경에게 어느 모임에 와서 한마디 해달라는 요청이 들어왔다.

처칠 경이 "짤막하게 해도 되느냐?"고 물었다. 그래도 좋다고 하니까 처칠 경이 강연을 하러 갔다.

그가 거기 가서 남긴 유명한 말이 있다.

"멈추지 마라! 멈추지 마라! 절대로 멈추지 마라!"

이게 그가 한 연설의 전부다.

이 말은 절대로 틈을 두지 말고, 포기하거나 늦추지 말고 전진하라는 것이다. 처칠 경의 이 말은 또, 할 일을 미루지 말라는 뜻이기도 하다. 아주 짧으면서도 참 기막힌 명연설이다. 천 시간 만 시간에 못지 않은 연설이다.

상제님께서도 만의 하나라도 때를 놓치지 말라고 하신다. 제군들! 이제 그 구태의연한 구습을 벗어 버려라! 우리 신도들은 왜 그렇게 맥이 눅은지, 아직도 그저 우두머니 앉아 있다. 포교를 부지런히 해서, 자기에게 주어진 임무를 다 해라! 주어진 임무라는 게 바로 육임 짜는 것 아닌가.

육임을 짜야 하는 절대적 사명은, 종도사가 굳이 얘기하지 않더라도, 판 안의 여러 상황으로 미루어 볼 때 아주 절박하다. 제군들도 대강은 상황 판단이 설 것이다. 세상이 지금 급박하게 돌아가고 있다. 천재지변만 봐도 그렇다.

얼마 전, 인도 동부지역에서 발생한 태풍 사이클론으로 2천여 명이 숨졌고, 집을 잃어버린 사람이 1천 2백만이나 된다고 한다. 1천 2백만이면, 우리나라 인구의 4분의 1에 해당하는 숫자다. 국지적으로 일어난 일인데도 그렇거니와, 지금은 사두방에서 별 재난이 다 일어나고 있다. 그러니 초조하지 않은가.

이제 자꾸 닥쳐온다. 지금까지는 산발적으로, 국지적으로 오는 거니까 별스러운 게 아니었지만, 앞으로는 말로써 형언할 수 없는, 예측할 수 없는 상황, 상제님의 개벽목과도 같은 상황이 벌어진다. 그것은 의술로도 안 되고, 무슨 권력으로 해결되는 것도 아니고, 다만 의통으로써만 극복할 수 있다. 제군들이 살고 죽는 것도 상제님 신앙에 매어 있고, 세상 사람을 살리는 것도 상제님이 주신 의통이라야 된단 말이다. 이것을 내가 오늘 이 기회를 통해 다시 한 번 강조하니까 그런 줄 알아라.

성경신을 다하는 참신앙을 하라

오주五呪에 보면, 복록福祿도 성경신誠敬信이요, 수명壽命도 성경신誠敬信이라고 했다. 지극 정성으로, 청수 모시고 태을주 잘 읽고, 도장에서 하라는 대로 순종하는 게 성경신이다. 기독교인들을 보면, 비가 오나 눈이 오나, 춥거나 덥거나 평생 새벽 기도를 한다. 그들은 주로 통성 기도를 한다. 통성 기도 알잖는가? "주의 이름으로 기도하옵나이다!", "주여!" 하고, 소리치면서 하는 기도 말이다.

그런데 우리는 참 점잖게 상제님께 배례 올리고, 도인답게 청수 모시고 기도를 드린다.

아니, 그들 기독교인들 그렇게 하는 것 좀 생각해 봐라. 유대족의 조상신인 여호와가 사실 우리 민족과 무슨 상관이 있나? 그런데도 그들은 그렇게 지극 정성 아닌가.

또 우리가 아닌 세계 어느 민족도 마찬가지다. 유대인이 아닌 사람들은 여호와와 전혀 관계가 없다. 지금 여기에 있는 박씨에게는 박씨 조상신이 있고, 한씨에게는 한씨 조상신이 있고, 김씨에게는 김씨 조상신이 있고, 다 그렇게 제각기 조상신이 따로 있다. 또 민족으로 볼 때, **우리 민족의 조상신은 환인천제 환웅천황 단군임검**이고, 중국사람들 조상신은 반고盤古 씨이고, 일본인들 조상신은 아마데라스 오미가미[天照大神]이다. 그렇게 조상신이 전부 다 각각이다. 헌데 세상 사람들이 역사에도 어둡고 주체성도 결여돼서, 그저 물덤벙 술덤벙 덮어놓고 아무 데나 빠져 있는 것이다.

그러나 신앙하는 것은, 그네들한테 배워야 한다. 사실 그네들 진리는 '사랑, 희망, 신앙'이 전부다. '신앙'은 신앙하는 사람들이니 특별히 그게 무슨 진리라고 할 게 없고, '희망'은 신앙을 하든 하지 않든, 사람이라면 누구나 다 갖고 있는 것이다. 다만 '사랑'이라는 타이틀 하나 가지고 믿는데, 참 그네들 신앙은 우리가 본받을 만하다.

그들은 몸도 바치고 마음도 바치고, 전부를 다 바쳐서 신앙한다. 그들은 자기들 신앙을 위해, 쇠톱 가지고 제 조상인 단군상 모가지를 자

르려고 덤벼드는 사람들이다. 그건 진리가 그렇게 되어져 있으니까 그러는 것이다. 여호와 유일신 사상 때문에.

아니, 거기에 뭐가 있는가? 하지만, 신앙은 그렇게 멋지게 해야 한다, 멋지게! 그들 그렇게 목숨 바쳐 신앙하는 것 하나는, 우리가 따라해야 한다. 진리가 있고 없고는 별 문제다. 그야말로 그들은 참신앙인이다. 우리도 그런 참신앙을 해야 한다. 신앙하는 방법을 그들한테 배워라.

가족 포교를 우선하라

내가 다시 하나 덧붙이고 싶은 게 있다. 바로 가족포교 문제다. 무엇보다 가족포교를 우선해서 해라! 제군들 양심에 한번 물어봐라. 아니, 내 가족보다 더 끔찍한 사람이 어디 있나? 어머니, 아버지, 형제, 처자, 그 **살붙이들을 장차 어떻게 하려고 그러나?**

내가 지방순회 교육을 시키면서, 어디선가 이런 얘기를 한 사실이 있다. 여자로서 남편 하나 포교 못 한다면 그것 문제 있는 여자 아니냐고. 또 남자로서 자기 마누라 하나 포교 못 한다면 그도 잘못된 사람이라고 말이다. 안 그런가? 남녀란 정으로 사는 사이 아닌가. 그래서 내외간을 일신一身이라고 한다. 한 몸뚱이란 말이다. 너무너무 가까워서

촌수도 없다. 네 것 내 것이 없고, 너랑 나랑 하나 되는 것이 내외다. 그런 내외 사이에, 마누라 하나 포교 못 하고 남편 하나 포교 못 한다면, 그 사람은 잘못 돼도 보통 잘못 된 사람이 아니다. 또 자식으로서 부모를 포교 못 한다면, 그것도 말이 안 되는 소리다.

한 집에서 부모 형제 처자를 포교 못 한다는 것은, 한마디로 언어도단이다.

거리에 나가 봐라. 애들 하는 소리로, 정말 우리나라 좋은 나라다. 실제로 우리나라가 전부 주차장이다. 산촌에 가도 차가 빽빽하게 차 있다. 그것을 다 누가 만들었고, 누가 타고 다니는 것인지. 헌데 그 차가 10년, 20년 가는 것도 아니다. 한 5, 6년 되면 사람들이 새 차로 바꾸는 바람에 전부 다 폐차가 된다.

또 돌아다녀 보면, 전 국토가 작업장이다. 길이 조금만 비뚤어져 있어도, 옛날 길은 내던져 버리고 반듯하게 새로 낸다. 좀 굽었더라도 길 낸 것만 해도 감지덕지 아닌가. 이 길 내느라고 아스팔트 깔고, 얼마나 애를 썼을까마는, 그것 다 소용없다는 것이다. 더 좋게, 좋게 만든단 말이다. 누가 정치를 잘 하고 못 하고를 떠나서, 내 그런 걸 보고, '우리나라 참 좋은 나라다' 라고 생각한다. 그렇게 좋은 세상이다.

하지만, 이 좋은 세상이 이미 한계에 다다라 있다. 더 나아가고 싶어도 더 이상 갈 수가 없다. 어지간한 지식인 쳐 놓고서, 지금 절실하게

새 문화가 필요하다는 걸 모르는 사람이 없다. 우리 60억 전 인류가 매달릴 곳이 없어서 헤매고 있다.

허면, **새 문화 새 진리**, 60억 전 인류가 그토록 고대하는 **상제님 후천 오만 년 새 진리가 나왔는데, 그걸 왜 사람들에게 소개하지 않는가!** 포교를 해라, 포교를!

가족 포교에 정성을 다하라

가족을 포교하는 것은, 말할 것도 없이 참 지당지당 대지당으로, 지극히 당연한 일이다. 가족은 혈통 아닌가. 그런데 남은 살려주면서, 어머니 아버지는 죽게 만들겠다는 것인가? 형제는 또 어떻게 할 것인가? 나 살고 마누라는 죽으라고 하고, 각시는 살고 서방은 죽으라는 건가? 도저히 말이 안 되는 소리다. 우리 증산도는 선량하게 지도하는 곳 아닌가.

어떤 한 신도 얘기를 해 주겠다. 내가 그 이름은 밝히지 않는다. 그 신도 체면이 있으니까.

그가 학생 시절에 농촌에 봉사하러 가서 사귄 여자가 있었다. 아, 좋지 않은가. 농촌 봉사활동 하러 가서 호젓하니, 시간도 많고. 그래 사귀게 된 것이다.

그 여자와 약혼을 하기로 해 놓고, 그 사람이 입도를 했는데 나중에 이런 소리가 들린다. "결혼을 해야 할까요, 말아야 할까요?" 종정에게 그런 질문이 들어왔다는 것이다. 한데 종정이 결혼을 하지 말라고 하겠나 어쩌겠나. "아니, 결혼해 가지고 신앙을 하게 하면 되지 않느냐?" 그게 정답이다.

그래서 그가 결혼을 하게 됐다. 그는 결혼하기 전에, 그 집 어머니 아버지까지 한 자리에 모아 놓고, "내가 증산도를 신앙하는데 나하고 결혼을 하게 되면, 증산도 신앙에 동의하는 것은 물론이요, 같이 신앙을 해야 한다."는 조건을 내걸었다. 결혼하고 나서, 그 처되는 사람이 한동안은 도장에 잘 다녔다. 하지만 얼마 안 가 마음이 변해서 도장엘 안 다닌다. 그러고는 사사건건 물고 늘어진다.

그러니까 하루는 그가 내게 와서 이런다. "이걸 어떻게 해야 합니까? 애기도 낳고 했는데." 그래서 내가 "그건 천륜이다. 자식도 있고 한데 이혼을 하겠느냐, 어쩌겠느냐. 그런데 신앙은 해야 되니 '이 길이 옳은 길이니까 같이 갑시다' 하면서 절을 자꾸 해라." 했다.

그가 내 말을 듣고, 지극 정성으로 아내에게 절을 했다. 한 번 하고 두 번 하고, 한 여나믄 번 하니까 "아이고, 하라는 대로 할 테니 제발 그만 하라"고 항복하고 말았다. 아, 그럴 것 아닌가. 남편이 자꾸 절을 하는데. 그것도 그냥 하는 게 아니라 아주 지극 정성으로, 상제님께 절 하듯이 하니 그 여자도 사람인지라 마음이 움직였을 것 아닌가.

두 내외가 같이 생명 바치는 온전한 신앙인이 되라

내가 얘기를 하나 더 해 주겠다. 예전에 박마리아를 사이에 두고, 장택상과 이기붕이 서로 쟁탈전이 벌어졌다. 두 사람이 박마리아에게 달려 붙어서 서로 연애하려고 했던 것이다. 헌데 장택상은 편지를 보름 만에 한 번, 열흘 만에 한 번 하는데, 이기붕은 하루도 안 빼놓고, 당신 없는 세상은 뭐 어쩌느니 하며 죽고 사는 뷸스런 얘기들, 달콤한 얘기들로 채워서 편지를 날마다 부쳤다.

장택상은 칠곡의 부잣집 아들이다. 아주 유명한 집안이다. 그에 비하면, 이기붕은 참 돈도 없고 촌스럽고 보잘 것 없는 사람이다. 그렇지만 박마리아가 생각해 볼 때, 자기를 아껴주는 사람이 가장 좋은 사람 아닌가. 그래서 자기를 사랑해 주고, 자꾸 예쁘고 좋다고 하니까 이기붕에게 시집을 가 버렸다.

아니, 장택상이 편지를 조금만 더 잘 썼으면 안 빼앗겼을 것 아닌가?

그러니까 내외간에는, 여자도 그렇고 남자도 그렇고, 서로 밀착해 가지고, 살갑게 당신이 예쁘다, 당신이 멋지다고 하면서, 그렇게 살아야 된다. 그게 원칙이다. 그렇잖은가? 서로 전부를 다 바치는 사이인데.

남자들이 왜 범죄를 저지르는지 아는가? 알고 보면 다 처자를 위해서다. 처음에는 처자들과 잘 살려고 하다가, 뭔가 자꾸 삐꾸러지니 화가 나서 술을 마신다. 술을 열흘, 스무날 계속 먹게 되면, 주탁보가 돼 버린다. 체질이 그렇게 돼 버리는 것이다. 그러다 보면 범죄도 저지르게 된다. 범죄의 시초가 그런 마음에서 비롯되는 것이다.

허면 사나이들이 처자를 위해 다 바친 것 아닌가. 하니까 여자들이 그런 걸 감안해서, 어지간한 것은 감싸주고, 저 사람은 나를 위해 전부를 다 바치는 사람이라고 생각하면서, 다 양해하고 좋게 받들어 주면, 그 사람이 나아질 것이다. 그렇게 안 될 턱이 있겠는가.

개부랑자 자식을 둔 한 어머니가 있었다. 자식이 참 못 돼 먹었다. 맨날 술만 처먹고 나가면 소리 지르고, 사람이나 때리고 돌아다녔다. 그런데 그 어머니가 참 착하다. 착하지 않은 어머니가 있겠는가마는 아들이 들어오면 그 신발을, 옛날에 어디 아스팔트가 있나? 그냥 황토 흙이 덕지덕지 붙은 아들의 신발을, 흙을 다 떨어내고 겨울 같은 때에는 품에다 안고 잔다. 그러고는 아들이 나갈 때 되면 잘 닦아서 따뜻한 신발을 놓아주는 것이다. 평생을 그렇게 하니, 아들이 그 어머니의 정성에 감복해서, '아, 내가 정말 나쁜 놈이로구나! 저런 좋은 어머니를 두고….' 하는 마음이 저절로 깨쳐졌다. 그래서 그 아들이 개과천선해서 선량한 사람이 된 사실이 있다.

좀 삐꾸러진 남편도, 아내가 하기에 따라서는 좋은 남편을 만들 수가 있다. 입도시키는 건 더 말할 것도 없고 말이다. 또 아녀자도 남편을 잘 따라야 편케 살 것 아닌가. 어느 아내고 다 현모양처가 될 수 있는 바탕을 가지고 있다.

그러니 제군들은 집에 가서, 남편 잘 보좌하고 아내 잘 위해 주면서, 지극 정성으로 포교해라. 두 내외가 같이 도장에 나와 생명을 바치는, 온전한 신앙인이 되라. 생활도, 신앙도 그렇게 해야 하는 것이다.

대의명분에 입각해서 최선을 다하자

남편과 아내를 포교 못 하고, 부모 형제 처자를 포교 못 한다는 건, 보통 잘못된 게 아니다. 부모 형제 처자부터 시작해서, 척족들을 살려야 할 것 아닌가. 인아족척姻婭族戚 없이는 내가 이 세상에 생겨나지도 못한다.

그리고 초등학교에서부터 중학교 고등학교 대학, 사회에서 사귄 그 많은 사람들을, 개벽하는데 그냥 둘 것인가? 허면 나중에 의통목 지난 다음에, 죽은 그들 신명이 찾아와서 **"너 혼자만 알고 말 한마디 없이 너만 살았느냐! 세상에 사람이 그럴 수가 있느냐!"** 하면서 괴롭힐 것 아닌가.

우리는 뜨거운 피가 흐르는 온혈동물이다. 인정도 있다. 그러니 부디 그러지 말아라. 사람이라면 나쁘고 좋은 것을 떠나서, **공분심公憤心과 의분심義奮心이 있어야** 한다. 공분심과 의분심이 없으면, 짐승이지 사람이랄 수 있는가.

제군들은 공분심과 의분심에 입각해서 누가 시키지 않더라도 포교를 해야 한다. 또 신도라는 대의명분에 입각해서도 그렇다. 우리는 증산도 신도다. 우리에게는 **증산도 신도의 사명**이 있잖은가? 민족의 한 사람으로서, 전 인류의 한 사람으로서 어떻게 그걸 그냥 두고 볼 수 있는가.

그러니까 **대의명분**에 입각해서 최선을 다하자. 알겠는가? 꼭 그렇게 하겠다는 사람, 손들어 봐.

됐다. 백 퍼센트다.

시간에 쫓겨서, 하고 싶은 얘기를 다 못 하지만, 제군들! 오늘 내 얘기를 명심하고, 부디 실천역행하기 바란다. 이상.

태을주로 새 문화를 창출하라

증산도대학교 교육, 도기 129(1999). 8. 8.

‘훔치’는 천지부모를 부르는 소리니라.

송아지가 어미를 부르듯이

창생이 한울님을 부르는 소리요,

낙반사유落盤四乳는

‘이 네 젖꼭지를 잘 빨아야 산다’는 말이니

‘천주님을 떠나면 살 수 없다’는 말이니라.

약은 곧 태을주니라.

(道典 7:58:3~6)

태을주로 새 문화를 창출하라

후천선경 문화가 태을주 속에 들어 있다

상제님이 어천하신 이후, 각 종파 신도들이 상제님을 신앙한 지 90여 년이 됐다. 증산도가 이 세상에서 달리 무슨 승산이 있나? 증산도는 오직 죽는 세상에 나 살고 또 남도 살려서, 전세계 인류를 한 가족으로 통일하여 선경세계를 건설하자는 것이다.

헌데 우리가 건설하는 **후천 선경 문화**란 것이 **전부 다 태을주 속에 들어 있다.**

제군들은 증산도 제세핵랑군이다. 제세핵랑군이 지향해야 할 바가 무엇인가? 도대체 증산도가 나아가야 할 방향이 어디인가?

조금 전에 종정이 교육을 시켰을 텐데, 『도전道典』을 통해서 상제님이 포교대운 공사 보신 것을 제군들도 알 것이다.

1월 14일 밤에 덕두리 최덕겸崔德兼의 집에 계실 때 새울이라 써서 불사르시고 이튿날 덕겸을 명하시어 "새울 최창조崔昌祚에게 가서 전도하라." 하시므로 덕겸이 그 방법을 여쭈니 말씀하시기를 "창조의 집 조용한 방을 치우고 청수 한 동이를 길어다 놓고 수도자들을 모아서 수저 49개를 동이 앞에 놓고 시천주주侍天主呪를 일곱 번 읽은 뒤에 다시 수저를 모아 잡아 쇳소리를 내며 닭 울기까지 행하라. 만일 닭 울기 전에 잠든 자는 죽으리라." 하시니 덕겸이 명을 받고 창조의 집에 가서 명하신 대로 낱낱이 행하니라. (道典 6:74:1~5)

이 말씀은 제군들이, 포교를 많이 하여 증산도를 성장케 하는 공사다. 제세핵랑군인 제군들에게 해당되는 공사다. 앞으로 제군들 모두가 종도사와 종정의 명을 잘 받들어 신앙할 것 같으면 우리 증산도가 성장하고, 또 의통목을 당하여 많은 사람을 살릴 수 있을 것이다. 나는 반드시 그러리라고 믿어마지 않는다.

태을주는 녹표祿票

해서, 오늘은 내가 우리 제세핵랑군이 나아갈 방향을 다시 한 번 설정해 주겠다.

상제님 문화가 태을주 속에 들어 있다. 가벽하는 세상에 우리가 살고, **기존 문화를 통일하고 새 문화를 개창하는 모든 관건이 태을주 속에 들**어 있다.

상제님 말씀에 "나의 운수는 더러운 넝病 속에 들어 있노라." (道典 7:23:3) 하는 말씀이 있다. 그것을 간단명료하게 정리하면, **상제님 9년 천지공사의 총 결론이 의통**이란 말씀이다. 자, 상제님 말씀을 봐라.

선천개벽 이후로 홍수와 가뭄과 전쟁의 겁재劫災가 서로 번갈아서 그칠 새 없이 세상을 진탕하였으나 아직 병겁은 크게 없었나니 이 뒤에는 병겁이 전세계를 엄습하여 인류를 전멸케 하되 살아날 방법을 얻어 내지 못할 것이라.

그러므로 모든 기사묘법奇事妙法을 다 버리고 오직 비열한 듯한 의통醫統을 알아 두라.

내가 천지공사를 맡아봄으로부터 이 땅위에 있는 모든 큰 겁재를 물리쳤으나 오직 병겁만은 그대로 두고 너희들에게 의통을

붙여 주리라. (道典 7:24:2~6)

제군들은, 개벽하는 때에 상제님을 신앙하는 제군들 자신도 살고, 그 성스러운 이념으로 힘 자라는 데까지 전 인류를 살려서 새 세상을 건설해야 한다. 이 **새 세상 새 문화를 창출하는 문제**가 전부 태을주에 달려 있다. 그래서 옛날 보천교 시대 때부터 태을주를 녹표祿票라고 했다.

太乙天 上元君 吽哩哆哪 都來 吽哩喊哩娑婆訶
태 을 천 상 원 군 흠 리 치 야 도 래 흠 리 함 리 사 파 하

吽哆
훔 치

吽哆
훔 치

이와 같이 태을주를 써 놓으시고 성도들에게 "이 형상이 무엇 같으냐?" 하시니 김갑칠이 대답하여 아뢰기를 "밥숟가락 같습니다." 하니 "내가 동서양을 밥 비비듯 할 터이니 너희들은 이 숟가락으로 먹으라." 하시니라.

또 이어서 말씀하시기를 "이 모양이 숟가락 같으니 녹표祿票니라. 이 녹을 붙이면 괴질신명이 도가道家임을 알고 들어오지 않느니라." (道典 7:59:2~4)

어린애들 돌잔치 할 때 은숟가락을 선물로 주는데, 그 숟가락 손잡

이 끝 부분이 약간 납작하게 돼 있고, 거기에 자잘한 무늬가 새겨져 있다. 그것을 은봉 숟가락이라고 한다. 상제님이 태을주를 써 놓고, 태을주가 무엇처럼 생겼느냐고 물으시니까, 성도들이 '훔치훔치' 써 놓은 것이 마치 은봉 숟가락과 같이 생겼다고 대답한다. 숟가락은 밥 먹는 도구다. 그래서 상제님이 태을주를 녹표라고 하셨다. 태을주를 녹표라고 지칭하는 것은, **녹줄이 태을주에 붙어 있다**는 말씀이다.

상제님께서 개벽기에 태을주를 쓰신다

내가 오늘 태을주에 대해서 다시 한 번 간단히 정리해 주겠다.

충청도 서천군에 비인庇仁이라는 데가 있다. 옛날 전국이 360주로 나뉘었을 때, 비인도 한 고을이었다. 선조 때 비인에 살던 김경흔이란 사람이 수도공부를 하려고, 이 세상에서 가장 좋은 주문이 무엇인가를 찾다가, '훔리치야도래 훔리함리사파하' 라는 주문을 찾았다. 그 주문은 도가道家에서 나온 주문인데, **구고천존救苦天尊** 이라고 해서 사람을 많이 살리는 주문이라고 돼 있다. 그것을 알고 그가 그 주문을 취해서, 자그마치 50년 동안 읽었다. 평생토록 '훔리치야도래 훔리함리사파하, 훔리치야도래 훔리함리사파하' 만 읽었단 말이다.

김경흔이 50년 동안 '훔리치야도래 훔리함리사파하'를 읽었는데, 신명들이 그 앞에다가 '태을천 상원군'을 곁들여 읽으라고 계시를 했다. 그래서 50년 공 들여 읽은 '훔리치야도래 훔리함리사파하'에 '태을천 상원군'이 곁들여져서 '태을천 상원군 훔리치야도래 훔리함리사파하'가 된 것이다.

상제님이 그 주문을 취해서 쓰셨다. 모든 주문이 다 해원했는데, **태을주만은 50년 공부에 해원을 못 했으니, 개벽기에 태을주를 써서 해원시킨**다고 하셨다.

태을천 상원군은 인류 생명의 원 뿌리, 태을주를 읽으면 산다

그러면 '태을천 상원군'은 누구냐?

태을천 상원군님은 **인류 생명의 뿌리**다. 다시 얘기해서 인류역사의 뿌리다. 또 **도통문화의 뿌리**다. 도의 근원, 도통하는 도신道神의 뿌리다. 인간 세상이 창조된 이래 **인간생명의 원 원조**가 태을천 상원군님이다.

왜 태을천 상원군님을 넣고 읽어야 하는지, 상제님 진리와 연결해서 생각해 봐라.

상제님이 "이 때는 원시반본하는 시대라. 혈통줄이 바로잡히는 때니,

환부역조換父易祖하는 자와 환골換骨하는 자는 다 죽으리라."(道典 2:41:1~2)고 하셨다. 천지공사 내용이념도 원시반본을 바탕으로 하고 있다. 진리가 그렇게 되어져 있다. 이것이 자연섭리다.

내가 그것을 알기 쉽게 초목으로 얘기해 주겠다. 앞으로 초목이 한 달쯤은 더 성장할 것이다. 그런데 처서處暑, 백로白露, 추분秋分이 지나면 더 이상은 안 큰다. 낙엽이 우수수 떨어지고, 위로 올라갔던 진액이 전부 뿌리로 돌아가[歸根] 버린다. **지금은 가을로 들어가는 하추교역기夏秋交易期다.** 초목이 성장하다가 가을이 되면 그 진액이 뿌리로 돌아가듯이, 지금은 사람도 자기의 뿌리를 찾아야 하는 때다.

지금의 인류문화를 봐라. 얼마나 잔폭하고 오만한가! 제 조상을 거부하고 부정한다. 차에서 내려 10분만 걸어간다고 하면, 제 조상 산소에도 안 가려고 한다. 바로 길옆에 있으면 성묘를 하러 가지만, 산소를 가는데 걸어가야 한다고 하면, 걷기 싫어서 안 가고 만다. 그런데 어떻게 길옆에다만 묘 쓰는 수가 있나?

그리고 또 세상이 어떻게 변했냐 하면, 차 다니는 길은 있는데 사람 다니는 길이 없다. 제군들이 다녀 봐서 잘 알 테지만, 아주 큰 길 빼놓고는, 사람 다니는 인도가 없는 세상이다. 사람은 두 발로 걸어다니도록 돼 있는데, 걸어다닐 수 있는 길이 없다. 사람 다니는 길이 없어서 걸어 다닐 수가 없다. 좀 작은 도로나 국도가 다 그렇다. 내가 차 타고 다니면서 사람 다니는 보도가 있나 하고 좌우를 살펴보는데, 걸어다니는 길이 없다. 걸어간다고 나서다가는 차에 치여 죽기 좋은 세상이 됐다. 참 묘한 세상이다. 그래서 차 없는 사람은 어디 갈 엄두도 못 낸다. 그 때문에 성묘를 더 안 다니는지는 모른다만, **조상을 배반하는 사람은 이번에 다 넘어간다.**

그러나 태을주에 귀의하는 사람은 산다. '태을천 상원군' 이 전 인류의 조상이니까, 태을주를 읽으면 산다.

'태을천 상원군 훔리치야도래 훔리함리사파하'

가을의 섭리가 원시반본이다. 태을천 상원군은 내 조상이요, 전 인류의 조상이다. 제 조상에 귀의하여 태을주 읽는 사람은 제 생명을 건질 수가 있다. 또 **인류 생명의 근원인 태을천 상원군님의 기운**으로 남도 살릴 수 있다.

'훔' 은 우주의 근원을 상징하는 소리

상제님이 태을주를 해원시킨다고 태을주를 쓰시면서, 여기에 '훔치훔치吽哆吽哆' 를 덧붙이셨다. 그러니까 태을주는 원래 '훔리치야도래 훔리함리사파하' 로 돼 있었는데 김경흔이 50년을 읽고 나서 '태을천 상원군’ 을 덧들였고, 끝으로 상제님이 ‘훔치훔치’ 를 그 위에다 덧붙이셨다. 태을주는 이렇게 세 번 변해서 완성된 주문이다.

그러면 ‘훔吽’ 의 뜻은 무엇이냐?

입 구口 옆에 소 우牛 한 자인데, 옥편을 찾아보면 ‘소울음 음’ 이라고 되어 있다. 그 때문에 어떤 고집쟁이 신도는 ‘음치음치’ 라고 읽는다. 저 전주에 최모라는 신도가 있었다. 부안 사람으로 전북대학을 나온 사람인데, 얼마나 고집쟁이인지, 천 날 얘기해도 소용없다. 최가 고집이라더니 종도사 말도 안 듣는다. 그렇다고 해서, 내가 직접 ‘훔치훔치’ 읽으라고는 안 해 봤지만, 간접적으로는 여러 번 말해줬다. 그 사람이 십 년 이상 신앙한 사람이다. 헌데 아마 지금까지도 ‘음치음치’ 할 것이다.

왜 그렇게 읽는고 하면, 옥편에 음이라고 되어 있으니까, 훔이라고 하는 것은 잘못됐다는 것이다. 옥편 지상주의다. 옥편을 믿지 상제님 말씀을 안 믿는다.

‘훔’ 자는 ‘소울음 훔’ 자다. 소가 울려면 ‘훔~’ 하지 않는가. 소울음 **훔 소리는 우주의 근원, 우주의 뿌리를 상징하는 소리다.**

‘훔’ 하고 소리를 내면 그 ‘훔’ 소리 속에 만유의 진리가 다 들어 있다. 그래서 이 ‘훔’ 을 **씨앗**이라고도 한다. **핵**이라는 말이다. 그것을 더 알기 쉽게 표현하면, 저 콩알을 물에다 불려서 두 쪽으로 쪼개 보면,

그 한가운데에 새 을乙 자로 된 것이 있다. 거기서 싹이 나온다. 그 싹을 틔우는 것, 바로 그것을 핵이라고 한다. 씨앗! 핵! 훔의 뜻이 그것이다.

그런 **생명의 씨앗, 도의 마음, 마음의 빛**, 다시 얘기해서 **광명**이라고나 할까. 훔은 바로 **깨달음의 근원**이다. 훔! 이 '훔' 속에는 모든 만유의 이치, 그 정신이 전부 다 함축돼 있다.

이렇게 여러 가지로 표현해 주었으니, 웬만한 사람 같으면 훔의 뜻을 알 것이다.

그리고 '치哆' 자를 옥편에서 찾아보면 '소울음 치, 입 크게 벌릴 치' 자다. 치는 **'꼭 그렇게 되도록 크게 정해진다'** 는 뜻이다. 속담에 이런 말이 있다. '갱무更無꼼짝' 이라. 다시 갱更 자, 없을 무無 자에다가 꼼짝은 우리말이다. '갱무꼼짝' 이라. 다시 꼼짝할 수가 없다, 아주 요지부동이라는 말이다. 어떻게 방향을 틀지도 못하고, 0.1미리도 앞으로 나가지도 뒤로 들어가지도 못 하고, 좌로도 우로도 가지 못하고, 그저 원형 그대로란 말이다.

'치' 라는 것은 그렇게 '크게 정해진다', 다시 얘기하면 **'우주의 근원과 하나가 된다'** 는 뜻이다.

'훔' 이라는 우주 상징의 소리가 '치' 와 붙음으로써, 다시 더 어떻게 바꾸거나 틀어버릴 수 없도록 만들어 버리는 것이다. 그걸 근래 말로

코팅한다고 할까, 꼭 붙들어 맨다고 할까. **원형 그대로 꼼짝 못 하게 붙잡아 매서, 그렇게 하나가 되게 하는 것이다.**

그리고 '함리 사파하喊哩 裟婆訶'를 봐라. 거기서 함喊은 입 구口 옆에다 다 함咸 자를 쓴 것이다. 우리나라 함경도라고 하는 그 함咸 자다.

이 함은 꼭 그렇게 해 달라는 뜻이다. 큰 소리로 꼭 그렇게 되게, 틀림없이 그대로 되게 해 달라는 뜻을 가진 글자다. '훔치훔치 태을천 상원군 … 훔리함리'는 '태을천 상원군님이시여, 위의 뜻이 꼭 그대로 이루어지이다.'라는 뜻이다.

'사파하'는 기독교에서 흔히 쓰는 술어로 '아멘'과 같다.

병목에서 사람 살리는 의통의 핵심, 태을주

상제님이 수만 년 동안의 인류 역사를 전부 거두어 하나로 돌돌 뭉쳐서, 신명 조화정부를 건설하셨다. 그리고 그 조화정부에서 이 세상을 이렇게 이렇게 꼭 돼 나가라고 프로를 짜셨다. 그게 천지공사다.

그런데 프로를 짜다보니, 끄틈지(끝)에 가서 결론이 있어야 될 것 아닌가? 해서 그 **끝매듭을 바로 병목으로 마무리하고, 태을주를 약으로 주신**

것이다.

왜냐? 병목으로 매듭지었으니, 그 병목에서 사람 씨 종자 추리는 법방이 있어야 할 것 아닌가? 그 법방이 의통인데, 거기에 태을주를 약으로 쓰셨다. 약의 재료가 태을주란 말이다.

그런데 제군들은 태을주 읽으면 과연 어떻게 되는지 알고나 있는가? 그저 좋고 신기한 기적이 일어난다고, 그렇게 막연하게 알고 있는가? 태을주를 직접 열심히 읽어 봐라.

태을주를 읽으면 우선 **개안開眼이 된다.** 『도전』을 읽어봐라.

김경학 성도가, 상제님이 어천하신 후 상제님 같은 절대자가 이 하늘 밑에 또 있나 하고, 방황하며 찾아다녔다. 강증산은 죽어서 저 세상 갔으니, 강증산은 깜박 잊어버리고 말이다. 사실 만날 수가 없잖은가? 하니까 제 2의 강증산이 또 없나, 제 2의 우주의 주재자가 또 없나 하고, 미친 사람처럼 산으로 들로 다니다 다니다, 아주 녹초가 돼서 집으로 돌아왔다. 그런데 집에 와 보니, 어머니가 죽어버렸다. 아, 참 그것 기막힐 일 아닌가. 그래서 대성통곡을 하다가, 문득 상제님 말씀이 생각났다.

'옳거니! 우리 증산어른이 이 주문을 읽으면 죽은 사람도 산다고 그랬으니까, 마지막 희망을 갖고 청수 모시고 태을주를 한번 읽어보자.'

그러고는 일심정성으로 고성대독高聲大讀을 했다. "훔치훔치 태을천 상원군 훔리치야도래 훔리함리사파하” 하! 이렇게 몇 시간을 읽고 보니까, 죽은 어머니가 부시시하고 살아나더란 말이다.

그래서 그 때부터, 김경학 성도는 태을주가 사람 살리는 주문이라는 걸 믿었다. 그 후로는 누가 아프다거나 죽었다고 하면 김경학 성도가 쫓아다녔다. 자기 어머니를 태을주로 살렸으니까, 태을주로 살려 보겠다고.

태을주의 기적

요새도 그런 기적이 있다. 여기 어디에 앉아 있는지 모르겠다만, 저 서울 광제국 한의원 신민식 원장이 있다. 헌데 신민식 어머니가 뇌졸중腦卒中에 걸렸었다고 한다. 그 형도 준식이라고, 형제가 다 한의사다. 텔레비전에 많이 나오는 사람이다.

그 어머니를 병원에서 못 고친다고 포기했는데, 신민식 원장이 병실에다 **청수 떠놓고 태을주**를 읽었다. 사실 병원은 태을주 읽을 장소가 못 되는 데다. 그렇건만 그는 믿는 마음에서, 정성껏 읽었다. 그 사람은 꼭 믿는 사람이다. ‘정말 그렇게 되려나’ 하는 마음으로 읽으면 안 된다. 그가 **‘이건 꼭 되는 것이다. 백 퍼센트 반드시 된다.’** 는 신념을 갖고 청수 모시고 계속 태을주를 읽어 대니까, 그 어머니 병이 다 없어진 것이다. 의사들도 깜짝 놀라지 않았겠는가. 이게 참 거짓말 같은 사실담이다.

이런 걸 달리 뭐라고 말할 수 없으니까, 그저 좋게 얘기해서 기적이라고 한다, 기적! 그렇게 밖에는 표현할 수 없잖은가? 어디 더 좋은 말 있으면 해 봐라.

왜? 이건 과학상으로 납득이 안 되는 소리다. 청수 잘 모시고 태을주 잘 읽으면 그런 걸 경험하게 된다. 전부를 다 바쳐서 상제님 신앙을 할 것 같으면, **천지신명들이 그렇게 보호해 주는 것이다.**

태을주를 바탕으로 후천 새 문화를 창조한다

태을주는 이렇게 생명을 건져준다. 또 **태을주를 읽으면, 도통도 한다. 태모님이 태을주 읽어서 도통을 하셨다.**

제군들 각자 조상의 뿌리가 상원군님이다. 아픈 사람이 태을주를 많이 읽으면, 병도 저절로 낫는다. 그 숱한 얘기를 시간관계로 어떻게 다 하겠는가. 제군들이 미루어 생각해서도 알 게고, 하도 많이 들어서도 알 것 아닌가. 태을주는 어디 해당되지 않는 데가 없다. 내가 인류생명의 뿌리라고 했으면, 다 얘기한 것 아닌가. **태을주는 인류생명의 뿌리다.**

우리가 개벽세상에서 나 살고 남 살려 주는 무기가 무엇이겠는가? 제군들 달리 무슨 뾰족한 수가 있나? 아무런 수가 없다. 태을주가 무기다, 태을주가! 내가 지금 방향 제시를 해주는 것이다.

태을주를 바탕으로 해서 후천 새 문화를 창조한다.

암만 태을주를 많이 읽는다고 해도, 태을주 값을 내라는 사람도 없고, 세금을 내라고도 않는다. 후천 5만 년 동안 전 인류가 태을주의 혜택으로, 나도 살고 남도 살려 주는 것이다. 그러니까 전 인류가 태을주를 후천 5만 년 동안 읽는다는 말이다. 『도전』에 보면 상제님이 다 말씀하셨다. 내가 새삼스럽게 얘기하지 않는다 하더라도, 제군들이 잘 알 것이다.

오는 잠 적게 자고 태을주太乙呪를 많이 읽으라.

하늘 으뜸가는 임금이니 오만 년 동안 동리동리 각 학교에서

외우리라. (道典 7:58:1~2)

그런데, 예전부터 상제님을 신앙하여 평생 태을주 읽은 사람을 일련번호를 매기면, 여기 앉았는 증산도 종도사가 아마 한 천만 번째는 될 것 같다. 나도 모르지만 어렴풋이 짐작해 보면 그럴 게라고 생각한다.

일 번, 이 번 타자는 안내성, 김경학 성도이고, 거기서부터 보천교 신도가 7백만이다. 보천교 신도들은 지금 살았으면 백 살은 다 넘었으니까, 나보다 먼저 번호 아닌가? 또 딴 파派 신도들도 있고. 보천교만 그렇게 대표적으로 7백만이고, 박공우 성도는 태을교를 했다. 그밖에도 별스런 이름을 걸어 놓고 신앙한 사람들이 많다. 그런 사람들 다 제쳐 놓고 보면, 글쎄 내가 근 천만 번째에 육박하지 않으려나 모르겠다.

잘못 읽은 태을주

우리나라 민족이 그래도 문화민족이다. 참 대단한 지식의 대가들도 많았다. 그 동안 약 천만 신도가 태을주를 읽었는데, 만일 태을주가 잘못되었다면 그것을 고쳐서 읽어야 했을 것 아닌가.

그런데 내가 태을주를 읽다 보니까, 사람들이 잘못 읽고 있더란 말이다. 참 맹랑한 얘기다. 태을주를 잘못 읽는다니! 8.15 후부터 내가 활동하면서, 태을주가 잘못 읽혀지고 있다는 것을 알았다.

보천교 신도가 7백만이었으니, 우리나라 석학 치고 거기에 안 매달린 사람이 없었다. 헌데 한 7,80년 동안 수많은 사람들이 태을주의 '태을천 상원군'을 '태을 천상원군'이라고 읽고 있는 것이다.

상제님이 태모님에게 글 한 줄 써 주신 게 있다.

오군서약중십산
吾君誓約重十山이요
답진고고태을단
踏盡高高太乙壇이라.

너와 내가 맹세한 언약 온 세상 산보다 무겁고 지상의 태을궁

으로 인도하여 천하창생을 건지느니라. (道典 10:7:5~6)

고고태을단이라, 높고 높은 태을단이란 뜻이다. 단은 궁宮 자다. 태
을단은 태을궁이다. 그러니까 상원군님은 태을궁의 상원군님이다. **태
을천 궁궐의 상원군**님. 따라서 '태을천의 상원군' 이라고 해야 맞는 것이
다.

그러니 제군들이 생각해 봐라. '태을 천상원군' 이라고 읽으면 말이
안 되는 소리 아닌가.

그러면 어떻게든 그것을 고쳐 줘야 하는데, 당시 내가 악수한 사람
이 『대순전경』을 쓴 이상호다. 만일 내가 그걸 고치라고 한다면 그들
이 극구 반대할 테니, 나이 많은 그들과 굳이 맞서 싸울 필요가 있겠는
가? 그래서 몇 해 더 두고 보자고 생각하고, 일단 보류해 두었다.

그러고는 제 3변에 들어서서 처음으로 광주도장에서 태을주 읽는 것
을 바로잡아 주었다. 지금 여기에도 전남 광주 신도들이 있을 것이다.

광주도장에서 내가 그걸 고쳐주면서, "본부도장에서 고쳐주는 것도 좋겠지만 광주를 기념해서 이곳 광주도장에서 태을주를 고쳐준다. 후천을 맞이해서 이 자리에 그런 기념비가 설 것이다."라고 말한 사실이 있다.

그러고서 2, 3일 후에 서울에 가 보니 저희들끼리 다 연락이 됐는지 벌써 '태을천 상원군' 이라고 고쳐 읽는다.

상제님은 공사를 그저 대강 두리뭉실하게 보아 놓고, 꼭 그 사람이 나와서 그 일을 행사하도록 만들어 놓으셨다. 꼭 그 사람에게 그 일을 하도록 말이다.

태을주는 병목, 의통목에 쓰이는 주문이다. 실제 의통목을 맞이해서 의통을 집행할 사람이, 지금 제 3변의 증산도 종도사 아닌가. 그건 때가 되어 증산도 종도사인 내가 고치게끔 정해 놓으신 것이다.

내가 상제님 도업을 집행하면서 봐도, 상제님 진리가 참으로 절묘하다.

군령을 받들어, 유형 무형을 다 바쳐 임무를 수행하라

오늘 제군들은 **군령장**을 받았다. 제세핵랑군이니까 군령장을 받은 것이다. 제세핵랑군의 뜻도 내가 다 말해 주었다. 또 신라의 화랑도花郎徒니 백제의 수사修士니 고구려의 조의선인皂衣仙人이니 하는 역사적인 사실을 지난번에 다 얘기해 주었다. 제군들이 인류를 구하는 핵核이다. 체제 그대로 제세핵랑군은 세상을 건지는 핵이 되는 낭군이다. 핵은 씨 핵 자다.

제군들은 종도사 종정이 명하는 대로, 그대로 좇아서 유형 무형을 다 바쳐 임무를 수행해라.

그렇다고 해서, 아주 직장도 내던지고 하라는 것이 아니다. 자기 본분을 다 해 가면서 시간을 아끼고, 핵랑군으로서 손색이 없도록 일해라. 이제 **핵랑군 조직을 바탕으로, 개벽문화를 잡행한다.** 이것을 명심하고, 한 사람도 뒤처지지 말아라. 상제님 사업에 진정으로 모든 걸 다 바쳐 핵랑군답게 공을 세우란 말이다. 알았나!

"예!"

좀더 힘주어 얘기했으면 좋겠지만 시간이 없다. 그런 줄 알고, 우리는 증산도 신도로서 주어진 사명을 완수해야 한다. 이상.

참신앙을 바탕으로 자기조화지도를 이루라

본부 수도회, 도기 128(1998). ˙. 2.

때가 오면 도통을 먼저

대두목大頭目에게 주리니

그가 천하의 도통신道通神을 거느리고

각기 공덕의 크고 작음에 따라

모두 도통을 시키느니라.

사람은 그 사람이 있고,

도는 그 도道가 있고,

땅은 그 땅이 있느니라.

(道典 8:57:1~3)

참신앙을 바탕으로 자기조화지도를 이루라

심위천지만령지주
心爲天地萬靈之主요

신위음양조화지택
身爲陰陽造化之宅이니

자기조화지도
自己造化之道라.

막사선　　　막사악
莫思善하고 莫思惡하라.

망형망재　　　물아구망
忘形忘在하여 物我俱忘하면

상투천계　　　하철지부
上透天界하고 下徹地府니라.

말로써 "이렇게 해라." 하면 다 잊어버리니까, 우선 중요한 것을 문자화해 봤다. 이것이 수도 공부하는 데 있어 기본문제다.

그런데 수도修道라 할 것 같으면, 궁극적으로 그 목적은 세속적인 말로 도통道通이다. 헌데 도통이라 하는 게 그렇게 쉬운 문제가 아니다.

불교를 봐라. 석가모니 도법은, 오로지 견성見性을 하려고, 부모형제도 세상도 다 등진다. 도통을 하기 위해 그러는 것이다.

도통공부의 바탕, 자연과 합치되라

그러면 불교 술어로 견성, 우리네 세속적인 술어로 도통을 하기 위해서는 어떻게 해야 되느냐?

불교 믿는 사람이 공부한다고 해서 금방 신선이 되는 것도 아니고, 세속사람이 공부한다고 해서 인간이 크게 달라지는 것도 아니다. 불교를 믿는 불자나 우리네나 다 똑같은 사람으로, 도통 공부하는 방법도 똑같다.

그러면 **도통 공부하는 그 정신 바탕**이 어떻게 돼야 하느냐? 이게 중요한 문제다.

그 바탕은, **욕심을 버리고 나와 자연이 합치돼야** 한다는 것이다. 다시 얘기하면, 착하려고도 하지 말고, 악하려고도 하지 말아야 한다. '착해야겠다' 는 생각도 내 정신 에너지가 작용하는 것이고, '악해야겠다'

하는 것도 역시, 악하려고 하는 데에 주안점을 두고 내 정신에너지가 작용하는 것이다. 하니까, '나는 중립적으로 아무 것도 없는, 그저 자연에 합치되는 존재다. 자연인이다.' 하는 정신을 가져야 한다.

도통은 자기조화지도自己造化之道

저기 저 문구를 봐라. "**도득기인道得其人**하고, 도는 그 사람을 얻고, **인득기도人得其道**라야, 사람은 그 도를 얻어야, **기도其道가 가성可成**이라, 그 도가 가히 이루어진다." **종도사훈訓**이라고 해서, 써 붙여 놓았다.

저것을 묶어서 얘기하자면, '**심위천지만령지주心爲天地萬靈之主요, 신위음양조화지택身爲陰陽造化之宅**' 이다.

'심위천지만령지주, 마음이라 하는 것은 천지만령의 주인이라.' 이게 무슨 말인고 하면, 인간의 마음이 천지만령, 이 대우주 천체권 내 모든 만유의 주인이라는 말이다. 그렇기 때문에 인간이 만유를 지배한다.

사람은 금목수화토金木水火土 오행 기운을 전부 품부稟賦해서 태어난다. 그래서 사람이 만유의 주인이 되고, 사람 마음이 천지만령의 주인이 되는 것이다.

한문이 서투른 사람들에게는, '심心은 위천지만령지주爲天地萬靈之 主라', 이렇게 토를 붙이면 해석하는 데 좀더 도움이 될 것이다.

또, '신身은 위음양조화지택爲陰陽造化之宅이라', 유형의 내 몸뚱이 라 하는 것은 음양의 조화를 짓는 집이 된다.

자, 봐라. 사람은 심신心身, 즉 유형 무형 두 가지가 합해서 '나'라는 존재가 된다. 마음은 형상이 없는, 자취가 없는 무형의 것이고, 몸뚱이 는 형상이 있는 유형의 것이다. 그러니까 **도통을 하면, 무형인 내 마음은 천지만령의 주인**이 되고, **형상이 있는 내 육신은 음양의 조화를 짓는 집**이 된다.

도통을 하고 나면, 호풍환우呼風喚雨, 바람도 부르고 비도 부르고, 축천축지縮天縮地, 하늘도 쭈그리고 땅도 쭈그리고, 능소능대能小能大 하게, 내 마음대로 능히 크게도 하고 능히 작게도 하고, 모든 조화를 자유자재로 부릴 수가 있다. 내 이 몸뚱이에서 화권化權을 부리는 것 이다.

여기에는 다 쓰질 못했지만, 그러고 보면 **우주宇宙가 재호수在乎手**다. 이 우주가 내 손안에 다 들어있다.

우선 이번에는 요것만 노트에 기록해서 잘 알아둬라. 어떻게 한꺼번 에 다 아는 재주가 있나.

또한 이게 **자기조화지도自己造化之道**다.

다시 말해서 마음은 천지만령의 주인이 되고, 몸뚱이는 음양조화의 집이 되는 것이니, 도통이라 하는 것은 자기조화지도다. 내 몸이, 자기 스스로가 조화를 짓는 도!

아, 그럴 것 아닌가. 도통이 남에게 부탁해서 되는 것도 아니고, 빽 가지고도 안 되고, 돈 주고 살 수 있는 것도 아니잖은가. 천지를 다 갖다 바쳐도 절대로 살 수 없는 것이다.

사람은 제 맘대로 생겨나지 못한다. 반드시 부모가 씨를 떨어뜨려 줘야, 어머니 아버지가 만나서 만들어 줘야 생겨날 수 있다.

헌데 그렇게 몸이 생겨난 후에는, 천지 자연 속에서 제가 밥 먹고 제가 행동해야 산다. 자연 속에 살면서, **모든 걸 제 스스로 해야** 된다. 사는 것도 제가 살고, 죽는 것도 제가 죽고. 그렇게 하는 게 자기조화지도다.

막사선莫思善 막사악莫思惡하라

허면, 그 도통하는 과정이 어떻게 되느냐?

아까도 얘기했지만, '막사선莫思善 막사악莫思惡'이다. 내 정신 작용을 하는 데 있어서, 착하려고도 하지 말고, 악하려고도 하지 말아야 한다. 무슨 주안점을 가지고 착하려고 하는 것도 내 정신에너지를 작용하는 것이다. 불교식으로 보시를 해야 되겠다거나, 기독교식으로 사랑을 해야 되겠다거나, 유교식으로 효도를 해야겠다, 충성을 해야겠다 한다거나, 그런 게 전부가 다 내 정신에너지가 작용하는 것이다.

그건 대자연의 기운을 받는 데 있어서 너무도 큰 방해가 된다.

또 악해야겠다 생각하는 것도 똑같다.

그러니까 착한 것도 생각하지 말고, 막사악, 없을 막 생각 사 악할 악, 악하려고도 하지 말아야 한다.

그렇게 하고 앉아서 주문만 읽다 보면, 저절로 **망형망재忘形忘在**, 즉 **나의 존재도 잊어버리고 나의 형상도 잊어버리는 경계**가 된다. 도통의 경지가 바로 망형망재다. 도통이 아니라, 잠깐 개안하는 것도 그렇다.

다시 말하면, 나라는 존재가 이 세상에 있느냐 없느냐, 그것을 까마득하게 잊어버리라는 것이다. 그렇게 되면 나의 형상도 잊어버리고 나의 존재도 잊어버린다. '나라고 하는 사람은 이 세상에 없다' 는 상태로, 나 자체를 완전히 망각하게 된다. 그래서 **무아지경無我之境**, 없을 무, 나 아, 갈 지, 지경 경, 내가 없는 경지에 이르게 된다.

그 경지에 가면, **자연과 내 정신이 완전히 합치**돼서, 세상 물질에 염색이 안 된 상태 그대로, **내 자신이 자연 자체가 돼 버린다.** 그렇게 돼야 한 소식을 듣는다. 그 때부터가 시작이다. 그 때 가야 비로소 **통通이라는**

문을 두드리게 된다.

다시 얘기해서, 자연섭리와 내가 **'혼허입진混虛入眞'**, 하나가 돼야 한다. 무형으로, 아무 것도 없는 상태, 빛깔로 말하면, 아무런 빛도 없는 상태를 '혼허' 라고 한다. **'혼허를 통해 참[眞]에 들어간다[入]'** 는 것이 혼허입진이다. 나라는 존재는 자연 속으로 파묻혀 버리고, **자연이 내게로 쏙 들어와**, 자연과 내가 하나가 돼 버린다.

그러고 나면, '물아物我가 구망俱忘' 이다. 물질과 나를 한꺼번에 다 잊어버려서, 물질도 없고 나라는 존재도 없고, 아무 것도 없다. 그렇게 돼야 그 때부터 공부가 된다.

내것을 주장하지 말라

또 사람은, 세상을 살면서 내 것을 주장하면 안 된다. 아니, '내 것' 이라니, 자연이 뭐 저 위해서 생겨났나? 이 자연섭리라는 것은, 그저 스스로 그럴 뿐이지, 어디에 매인 게 아니다. 자연이 내 편인 줄 아는가?

자기의 주관점을 갖고, '나는 도통해서 세상을 지배하겠다. 내가 먼저 도통해서 뭘 제압하겠다.' 는 사람은 **나쁜 사람**이다. 누가 누구를 제압하는가? 그런 정신은 잘못된 것이다. 그건 자연에 대한 도전이고, 세상에 대한 역적 행위다. 공부하는 사람에겐 **자살행위**와 같다.

그래서 불가에서 말하기를, "생사일여生死一如라, 죽는 것이나 사는 것이나 똑같다. 아무 것도 없는 빌 공空 자, 공이요, 무無다."라고 했다.

허나 그 사람들 여러 천 년 동안 나무아미타불을 찾았건만 뭐가 있나? 그 사람들이 공부하는 방법을 잘 아는 것 같지만, 실은 잘 모른다. 또 그걸 꼭 알려고도 않는다.

태을주 수도법은 가장 빠른 공부방법

내가 얘기하는 수도방법은, 불가의 수도법과는 별개다. 영계靈界문제를 통하는 것과, 성품을 닦아 결정이 뭉쳐져 사리舍利가 나오는 것과는 전혀 다르지 않은가. 수도 공부에도 여러 길이 있다. 수도법으로서는 내가 얘기하는 방법이 가장 빠른 길이다.

그걸 다 지적해서 얘기하자면 많은 시간이 필요하고, 제군들이 다 알아봤자 아직 소용도 없고 하니까, 내가 지금 말을 않는다.

앉아서 태을주 잘 읽으면, 증산도는 자기도 모르게 공부가 쉽게 되는 곳이다. 잘 하면 그 어느 곳보다 백 배, 천 배, 만 배 쉽게 된다.

그렇게 해서 공부가 되면 '상투천계上透天界' 하고, 위로는 천계, 저 대우주 천체권을 통해서 꿰뚫고 ― 투 자는 꿰뚫는다는 투 자다 ―, 또 아래로는 '하철지부下徹地府' 다. 지부라는 것은 땅속을 말한다. 하철지부란 저 땅 밑구녕도 환하게 뚫어서 통찰洞察한다는 뜻이다. 공부가 되고 보면 하늘도 꿰뚫어보고, 땅 밑도 환하게 통해서 들여다 볼 수 있다.

수도하는 내용을 다 얘기하자면 한이 없다. 책 한 권이 잔뜩 나오지만, 우선 묶어서 큰 개요만 알아둬라. 너무 많이 알면 수도하는 데 오히려 방해가 된다. 알면 알수록 잡생각이 많아지기 때문이다.

잡생각을 버려라

앉아서 주문을 읽다보면, 별스런 생각이 다 떠오른다. 어릴 때 엄마 품에서 젖 먹던 생각도 나고, 누구하고 누룽지 갖고 싸우던 생각, 누구한테 얻어맞던 생각 등 천사만려千思萬慮, 생각 안 나는 게 없다.

그러나 열흘이 지나고 스무날이 지나다 보면, 점차로 그런 생각들이 적어지고, 얼마 지나면 슬슬 잊어버리는 경지가 온다.

그렇다고 마냥 앉아서 수도만 하는 수가 있나? 생활전선도 바쁘고 할 일도 많은데. 그래도 꾸준히 하다 보면 그 기간이 단축된다.

정신이 차분한 사람이 주문을 읽으면, **공부가 훨씬 빠르다.** 금세 잡념이 사라지고, **도 속으로** 자기 **정신이 푹 빠져** 들어가면서 **말쑥한 물과 같이** 된다. 그런 사람은 공부가 쉬이 된다.

하니까 그런 정도가 되도록 태을주 많이 읽고, 쓸데없는 잡생각 다 버려 버려라. '누구한테 돈을 줬는데 어떻고, 누가 미워서 질투심이 생기고, 그 나쁜 자식 술 먹다가 한 대 쥐어박고 싶었고' 하는 생각들만 머리에 꽉 찬 사람이 수도 생활, 신앙 생활할 자격이나 있나?

오로지 진실하게 살면서, 진실한 마음으로 수도도 하고, 궂은 일은 내가 다 차지해서 하겠다는 마음을 가져야 한다. 이것이 바로 **참신앙인, 참수도인의 자세다.**

그런데 수도 공부를 하려고 보면, 쉽게 얘기해서 무슨 마魔라고나 할까, 그런 게 자꾸 낀다. 해서 뭐 다른 곳에서는 공부하다가 병신 되는 사람이 숱하게 많이 나오는데, 내 앞에서는 공부하다 잘못 되는 사람 하나도 없다.

왜 그러냐 하면, 공부하는 사람들은 **지도자 기운을 그대로 받기 때문이**다. 여기는 상제님 도법도 바르고, 지도자도 바르고 하기 때문에, 여기서 공부하다가 삐꾸러지는 경우가 없다. 그저 마음 놓고 앉아서 주문만 읽으면 된다.

또 **올바른 공부**를 하려면, **바른 길로 인도해 주는 사수師手 한 사람이 있어야** 한다. 간혹 정신이 삐뚤어진 사람은 '아, 내가 이렇게 됐다.' 하고 자만하다가, 허신虛神이 와서, "네가 앞으로 천자天子가 된다.", 또는 "네가 태모太母다. 잘 하면 대권도 잡고, 앞으로 상제 대행자도 될 수 있다."고 하면, 거기에 그냥 넘어가 버린다.

그 전에 그런 사람이 있었다. 부여에 가면 염창리라는 데가 있다. 염창리에 민가閔家가 몇 집 사는데, 거기 살던 민모라는 사람이, 제 계집이 고수부高首婦라고 하면서 한평생 잘 먹고 살았다. 그러지 말라고 해도 그런 자가 말을 듣나? 정신이 삐꾸러지면 그렇게도 된다.

제군들은 신도로서, 신도의 위치를 절대 벗어나지 말고 바르게 살아라. 다만 상제님 신도의 한 사람으로서, 그리고 인간세상을 건지는 증산도 종도사에 매달린 신도로서, 지시에 순응하면서 참신앙 생활을 한다는 바른 정신을 가져야 한다.

바른 정신으로 수도하면 영적 체험을 한다

그런 바른 정신으로 꾸준히 수도하다 보면, 어떤 체험을 하게 된다.

그게 사람마다 천태만상으로 나타나지만, 예를 들면 인간세상에서는 볼 수 없는, 풍모도 잘 생기고 인자하고 위대해 보이는 분을 접촉하게 되는 수도 있고, 또는 자기 조상이 나타나기도 한다. 주로 할머니 쪽보다 할아버지 쪽이 더 많이 나타나는데, 할아버지가 그 풍모를 보여 준다든지 하는 여러 가지 체험을 한다.

또 잡념이 없고 바른 기운을 갖고 사는 사람은, 예를 들어 한참 선거를 할 때라든지, 사회적으로 큰 변화가 있을 때에는 그 기운이 보여지기도 한다. 한 걸음 더 나아가, 신앙을 독실하게 잘 하면 **개벽상황도** 볼 수 있고, 영적으로 천상에 올라가 영계의 모습을 보기도 한다. 또 어느 경지까지 가면 자기의 전생도 볼 수 있다. 그런 상상조차 할 수 없는 여러 가지를 체험하게 된다. 그걸 상제님의 은총이라고 해도 좋다. 수도를 잘 하면 그런 은총도 받을 수 있는 것이다.

사심을 버리고 참신앙을 하라

헌데 그런 것에 **너무 집착하면 못 쓴다.** 그러다 잘못 되면 삐뚤어진다. 또 **거짓말로 보여지는 것도** 있다. 그런 데에 속아넘어가면 안 된다. 사람은 **진실성과 깨끗한 정신을 가져야** 한다. 신앙은 욕심 가지고 하면 절대 안 된다.

내가 제군들에게 이 종도사의 생각을 조금 얘기해 줄 테니 들어봐라.

나는 8.15 후부터 지금 이 시간까지 오직 상제님 사업만 했다. 단 5분, 10분도 다른 정신 가진 사실이 없다. 그런데 누가 그렇게 하라고 해서 되는 일인가? 그걸 우리 아버지가 시켜서 했겠는가, 어쨌겠는가? 아니면 '내가 이 일을 해서 후세에 얼마만큼 잘 되겠다. 이 일로 돈을 많이 벌어야겠다. 이 일을 하면 뭐가 된다.' 하는, 개인적인 욕심 가지고 한 일인가?

나는 **오직 인간이라는 대의명분에 입각해서**, 상제님 사업을 반드시 해야 한다는 생각으로, '만일 내가 이 일을 하지 않으면, 이 세상은 문닫고 만다. 이 지구상에 사는 사람 중에 한 사람은 이 일을 해야 한다. 또 반드시 **대한 겨레족**이 해야 한다. 딴 나라 사람이 누가 이 일을 하겠는가. 상제님이 대한 사람으로 오셨는데.' 하는 진실한 생각을 가지고 했을 뿐이다.

신앙생활은 이렇게 **사심을 버리고 해야** 되지, **내 사사로운 욕심을 갖고 하면 안 된다.**

그러면서도 우리는 세속사람이니까, 사람 노릇을 해가면서 일도 해야 한다. 나는 세속사람 아닌가. 내가 상제님께 몸과 마음을 전부 다 바쳤는데도, 사람이니까 부모님이 결혼하라고 해서 일정시대에 결혼을 했다. 그리고 자식도 낳았다. 그렇게 해서 쓸 자식도 더러 둔 것 같다.

우리 일은 세상일이다. 그래 세속에서 결혼도 하고, 자식도 낳고, 교육도 시키고, 세상과 더불어 생활하면서 일하는 것이다.

하니까 제군들도 정의로운 사람으로서, 세속에서 거짓없이 진실하게 건전한 생활을 하면서 참신앙을 해야 된다.

정의로운 마음으로 진실하게 살면서 신앙해야

상제님 진리는 자연 이치 그대로다. 그러니 상제님 신도로서 욕심은 절대 금물이다.

욕심에는 공욕公慾과 사욕私慾이 있다. 내가 욕심을 가지지 말라는 것은, 사욕을 부리지 말라는 말이다. 허나, ‘나는 국가와 민족, 가정과 사회를 위해서 무슨 일을 하겠다’ 는 공욕마저 없으면, 그건 사람도 아니다. 세상을 위해서 좋은 일을 하고, 세상 사람을 많이 살리겠다는 **공욕은 클수록 좋다.**

우리 일은 세상일이다. 먼저 거짓 없이 진실하게, 정의로운 마음으로 건전한 생활을 한 연후에 참신앙도 있는 것이다. 그런 참신앙을 하는 사람만이 여기 들어와서 제대로 수도도 하는 것이고, 그런 사람이라야 주문 읽으면 주문 기운이 제대로 들어간다. 그래야 신명들이 좋다고 춤추면서, "야, 참 좋~다!" 하지, 만에 하나라도 날강도 같은 정신 가지고, 일도 않고 앉아서 주문이나 읽고 있으면, 신명들이 "저, 빌어먹을 놈!" 하면서 욕하고 가 버린다.

우리는 지금 아이엠에프(IMF)시대에 살고 있다. 다행히도 구멍난 경제가 좀 때워지고 희망도 좀 있는 때이지만 만일 나라경제가 부도나면 아주 망해 버리는 것이다. 거래도 안 되고, 기업체도 다 문닫고 만다.

단체도 마찬가지다.

그러니 우리 모두 어려운 경제를 거울삼아 검박한 생활을 하면서, 신앙인으로서 교육 잘 받고 수도도 해보고 주문 기운을 많이 축적해서, 금년 새해에는 그 좋은 기운 가지고 열심히 포교를 해야 한다. 이제 무인戊寅년부터는 슬슬 새 기운이 돌기 시작한다.

꿈에라도 남을 좋게 하라

수도는 신명과 더불어 하는 것이다.

다시 한번 강조하거니와, 깨끗하지 않은 정신 가지고 수도하면 절대로 소용이 없다. 누구를 해치려고 한다든지, 반항의식을 가지면 안 된다. 내가 남을 해치려고 하면, 그 사람 조상이 그걸 미리 알고 자손을 보호해 준다. 영으로 알려줄 수도 있고, 꿈으로 현몽現夢해 줄 수도 있다. 조상이 쫓아다니면서 일을 둘러놓기도 하고, 못 하게 방해를 부리기도 한다.

하니까 제군들은 **꿈에라도 남을 해치지 말아라.** 그저 좋게, 꿈에서도 남을 위해 줘라. 나를 해치려고 하는 사람이 있어도 미워하지 마라. 나를 해치려는 사람이 나쁜 것이지, 만일 내가 적대시하지 않으면 신명들이 '저놈 참 나쁜 놈이다. 이 사람은 착한 사람인데 저렇게 악심을 가지고 있다.' 해서, 그 사람을 벌한다. 그렇게 해서 제가 해를 받을 뿐이지 내게는 아무 관계가 없다.

하니까 좋은 생각만 가지고 살아라. 그래야 **진실한 사람**이고, **참신앙을 하는 사람**이다. 그래야 **참공부도** 된다.

상제님 문화는 앞 세상을 개창하는 새로운 문화

상제님이 세운世運은 세상 사람들에게 맡겨 버리셨다.

세운을 봐라. 정치 싸움, 전쟁, 사기, 강도, 살인, 별스런 게 다 있다. 헌데 우리는 다만 수도하고 포교 많이 해서 **도운道運만 개척하라는 말씀**이다. 그러니 얼마나 편한가? 허면, 그것도 못 하나? 제군들 하는 일은 팔 짚고 헤엄치기다. 무기 가지고 누구와 싸우라는 것도 아니고, "자, 상제님 진리가 이렇다!" 하면서 사람들에게 도道를 전해 주라는 것이다.

제군들! 지금은 개벽을 하는 때다.

아니, 개벽 운을 떠나서라도, 지금은 새 문화를 창출해야 살아남는 세상이다. 그렇지 않고 **묵은 문화**를 고집하는 사람은 다 죽는다. 왜 그러냐? **지금은 전 지구가 다 새 문화를 개창해야 하는 창조의 경쟁시대**이기 때문이다.

지금 세상 돌아가는 걸 봐라. 기업체도 새로운 물건을 만들어야 살고, 국가도 새로운 문화를 만들어내야 산다. 개인도, 기업도, 국가도 다 그렇다. 그렇지 않으면 망하는 수밖에 없다. 남 뒤꽁무니 따라가면서 뭘 어떻게 하나? 남 뒤따라가다가는 죽는 수밖에 없다. 경제적으로 파산해서 죽는다.

문화도 그렇다. 기존문화라 하는 게, 지금 인류에게는 아무짝에도 소용이 없다. 이미 다 건져먹고 아무 것도 없다. 그래서 지금은 **새로운 문화의 경쟁시대다.**

우리는 앞 세상을 개창하는 새 문화, 상제님 문화를 들고 나온 사람들이다. 누구도 이 사실을 몰라서 그렇지, 상제님 진리를 알면 묵은 진리를 믿을 리가 있나?

여기 그 전에 불교신도들이 드문드문 들어왔다. 한 2년 동안 도장에 쫓아다닌 불교 신도가 있었다. 가만히 보니, 그 사람이 머리 깎고 중옷 입고, 중탈을 쓰고서 도장엘 온다. 그래서 내가 한 날은 그랬다. "너는 이 증산도 신도가 절대로 못 된다." 내가 그러니까 "왜 그렇습니까?" 하고 묻는다.

"아니, 왜라니? 불자라는 것은 평생 얻어먹고, 얻어 자고, 얻어 쓰는 사람 아니냐. 고려 때 국교가 불교였다. 불자가 되면 전국 절에 돌아다니면서 얻어만 먹고도 한평생 살 수 있다. 고려 때부터 불교재단이 있어서 쭉 그래왔다. 이 절에 가서 얻어먹고, 저 절에 가서 얻어먹고. 그런데 증산도를 신앙하려면 환속還俗을 해야 한다. 승적僧籍을 나와야 된단 말이다. 그러니 거기서 나오면, 방이라도 얻어 놓고, 네가 벌어서 밥도 먹어야 되고, 또 결혼도 해야 된다. 그렇지 않으냐? 혼자서라도 살림은 해야 할 것 아니냐? 누가 네 밥을 해 주냐? 또 여기는 성금도 내야 되고 책도 사야 되는데, 맨날 얻어먹고, 얻어 자고, 얻어 쓰고 하던 사람이 게을러져서 하겠느냐? 암만 해 봐라, 네가 증산도 신도가 되나. 그러니 먼저 네 정신부터 개벽해라."

그랬더니 "꼭 하겠습니다!" 하고 장담을 한다. 그런데 하긴 뭘 하나? 하다 말아 버렸다.

그런 묵은 진리 가지고는 안 된다.

하니까 제군들은 남에게 의존해서 뭘 한다는 생각은 아예 버려 버려라. **모든 것은 자기 자력으로 해야** 한다. 그 때문에 지속적으로 수도도 해야 하는 것이다.

철칙대로 수도하면 광명이 열린다

다시 한 번 강조하거니와, 오늘 내가 얘기한 것이 **수도하는 철칙**이다. 누가 해도 그렇다. 부처를 믿는 사람도 이렇게 하면 빠르다. 수도하는 첩경이다. 우선 이 내용을 꼭 노트에 써서 머릿속에 넣어둬라. 그리고 각 도장에 가서 신도들에게 알려줘라.

'심위천지만령지주요', 마음이라 하는 것은 만령의 주인이 되고, '신위음양조화지택이라', 몸은 음양조화를 짓는 집이 된다. 이게 다 자기조화지도다. 도통이라는 것이 자기가 조화를 짓는 도라는 말이다.

또 '막사선 막사악이라', 착하려고도 하지 말고 악하려고도 하지 말고, 지속적으로 수도를 하다 보면 나도 모르게 '망형망재'가 된다. 나의 형상도 잊어버리고 나의 존재도 잊어버린다.

망형망재가 되면 '물아가 구망' 이다. 사물도, 나라는 것도 함께 다 잊어버린다. 아무 것도 없다. 자연하고 내가 합치되어 하나가 돼 버린 것이다.

그렇게 되면 훤하게 다 보인다. 쉽게 얘기하면, 저 건너 보문산까지 눈감고도 환하게 볼 수 있다. 광명이 어느 정도까지 되느냐 하면, 1년 중 가장 밝을 때가 가을인데, 말쑥한 가을하늘처럼 환하다. 다시 얘기하면, 저 십 리 밖의 소나무에 송충이가 앉아서 솔잎 갉아먹는 것까지 환하게 보인다. 그렇게까지 광명이 열리는 사람도 있다. 그러면서 자꾸 점입가경漸入佳境으로, 하늘나라 가는 경계에까지 들어간다.

수도의 첩경, 한 번에 오랫동안 주문을 읽으라

내가 제군들을 앉혀 놓고 수도를 시키면, 늦으면 일주일, 그렇지 않으면 사흘 안에 초통개안初通開眼을 시킨다. 헌데 이 많은 사람을 다 어떻게 하겠나? 지금은 그저 제군들 하는 대로 두고 보고만 있다.

수도를 빨리 하는 방법으로 내가 힌트 하나를 주겠다.

수도를 할 땐, 일정한 사람이 일정한 장소에서 일정한 주문을 읽는다. 그렇지 않은가. 수도를 한 시간씩 열 번을 하면 그게 열 시간이다. 허면 단참에 열 시간을 하면 어떻게 될까? 소변도 봐야 하니까 열 시간은 못 참을 것이다만. 그래도 젊은 사람들은 될지도 모른다. 제군들은 젊으니까 열 시간 동안 소변 참아가면서 주문을 읽을 수 있다.

헌데 주문 읽으면서 '나'라는 것을 깨면 안 된다, '나'라는 존재를.

아까 서두에 얘기한 말 속에 별 게 다 들어있다.

'망형망재', 나의 형상도 잊어버리고 나의 존재도 잊어버린다. '물아가 구망이라', 물건도 나도, 이 세상 무엇이고, 다 잊어버린다. 그러면 자연과 내가 하나가 되어 버린다. 이 세상에 나라는 존재가 있는지 없는지 까맣게 잊어버린다.

그렇게 수도하다 보면, 어느 경지에 이르면 아무 것도 모르고 그냥 까막할 때가 있다. 그 때가 바로 도통하는, **자연과 하나 돼서 막 도통문에 들어가는 순간**이다.

그러니 **단참에 오래오래** 읽어라. 이 몸뚱이가 어떻게 됐는지도 모르게. 오래 두면 다 모르게 된다. 그렇게 오래 하다 보면 저린 것도 없어져 버리고, 다섯 시간을 앉았는지 여섯 시간을 앉았는지도 잊는다. 경지에 가면 그렇게 된다. 내 형체는 여기 있어도, 정신이 자연과 합치돼 버리는 것이다.

그런데 여기서 한 가지 알아둬야 할 게 있다. 그렇게 수도하다 보면,

기혈 순환하는 데 따라서 신체의 온도가 40도 이상이 되기도 한다. 그때 살을 이렇게 대면 껍데기가 벗겨져 버린다. "그러면 생리학상으로 큰일나지 않습니까?" 이렇게 물을 수도 있지만, 괜찮다. 그렇게 해서 영계에 가면 몇 시간이고 있을 수 있고, 그 경계를 넘어서면 공부가 금방 된다. 내가 오늘은 요런 힌트 하나만 준다. 이것도 내가 처음 얘기하는 것이다.

상제님 진리를 벗어나면 다음 세상에 못 간다

제군들은 그렇게 일방으로는 수도하고, 일방으로는 포교를 해라. 또 직장에 충성을 다해서 값진 월급도 받고, 사회에서 모범적인 사람도 돼야 한다. 사회 사람들한테 '저 사람 뭔가 잘못된 사람'이라고 인식되면, 그 사람은 증산도 해도자害道者밖에 안 된다.

사회가 아무리 못 돼 먹었다고 해도 **사회는 본질적으로 정의로운 것이**다. 정의가 이 사회를 끌고 나간다. 그 정의로운 데서 탈선하면 '버렸다'고 하는 것이다, 그 사람 버렸다고. 그러니까 절대 사람은 **사회 속에서 정의로운 사람이 돼야** 한다. 가정에서도, 사회에서도, 국가와 민족에 대해서도 사람은 정의로워야 한다. 조직생활에서도 마찬가지다.

어디까지나 인간은 **공분심**公憤心과 **의분심**義奮心이 있어야 한다. 그렇지 않으면 인간이라고 할 수 없다. 인간인지라 공분심과 의분심이 있는 것이다.

우리는 상제님을 진실하게 잘 믿는 참신도로서 꼭 그런 사람이 되어야 한다.

제군들! 이 세상이 개벽을 한다. 개벽해서 다 죽는다!

총체적인 결론은, 상제님 말씀대로, 오다 죽고 가다 죽고 서서 죽고 밥 먹다 죽는 것밖에 없다. 아무 것도 없다. 이 세상은 죽는 길 사는 길, 오직 이 생사양로밖에 없다.

헌데 우리는 사는 길을 선택한 사람들이다. 지구상에 사는 모든 사람이 사는 길인, 이 상제님 진리권에서 벗어나면 이 다음 새 세상에 못 간다. 우리는 사는 길의 영역 내에 들어온 사람들 아닌가. 하니까 내가 사는 **이 성스러운 진리를 남에게도 전해주자는** 것이다. 같이 살자고 말이다.

증산도는 사람 살리는 단체다. 그렇기 때문에 상제님 일은 아무리 어렵다 하더라도, 만난萬難을 배제하고 반드시 해야 하는 일이다.

증산도는 천기天機를 가늠하는 곳

제군들!

증산도는 **천기天機를 가늠하는 곳**이다. 하늘 천 자 기틀 기 자, 천기를!

상제님이 이렇게 말씀하셨다.

> 이제 하늘도 뜯어고치고 땅도 뜯어고쳐 물샐틈없이 도수를 굳게 짜 놓았으니 제 한도限度에 돌아 닿는 대로 새 기틀이 열리리라. (道典 5:320:1~2)

인간세상 현실이라 하는 것은, 상제님이 9년 천지공사에서 판 짜놓으신 프로그램이 진행되는 과정이다. 증산도는 바로 그 일을 집행하는 단체다.

그 프로그램은, 인간의 힘으로 잡아당기지도 못하고 밀지도 못한다. 세상 말로 "갱무更無꼼짝"이다. 다시 꼼짝할 수가 없다는 얘기다. **우주의 주재자가 판 짜 놓으신 것**을 우리 인간의 능력으로 어쩔 도리가 있는가?

하니까 제군들은 상제님의 신도로서, **진리와 자연에 순종해야** 한다.

자연에 순종하지 않으면 죽는 길밖에 없다. 딴 생각하면 그건 자살행위다. 자살하려면 무슨 짓을 못 하는가?

제군들은 그저 순리에 따르면서 착한 생각을 갖고, 대도통이 나오는 그 시기까지, 청수 잘 모시고 주문 잘 읽고 열심히 포교해라. 그 안에 잘 되면, 그것도 좋지 않은가.

몸과 마음을 다 바쳐 참신앙을 하라

제 2변 때는, 여기 앉아 있는 종도사 혼자였다. 전국을 다니면서 나 혼자 그 많은 신도들을 다 일으켰다. 지금은 그 때에다 대면 신도가 없는 거나 마찬가지다. 그 당시 내가 세대수로 30만 세대를 가지고 있었다. 그때 내 나이가 30 안쪽이었다. 대한민국에서 내 인권人權이 최고 많았다는 것이다.

제군들! 내가 강철보다 더 강한 사람이다. 내 정신은 불에 들어가도 타지 않고, 물에 들어가도 썩지 않는다. 내가 그렇게 굉장한 사람이다.

헌데 이상호란 사람이 나를 하도 괴롭히고 시끄럽기도 해서, 내가 다 양보하고 퇴진해 버렸다. 그러고서, 내 참 부덕한 말이지만, 그 욕심 많은 불의무도한 자들 때문에 은둔해 버리고 말았다. 그 숱한 얘기를 다하자면 한도 없다.

그 세월이 20년이다. 그 때가 제 2변에서 제 3변 넘어오는 목이다. 상제님 진리를 보면, "내가 천지공사로 하여금 말도末島로 귀양을 가는데 스무날만에 나온다."고 하신 말씀이 있다.(道典 6:13) 상제님 20일이 내게는 20년이다. 그게 바로 **천지공사의 말도(끝섬) 귀양도수**다. 헌데 그 때까지는 그걸 몰랐다. 지나 놓고, 당해 놓고 보니까 그렇더란 말이다.

그런 만난萬難을 다 극복해가면서 오늘까지 왔다. 그 때에 비하면, 지금 제군들 일하는 것은 팔 짚고 헤엄치는 격이다. 아니 제군들이 10년을 믿었는가, 20년을 믿었는가?

내가 몇 밤 지나면 양력으로 벌써 일흔일곱 살이 된다. 내가 80 늙은이다. 헌데 나는 상제님 사업 다 끝내고, 이 세상을 내가 하고 싶은 대로 다 만들어 놓고 죽을 사람이니까, 그런 줄들 알아라. 허면 얼마나 남았겠나? 내가 80 늙은이인데.

제군들! 정신 똑바로 차리고 절대로 딴 생각하지 말아라. 이것은 꼭 해야 하는 일이다. **절대로 양심에 가책되지 않게 해라.**

내가 지금 증산도 구호를 한번 외치고 싶은데, 지금은 한밤중이라 저 밑 동네까지 소리가 들린다고 하니까 못 한다. 해서 그만두는 거니까, 우리 신도들은 전 신도가 구호 그대로, **상제님의 혼이 되고 증산도의**

수호신이 돼서, 몸과 마음을 다 바치는 참신앙을 해라.

죽기살기로 일하라!

시간은 없지만, 내가 얘기 하나를 덧들여야겠다.

임진왜란 때의 '이순신 장군' 하면, 모르는 사람이 없을 것이다. 이순신 장군이 백의종군白衣從軍하고 있을 때, 당시 삼도수군통제사였던 원균이, 거제 칠천량 해전에서 왜구에게 전멸당했다. 배도 다 부서져 버리고, 겨우 열두 척 남았다. 해서 이순신 장군이 다시 통제사가 되어 나가 싸우려는데, 고작 열두 척 가지고 승산이 있겠는가. 왜구 전함 수는 그 열 배가 훨씬 넘는데. 해서 군사들의 의기를 진작振作하기 위해 이런 싯귀를 지었다.

"당생즉사當生則死하고, 살려고 하면 죽는 수밖에 없고, 당사즉생當死則生이라, 죽기에 당하면, 죽기를 각오하면 꼭 산다."

살려고 하면 꾀를 부려야 되고, 그러다 보면 전쟁도 패배당할 것이고, 또 패배당하니까 죽는 수밖에 없다. 하니까 **죽기 아니면 살기로 싸워야 성공을 한다**는 말이다.

옛말에도 매두몰신埋頭沒身이라는 말이 있다. 묻을 매 자 머리 두

자, 머리를 묻고, 빠질 몰 자 몸 신 자, 몸뚱이가 거기에 쏙 빠져 버린다는 뜻이다.

또 유가儒家 술어에 이런 말이 있다. **"백척간두**百尺竿頭에 **갱진일보**更進一步라."** 일백 백 자 자 척 자, 백 척이나 되는 낚싯대 머리에서 다시 한 걸음을 내딛는다는 뜻이다. 낚싯대에서 한 걸음 나가면 죽는 수밖에 없잖은가?

불가佛家 술어에도 이런 말이 있다. **"태산절정**泰山絶頂에 **갱진일보**更進一步라, 끊어진 태산에서 다시 한 걸음을 더 내딛는다."** 그러면 거기서 떨어져 죽는 수밖에 더 있는가.

그런데 그게 사는 길이다. 죽을 각오를 하면 살고, 살려고 꾀부리면 죽는 수밖에 없다.

하니까, 제군들은 매두몰신하고 전부를 다 바쳐라. 나는 그렇게 했어도 여태 살았다. 그렇게 하지 않으면, **천지신명이 절대로 호응을 안 해 준다.**

저 금산사 미륵불을 세운 진표율사라는 분이 있다. 제군들도 잘 알다시피, 진표율사가 망신참법亡身懺法이라는 참회법으로, 몸뚱이를 전부 돌 같은 것으로 짓이겨 가며 공부를 했다. 그 혈성으로 상제님 전신에게 계시도 받고 미륵불을 세웠다.

제군들도 그런 정신을 가져야 한다. 죽기살기로 하란 말이다! 그래야 뭐라도 이루어지는 것이지, 그렇지 않고 편히 앉아서 뭘 얻기를 바라는가!

속담에 공짜를 너무 좋아하면 머리 벗겨진다는 말이 있다. 이 세상에 공짜가 어디 있나.

그런 줄들 알고, 제군들은 **생명을 건 참신앙**을 해라. 알았나?

이상.

상제님의 혼, 증산도의 수호신이 되어 사람을 살려라

9월 종의회, 도기 129(1999). 9. 6.

천하창생의 생사가 너희들 손에 매여 있느니라.

장차 천지에서

십리에 사람 하나 볼 듯 말 듯하게 다 죽일 때에도

종자는 있어야 하지 않겠느냐.

(道典 8:7:6~7)

상제님의 혼, 증산도의 수호신이 되어 사람을 살려라

두 집이 망하고 천하가 성공하는 공부

지금으로부터 98년 전, 상제님이 김형렬 성도를 처음 만나셨다. 상제님이 김형렬 성도를 데리고 천지공사 보시기 전에 그의 집에 가서 묻고 다짐받으신 게 있다.

상제님이 "내 집과 네 집, 두 집이 망하고 온 천하가 성공하는 공부를 하려는가?" (道典 3:5:8) 하고 물으신다. 김형렬 성도가 그 말씀을 듣고 보니, 자기 한 집쯤 망하고 천하가 성공할 것 같으면 좋지 않겠는가. 그래서 "하겠습니다." 했다. 한참 있다가 상제님이 다시 또 질문을 하신다. "두 집이 망하고 천하가 성공한다면 해 보겠느냐?" 그러니까 다시 "좋습니다. 해 보겠습니다." 했다. 또 한참 있다가 "두 집이 망하고 천하를 위한다고 할 것 같으면 해 보겠느냐?" 물으신다. 이에 김형렬 성도가 아주 흔쾌히 "좋습니다. 해 보겠습니다." 대답했다.

상제님은 이렇게 세 번을 다짐받고 나서야 비로소 김형렬 성도 집에다가 짐보따리를 풀어놓으신 것이다. 그 때부터 천지공사가 시작됐다.

상제님이 신축(辛丑, 1901)년에 도통을 하셨으니, 올해로 99년 됐다. 김형렬 성도를 만난 것은 바로 그 1년 후 임인(壬寅, 1902)년이다.

그런데 왜 하필이면 이 넓은 천지에서 김형렬을 만나셨느냐?

김형렬 성도를 만나신 곳이 금제군(김제군)金堤郡 금산면金山面 금산리金山里 금산사金山寺다. 서방 금金, 4·9 금 기운, 즉 가을기운, 서신西神이 사명司命하여 만유를 재제裁制하는 기운이 갈머 있는 곳이다. 해서 "무체無體면 무용無用이니 서西는 금金인 까닭으로"(道典 2:20:8), 상제님이 김金씨에게 주인을 정하여 천지공사를 보신 것이다.

우리는 그렇게 출발하신 **상제님의 천지공사를 마지막으로 집행해서 매듭짓는 현역**이다. 이 자리에 앉아 있는 제군들이 그 주역이다. 제군들 전부가 다 틀림없는 제세핵랑군濟世核郎軍, 세상을 건지는 핵랑군이다. 핵核 자가 붉을 단丹 자와 같은 의미다. 속고갱이, 알갱이 낭군이란 뜻이다.

약속을 어기면 죽는다

김형렬 성도는 세속적으로 얘기해서 상제님의 수제자다. 상제님이 김형렬 성도를 만나 내 집도 망하고 네 집도 망하고, 두 집이 망하고 천하를 위하는 일을 같이 해 보자고 세 번씩이나 다짐을 받으셨다. 했건만, 김형렬 성도가 중도에 약속 이행을 안 했다. 이것은 제군들이 잘 알고도 남을 것이다.

상제님이 천지공사 보실 때, 수종드는 신도들이 오면 김형렬 성도 집에서 밥을 해 주었다. 간혹 쌀이 떨어지는 때도 있었지만, 양식은 상제님이 전부 다 대 주셨다. 지금 구릿골에 살고 있는 김현식 씨가 김형렬 성도 손자인데, 가끔 치성 때 오지 않는가. 그가 그런 사실을 잘 안다.

어느 날 김현식 씨 어머니, 즉 김형렬 성도의 며느리가 상제님 오시는 것을 싫어하여 투덜거렸다. 상제님이 그걸 알고 크게 꾸중하시며, 그 며느리를 나무 위에다 며칠 동안 붙잡아 매어놓은 사실이 있다. 상제님이 "야, 이놈아 내 집 망하고 너희 집 망하고, 두 집이 망해서 천하를 위하는 일을 하자고 했는데 네 식솔들은 왜 그렇게 내가 오는 걸 싫어하고, 무성의하게 밥도 잘 안 해 주느냐?" 해서 말이다.

또 상제님이 수부首婦가 들어야 우리 일이 된다고 하시면서, 김형렬 성도에게 수부를 들여세우라고 하셨다. 그래 형렬이 "저의 딸이 과년瓜年하오니 처분하여 쓰시옵소서."(道典 3:65:5)하고 셋째 딸을 수부로 세워 상제님을 시봉케 하는데, 상제님이 "정식으로 수부의 예禮를 갖추어 식을 거행하라."고 누차 엄명을 하셔도 김형렬 성도가 그 말씀을 듣지 않는다. (道典 6:14:1~4) 사람들 눈이 무서웠던 것이다.

게다가 그 마누라가 남편 몰래, 다른 사람에게 돈 50냥을 받고 딸을 팔아먹었다. 그러고는 그 돈을 독 안에다 숨겨 두었다.

그 날 상제님이 어딜 나갔다가 오셨는데, 쌀이 떨어졌다고 상제님께 진지를 올리지 않는다. 김형렬 성도가 쌀이 떨어졌다고 아뢰자, 상제님이 "독 안에다 돈을 50냥씩이나 두고도 굶느냐?"고 하신다. 마누라가 몰래 한 일이니, 김형렬 성도는 알 턱이 없잖은가. 상제님 말씀을 듣고 독안을 보니 돈이 있다. 김형렬 성도가 그 돈으로 쌀을 팔아다 밥을 지어 올렸다. 상제님이 밥을 잡수시며 "그 밥 참 맛있다."고 여러 번 말씀하신다. "양반이 집안 망친다 하더니 참말이로구나." 하시면서. (道典 3:65:10~17) 허면 그게 상제님 마누라 판 돈으로 지은 밥 아닌가?

또 상제님이 어천하실 때, "네 딸보고 와서 내 시신을 거두게 하라."고 명하셨다. 김형렬 성도가 딸을 데리러 안으로 들어갔더니, 그의 마누라가 난리가 났다. 시집도 안 간 딸에게 어떻게 시신을 거두게 하느냐고. 그래서 마누라한테 혼치기만 맞고 쫓겨 나왔다.

　그러고서 상제님 어천하신 다음에 그 딸을 시집보냈다. 헌데 그 딸이 대례도 못 치뤘다. 결혼식을 못 했단 말이다. 왜냐? 시집가면서부터 아팠다. 그래서 떠메고 갔다가 다 죽은 걸 그냥 도로 떠메고 왔다. 아, 그런 짓을 했으니, 신명이 그냥 두는가? 그게 상제님 각시인데, 상제님 각시를 다른 사람에게 시집보내려고 하니 안 되지, 그건. 상제님이 암만 용서해 주고 싶어도, 신명들이 듣지를 않는다. 그 딸은 얼마 못 가서 죽고 말았다.

　그래서 장탯산에 묻고, '김수부首婦의 묘'라고 비석을 만들어 세웠다. 사람들이 그 딸을 김수부라고 부른다. 상제님과 성혼은 안 했어도, 공사에서 바치기로 약속했었기 때문에 그렇게 부르는 것이다.

　이렇게 김형렬 성도는, 본의 아니게 상제님과의 약속을 어겼다. 자기는 다 바쳐서 천하사를 하고 싶었지만, 가족들이 말을 안 들었던 것이다. 그래서 상제님이 김형렬 성도에게 "네가 망할 것이라."고 하셨다.

제세핵랑군으로 끝매듭짓는다

　상제님이 도통하신 것은 99년 전이고, 김형렬 성도를 만난 것은 98년 전이다.

상제님 일이 '풍류주세백년진風流酒洗百年塵' 이라고, 내가 근래에도 교육시킨 적이 있는데, 상제님 일은 똑부러지게 그 수치대로 된다. 도비道秘이기 때문에 얘기를 않지만, 풍류주세백년진이면 얼마나 남았는가? 공사보신 지 백 년이 되는 해에, 상제님 일의 눈, 코가 다 생긴다. 지금 아주 먹까지 찼다. 먹 찼다고 하면 제군들도 알아들을 것이다.

우리가 새로 조직한 제세핵랑군은 상제님 공사내용이 표출된 것이다. 이제 군대조직으로 나간다. 상제님 천지공사로 볼 때, 제세핵랑군 조직으로 들어가는 수밖에 없다.

이게 나오기 전부터, 내가 구세군과 예수회 조직도 얘기하고, 또 역사적으로 고구려 조의선인皂衣仙人이니 신라의 화랑花郎, 백제의 수사修士 등 나라를 구한 낭군들의 역사를 교육시켰다.

우리 증산도도 이 **제세핵랑군으로 상제님 일을 끝매듭짓는** 것이다. 이제 다른 조직은 더 안 나온다. 그럴 시간도 없다.

제군들은 상제님이 '두 집이 망하고 천하가 성공하는 공부를 하겠는가' 하시며 다짐받으신 것처럼, 내 집이 망해서 천하를 성공시키겠다는 정신을 가지고 일해야 한다.

사실 상제님 댁은 다 망하지 않았는가?

상제님은 아들도 안 낳으셨다. 만일 상제님이 아들을 낳았더라면, 그 피해가 얼마나 컸겠는가. "내가 강증산의 아들이다." 해서 신도들에게 무수하게 피해를 주었을 테니.

진짜 상제님 혼이 되어 전부를 다 바쳐 일하라

제세핵랑군으로서 제군들이 상제님 사업을 매듭지으려 한다면, 절대로 김형렬 성도처럼 사심私心을 두어서는 안 된다. 전부를 다 바쳐야 한다. 배우가 거지역을 하려면 진짜 거지가 돼야 명배우가 된다. 거지가 되지 않고서는 거지 역을 제대로 할 수 없다.

내가 상제님 사업을 하려고 세상에서 안 해 본 경험이 없다. 내가 세상 경험을 하러 돌아다니던 일제 말년, 전쟁이 끝날 때쯤이다. 그때는 연자방앗간이 거개가 다 거지들의 호텔이다. 정미를 하는 방앗간이니, 사람은 안 살지만 짚 이엉도 잘 해 이고 해서, 특히 추운 겨울에는 아주 훌륭한 거지들의 숙소가 된다.

그런데 그 때 일제 말년에는, 쌀이 귀해서 여관에 가도 밥이 없었다. 대두미라고 해서 콩깻묵 밥이나 조금씩 주었다. 내가 너무 고생하는 게 지겨워서, 어찌 할 수 없이 태사모를 올라오라고 해서, 경기도 김포에서 살림을 하고 있었는데, 그 동네에 큰 연자방앗간이 있었다.

하루는 거지탈을 쓰고 거기를 찾아갔다. 나도 이 거지단체에 입적을 할 테니, 나를 좀 받아 달라고 했다. 했더니 거지들이 다 좋다고 손뼉을 치는데, 늙은 왕초 거지가 안 된다고 한다. 절대로, 어림도 없다는 것이다. 어째서 안 되느냐고 하니까, 당신이 여기 들어오면, 가만히 앉아서 남이 밥 얻어온 것 먹기만 하고 앉았을 테니, 우리가 손해 나는데 그러면 되겠느냐고 한다. 거지가 꼭 되고 싶으면, 당신이 다니면서 밥 시키고 밥도 얻어오라는 것이다. 한마디로 진짜 거지가 돼야 한다는 말이다. 다니면서 밥 시키고, 밥 얻어오면 붙여 주고, 그렇지 않으면 절대 안 된다는 것이다.

그게 맞는 얘기다.

제군들도 상제님 진리를 가지고 제세핵랑군 노릇을 하겠다, 상제님 사업을 하기 위해 가령 지방도장의 책임자가 되겠다, 각 도장에 다니면서 교육도 시키고 도무집행을 하겠다 할 것 같으면, 참 진짜로, **상제님의 혼이 돼 가지고 전부를 다 바쳐서 일해야** 한다.

만일 거짓이 털끝만치라도 있으면, 첫째로 신명이 용서를 안 할 테고, 또 사람이 용서를 안 할 것이다. 같은 동료들, 신도들의 보는 눈도 있지 않은가?

기업형 도무집행

내가 몇 해 전에도 성과급 얘기를 한 사실이 있다. 기업형 도무집행을 하겠다고 선포하고, 한동안 그런 교육을 시켰다. 제군들이 잘만 하면 성과급에 의해 그만큼 품계도 올라간다.

자, 봐라. 기업체도 자기네 업체에 이익을 붙여 줘야 월급을 주지, 해롭게 하면 아무도 그 사람에게 녹을 주지 않는다.

지금의 대기업체들이 처음 시작할 때, 공장에서 생산한 물건을 수출하려고, 해외시장 개척하느라 무척 고생했다. 초창기 대한민국은 낙후된 나라여서, 대한민국이라는 이름 자체도 모르는 나라가 대부분이고, 대한민국 물건은 열악해서 잘 써 주지도 않고, 또 실제로 물건도 잘 못 만들었다. 그런데도 말도 잘 안 통하는 외국에 나가서, 그냥 죽기살기로 판촉 활동을 해서, 기어이 물건을 팔았다. 그래서 오늘 같은 대기업으로 성장할 수 있었던 것이다.

허면 물건을 생산하든지, 판촉활동을 하든지, 아니면 그 기업체 관리를 잘 하든지, 그 세 가지 중에 한 가지 능력이라도 있어야 기업체에서 써주지, 그렇지 않으면 써줄래야 써줄 수가 없잖은가. 기업체는 백 퍼센트 성과급이다.

그렇게 기업체 성장시키는 것이나 세상 사람 살리는 것이나, 그 방법은 똑같다.

기업체가 죽기살기로 세계 속에서 기업을 성장시키듯, 증산도도 죽기살기로 도세를 성장시켜야 한다. 지금 종교가 얼마나 많은지 아는가? 차 타고 오면서 보니까, 한 블록에 교회가 최소한 하나씩은 있다. 더 많은 곳도 있고. 이 쪽에 대한 예수회 장로회, 그리고 길 하나 사이에 감리교회, 이 쪽 블록에 뭐, 또 길 건너에 뭐. 그것을 보고 내가 그랬다. "아니, 사람이 없는데 교회만 저렇게 많으니, 어떻게 신도를 꾸어다가 수용을 하나?"

이런 복잡한 현실 속에서 제군들이 곁다리로 일한다면, 우리 증산도가 어떻게 생존하고 성장할 수 있겠는가.

증산도를 사칭하는 대순진리회의 행각

그런데다가 증산도에 치명타를 입히는 단체가 있다. 바로 대순진리회다. 대순진리회는 증산도에 말로써 형언할 수 없는 치명타를 주는 단체다. 그들은 선량한 사람들 돈을 빼낼 때까지는 증산도라고, 증산도를 팔고 다닌다. 증산도 탈을 쓰고 못된 짓을 다 한다. 날마다 "아, 우리 증산도인데, 증산도 믿어보라."고 사기치면서, 증산도를 외쳐댄다.

전번에 우리 신도가 전단을 하나 가지고 왔는데, 그 전단 내용이 참 어이가 없다.

그 부모가 만든 모양인데, 아들의 상반신 사진을 커다랗게 넣고, 사진 위에는 아들 이름과 함께, "아무개야, 다 용서할 테니 집으로 돌아오너라. 다 용서해 주마." 이렇게 쓰여 있다. 또 사진 밑에는 아들을 찾으려는 사연이 나와 있는데, 아들이 증산도를 믿는다고, 8천만 원인가 9천만 원이 든 저금통장을 훔쳐 갖고 나갔다는 것이다. 증산도에 바치기 위해서 통장을 갖고 나갔다는 말이다. 그래 그 돈 8, 9천만 원을 다 썼어도 용서할 테니 돌아오라는 것이다.

그게 대순진리회다. 그들은 증산도라고 속여 가면서 돈 다 뺏고는, 나중에 증산도가 아니고 대순진리회라고 덤버덩 그렇게 넘어간다.

그들은 사람을 접촉하면, 먼저 조상에게 제사를 지내야 된다고, 안 지내면 집안에 불행한 일이 닥친다고 하면서 접근한다. 만일 돈이 없다고 하면 꿔 준다. 그러고서 악착같이 그 돈을 받아낸다.

우리 증산도에는 그런 사람도 없고, 그런 사람 받아주지도 않는다. 증산도는 건전한 곳 아닌가.

그들은 종말론과 개벽 얘기를 떠들고 다닌다.

사실상 개벽 문제를 틀켜쥐고 있는 곳은 증산도다. 하지만 증산도에서는 상제님 진리로써 개벽을 얘기할 뿐이지, 여기는 그렇게 종말론만을 주장하는 데도 아니다.

이렇게 우리는 대순진리회 때문에, 잘못한 것도 없으면서 그 혐의를 다 뒤집어쓰고, 무고하게 사회에서 손가락질 당하고 있다. 세상사람들이 '아, 증산도의 정체가 저렇구나!' 하고, 증산도를 그렇게 죄악시한다. 억울하기 짝이 없다.

우리는 그렇게 불의한 일을 하지 않는다. 우리 증산도에서는 남의 집 아들, 딸을 꾀어 통장 훔쳐오라고 한 사실도 없고, 증산도에서는 그런 돈 받지도 않는다. 아니, 증산도보다 더 건전하게 운영하는 데가 어디 있나? 학생들보고 학점 잘 맞으라고 하고, 직장 다니는 사람들보고 직장에 충성하라고 하는데! 그 이상 더 어떻게 건전하게 운영할 수가 있나!

내가 증산도 지도자로서 그런 전제하에 신도들 교육을 시키고, 그렇게 건전하게 운영한다.

그러면서도 속담에 만만한 놈은 성도 없다고, 우리 증산도는 그냥 납짝쿵 돼서 숨도 못 쉬고 있다. 우리도 어떻게든 건전한 한도 내에서 때를 벗어야 하지 않겠는가.

태을주 읽어 현묘불측지공玄妙不測之功의 신권을 얻으라

그 때를 벗는 방법이 여러 가지 있다.

한 쪽으로는 대순진리회에 대처하여 '대순진리회의 정체'에 대한 책을 만들고, 또 홍보물을 만들어서 만천하에 대순진리회의 비리, 진리 조작 실태, 증산도 탈 쓰고 세상 속이는 짓을 사회에 공개해라. 대순진리회한테 속지 말라고!

그리고 우리 능력이 허락하는 한계 내에서, 상제님의 성스러운 진리를 세상 사람들에게 널리 홍보해야 한다.

그런데 그게 꼭 인력으로만 되는 게 아니다. **상제님 진리가 태동될 때 보면, 신비한 태을주로써 문이 열렸다.** 그것을 묶어서 얘기하면 **신권**神權이다. 신권을 바탕으로 하려면, 현묘불측지공玄妙不測之功, 뭐라고 말로 표현할 수 없는, **헤아릴 수 없는 공력을 주는 태을주를 많이 읽어야 한다.**

태을주를 많이 읽으면, 신명들이 좋아서 춤을 춘다. 예를 들어 제군들이 조용하게 앉아서 태을주를 정성껏 읽으면, 신명들이 왔다갔다하는 자취가 보인다. 아직 도통을 못 했으니까 볼 줄 모르는 것이다. 아니 그 눈이 어떻게 생겼길래 신명도 못 보는가? 개는 신명을 본다. 우리 신도들은 그런 점에서 개만도 못 하다. 개도 신명을 보는데, **어떻게**

신앙을 하면서 신명을 못 보는가?

하니까, 하다못해 그렇게라도 되려면, 주문을 많이 읽어야 한다. 주문을 많이 읽으면, 신명들이 좋아서 춤을 춘다. 신명들의 도움을 받아서, 왜 그런지 포교도 잘 된다.

전국적으로 **현묘불측한 신권을 얻으면**, **대세몰이**를 할 수 있다. 그것을 위해 그렇게 **철야수도**를 하라고 하는 것이니까, 시키는 대로 주문 많이 읽어라.

주문을 많이 읽으면, 첫째로 주문 읽는 자기 자신이 좋다. 딴 사람을 위한다기보다도, 우선 자기 자신이 좋다. 그러니까 지극 정성으로 청수 모시고 주문을 잘 읽어라.

근래에는 점쟁이 찾아다니는 사람들을 참 어리석고 무지몽매한 사람이라고 한다. 한데 어떤 사람이 무슨 일이 있어서 점쟁이를 찾아갔다. 그 점쟁이가 "당신 조상은 장광(장독대)에다가 정안수 떠놓고 매일 칠성을 위했다. 당신은 그 정성으로 태어난 사람이다." 라고 하더란다.

신명을 10년을 위했든지, 5년이라도 위해서 그 기도 덕으로 서기가 뻗치니까, 점쟁이가 그것을 알아본다. 조상이 벌써 50년 전에 기도했는데, 50년 후의 사람이 그 조상이 기도했다는 것을 아는 것이다.

청수 모신다는 게 그런 것이다.

50년이나 100년 후에는 청수를 잘 모신 성과, 즉 **신도를 잘 위한 성과**

도 함께 나타난다. 하니까 신앙인으로서 우리 증산 하나님께 청수 모시고 지극 정성으로 기도하고 앉아서 정성껏 태을주 읽으면, 전국적으로 **태을주 기운이 무르익게 된다.** 그렇게 되면 우리 증산도가 크게 굽이칠 것이다.

열의와 확신을 가지라

하나 예를 들어보자. 지금 이 세상은 기독교 세상이다. 내가 근래에 와서 자주 이런 얘기를 하는데, 기독교가 처음 우리나라에 들어와 막 발붙일 때 어떻게 했는지 아는가? 그 때 우리나라 기독교는 대개 여자들이 밑바탕이 됐었다. 그들은 초저녁이 되면 산으로 간다. 산에 올라가 몽당솔(다복솔) 밑에 가서, 한 여나믄 명이 판을 잡고 앉아 밤새도록 소리지르고 울며 기도한다. 나무를 잡아뜯으면서 말이다.

다음날 가보면, 그들이 기도한 부근의 몽당솔이 다 절단나고 없다. 그들은 그렇게 일심을 가지고 통성 기도를 했다. 우리나라에서만 그런 게 아니다. 세계 각국에서 기독교가 한참 전성기일 때, 그렇게 기도를 했다. 그렇게 해서 기독교가 세상을 굽이친 것이다.

우리도 열의를 내자, 열의를! 그렇다고 해서 미칠 광狂 자 믿을 신信

자, 광신狂信하라는 것은 아니다. 제군들은 주문 많이 읽고 청수 잘 모시고, **진실로 상제님의 혼이 되어라.** 내 정신은 버려 버리고 상제님의 혼이 되어라. 상제님 편에 선 사람이 되어라. **상제님 사람이 되어라.** 상제님 신도니까 상제님 사람이 돼야 하지 않겠는가.

상제님을 신앙하면서 말똥말똥한 정신으로, '강증산은 강증산이고, 나는 나다.' 하고 생각하면 안 된다. 물론 나야 나다. 하지만 나를 버리고 상제님의 혼이 돼야 상제님 진리를 세상에 제대로 소개할 수 있다.

그리고 미끈한 정신 가지고 포교하고, 교육도 미끈한 정신 가지고 해라.

내 얘기를 똑똑히 들어라. 무슨 일이든 다 그렇지만, 특히 신앙단체에서 신앙인으로 행동하려면, **일거수일투족이 확신에 차 있어야 한다.** 확신, 또 확신을 가지고 일해야지, 기연미연旣然未然, 그런 것도 같고 그렇지 않은 것도 같은 생각을 털끝만큼이라도 가지면 안 된다.

기독교 신도들의 열의

내가 기독교 사람 하나를 소개할 테니 들어 봐라. 근래에 인기를 끌고 있는 연세대 교수 황수관이라는 사람이 있다. 그 사람이 의학박사인데, 우스갯소리를 잘 해서 명사가 됐다. 황수관이 떴다고 하면 모르는 사람이 없다.

헌데 그 사람이 이런 말을 한다. "우리가 자손에게 물려줘야 할 유산은 신앙이다."라고. 예수 믿는 신도로서 자손에게 하나님, 예수를 닮으라는, 예수를 믿으라는 유산을 물려 줘야 한다는 것이다. 황수관을 비롯해서 기독교 신도들 생각이 거의 다 그렇게 되어져 있다.

또 우리 집 옆에 어떤 기독교 신도가 있는데, 교회가 머니까 제 집을 아예 교회로 만들어 버렸다. 가정집이 어느 날 갑자기 찬송가 부르는 교회당이 됐다. 그걸 보고 동네사람들이 그 집 앞에 몰려가 항의를 했다. 그러나 그 사람은 전혀 그런 걸 안 탄다. 동네 사람은 그만두고 대전 시민이 다 뭉쳐 가도 끄떡도 않게 생겼다. 동네 사람들이 하다하다 지고 말았다. 하늘 높이 십자가를 달고, 날이면 날마다 "며칠 후, 며칠 후 요단강 건너가 만나리." 하고 불러대니, 그걸 어떻게 하는가? 아니, 기도하고 찬송가 부르는 사람들 입을 막을 수 있는가? 신앙은 자유인데 무슨 수가 있나? 더군다나 제 집인데. 참 그렇게 기어이 교회당을 만들고 말았다.

우리 신도들도 그렇게 돼야 한다.

또, 내가 저녁 때면 가끔 소풍하러 가는 곳이 있다. 저 시골인데 정생리라는 데다. 시내에 한 번 나오려면 마음먹고 걸어서 한 40리 되는 데다. 산내로 해서 돌면 한 50리 된다. 집도 몇 호 없는 곳이다.

헌데 신학대학 나온 한 젊은 신학도가, 거기 있는 조그만 오두막집에 종 하나 갖다 달아매어 놓고는, 동네 사람들에게 무료로 영어를 가르쳐 주었다. 거기 사람들이 영어학원을 쉽게 다닐 수 있겠는가? 그런데 무료로 영어를 가르쳐 주니 좋아라 하고, 사람들이 영어 배우려고 머리 들이밀고 달려붙는다. 그렇게 그 젊은 사람이 동네 사람들에게 영어를 가르쳐 주면서 하나하나 점령해 들어갔다. 오늘은 요렇게 하고 내일은 저렇게 하면서, 한 동네를 완전히 예수 동네로 만들어 버렸다.

지금은 교회당도 번듯하게 지어 놓았다. 그 돈이 다 어디서 나서 지었겠는가? 거기 사는 사람들 집은 다 게딱지 같은데, 교회는 빨간 벽돌로 기가 막히게 잘 지어놓았다.

그런 사람들을 우리가 어떻게 당하겠는가!

어려움을 극복하고 증산도를 성장시키라

우리는 사회 속에서 그들과 경쟁해서 이겨내야 한다. 제군들은 서로 밀고 잡아당기면서 협력해라. 내가 포교할 때의 얘기를 가끔 하는데,

그 땐 개미 새끼 하나도 강증산을 알지 못했다. 그러니 얼마나 외로운가. 그런데도 내가 지구촌에 세계 가족을 건설한다고 당당하게 소리지르고 다녔다. 대 정부 투쟁을 해 가면서, 날더러 공산당이라고 하는 걸 물리쳐 가면서 말이다. 내가 공산당이 아니라는 것을 무엇으로 입증하겠나?

그 때는 남로당이 설치고 다니는 세상이니, 후닥닥 하면 경찰들이 떼지어 와서 붙잡아 가서 때린다. 그것도 그냥 때리는 게 아니다. 무식한 얘기 같지만, 황소 자지가 오죽이나 긴가? 한 발은 된다. 소 자지로 만든 매를 일정 시대에 쇠좆매라고 했다. 점잖고 안 점잖고 간에 매 이름이 쇠좆매다.

그걸 물에다 축축하게 불려 놓으면 얼마나 보들보들한지 모른다. 헌데 그 보들보들한 놈으로 냅다 후려갈기면, 사람 몸뚱이에 착 감기는데, 그게 요렇게 훑으면 금세 아파 죽는다. 쇠좆매 맞고 사는 재주가 있나? 한 대만 맞아도 살이 홀딱 벗겨진다.

일제가 물러가고 나서도, 한 십 년 동안은 쇠좆매가 있었다. 그 때 붙잡히면 그걸로 맞는다. 그런데 나는 용케도 그걸 한 번도 안 맞고 다녔다. 그 때 내 이름이 안흥찬인데, 경찰서마다 **안흥찬 체포령**이 내려져서, 경찰서 흑판에 내 이름이 붙어 있었다. 빨갱이로 몰렸으니, 어쨌든 붙잡히면 큰일나는 판이었다.

하지만 그런 것을 무릅쓰고 사람들에게 상제님을 소개해서, 오늘의 증산도가 있도록 만들어 놓았다. 닷새, 일주일 잠 안 자는 건 보통이고, 정 졸리면 걸어가다가 잔디밭에 누워서 잤다. **눈 위에 누워서도 잤다.** 5분 10분만 자도 피가 쉬니까, 자고 나면 새 정신이 번뜩 났다. 또 사흘이나 닷새 전에 만났던 사람들에게는 **편지**를 썼다. 그들 정신을 세속에 빼앗길까 봐서.

내가 쓰는 글은 아주 피가 지글지글 끓는 글이다. 그런 글을 써서 부쳤다. 하루에 보통 열 통씩은 부쳤다. 난 글쟁이도 아니고 글도 쓸 줄 모른다. 한데도 그렇게 해 가면서 신도들 **정신을 성숙**시켰다.

시시각각 다가오는 개벽, 신바람 내서 일하라

지금 제군들이 교육시키는 걸 보면 참 답답하다. 그 뜨뜻무레한 소리 치우고, 말 한 마디를 해도 확신 있는 얘기를 해라.

상제님이 **천지공사에서 질정質定한 내용이념**이 인간 세상에 그대로 표출된다. 이 세상 둥글어 가는 게 전부 상제님이 천지공사로 질정하신 것 아닌가? 상제님이 공사 보신 후로는 사람들이 모를 뿐이지, **이 세상은 상제님 세상**이다. 상제님 일이 세운도 3변, 도운도 3변으로 되어간다. 상제님이 그렇게 틀을 짜 놓으신 것이다.

그리고 그것을 매듭짓는 건 '만국활계남조선萬國活計南朝鮮이요, 청풍명월금산사淸風明月金山寺라.' 고 하신 것처럼 남조선에서 한다. 상제님은 세상을 오선위기五仙圍碁로 둥글어 가게 했다. 삼팔선을 딱 긋고 세계 상씨름판을 우리나라 삼팔선에 걸어 놓으셨다.

내가 입버릇처럼 노냥 하는 소리고, 제군들도 노냥 하는 소리지만, 상제님 천지공사 보실 당시 애들은 까까중이고, 총각은 머리 땋고, 어른은 상투를 쟀다. 그러니까, 1차 대전 애기판은 까까중끼리 싸운 것이고, 2차 대전 총각판은, 중국인들 편발해서 머리꼬랭이가 어떤 사람은 한 발 이상씩 되는데, 그렇게 편발한 총각끼리 싸운 것이고, 그리고 3차 대전 상씨름판은 상투쟁이끼리, 한국사람끼리 싸우는 것이다. 남북한이 싸우는데, 오선위기五仙圍碁라서 미국도 훈수를 하고, 일본도 와서 훈수를 하고, 러시아도 훈수하고, 중국도 개입해서 협상이 잘 되게 한다. 그런데 주역은 북한과 남한이다.

원 싸움은 남북에서 하는데, 싸움 말려 주고 잘 좀 되게 해 달라고 하니까, 그들이 달려 붙어서 훈수하는 것이다. 허면 그 싸움이 백 년을 가겠는가, 천 년을 가겠는가?

우리나라는 지금 연합군 덕에 일본 제국주의 36년 질곡에서 풀려났을 뿐이지, 완전히 독립한 게 아니다. 남북 전쟁 때 휴전선을 경계로 싸움하다가 잠시 쉬고 있는 것이다. 다시 얘기하면 머무를 정停 자 싸움 전戰 자, 정전停戰, 싸움을 잠시 멈춘 것이다.

허면 지금 휴전한 지가 몇 해인가? 이게 언젠가는 끝이 나야 할 것 아닌가? 그런데 훈수를 그렇게 해도 협상이 잘 안 된다. 그러고 언제까지나 질질 끌고만 있을 수 없으니까, 밀고 부닥치고 그러다가 익어가면서 서로 샅바를 쥐고, 상투쟁이끼리 냅다 안다리도 걸고, 배지기도 해가며 마지막으로 치닫고 있다.

이제 소까지 등장했다. 상씨름판에 소가 나왔다. 정주영 씨가 5백 마리씩 두 번을 가지고 갔다.

그리고 이제는 상씨름이 끝나가고 있다.

이북에서 엊그제 선전포고를 했다. 휴전 협정할 때 정한 휴전선 경계는 서로 지키기로 약정돼 있는 것이다. 제공권이나 제해권도 휴전선을 경계로 나누어 가졌다. 삼팔선 위로 있는 백령도, 연평도, 대청도, 소청도, 우도 등 다섯 개 섬이 우리 영해다. 우리가 거기에 군사시설도 해 놓았는데, 엊그제 이북사람들이 그것을 자기네 것이라고 우겨댔다. "휴전선은 미제(미제국주의), 그 강도떼 같은 놈들이 저희 멋대로 일방적으로 그어놓은 것이다."라고 하면서, 수단과 방법을 가리지 않고 차지하겠다는 것이다. 제군들도 들어서 잘 알지 않는가? 쉽게 얘기하면 그게 선전포고다.

상제님 공사내용에 비춰보면, 남북관계가 어떻게 돌아가는지 환하게 시간까지 다 나온다. 그러니 이게 교육만 가지고 되는 것인가?

내가 치성 때마다, 제문 말미에서 늘 상제님께 호소하지만, 제군들은 **자기 개혁**을 해야 한다. 또 **자기**가 **도야**하고, **자기**가 **성숙**해야 한다. <u>스스로 상제님의 혼이 돼라.</u> 그리고 스스로 **증산도의 수호신**이 되어, 신바람 내서 일해라. 시켜서 하면 잘 안 된다. 스스로가 재미있게, 포교하러 다니다가 쓰러져도 좋고 죽어도 좋다고, 그렇게 신바람 내서 일해라.

증산도에 백골을 묻는다는 각오로 일하라

이 세상을 멋지게 살려면, **여러 천 명, 만 명을 접촉하여 설득시켜서 내 사람을 만들어라.** 내가 교화시키면 자연 내게 동화되지 않는가.

또 세상 사람에게 좋은 진리 전해 주니 그 이상 더 고마운 일이 어디 있는가? 포교하면 그 사람을 살려 주는 것이니, 복 주는 일이다. 그러면서 **이 세상을 배우는 것**이다.

사람은 여러 천 명을 상대하다 보면, 그만큼 무르익는다. 내가 **여인수작**與人酬酌, 즉 사람들과 더불어 수작을 하는데, **승상접하**承上接下, 윗사람도 만나고 아랫사람도 만나고, 잘난 사람 못난 사람, 수많은 사람을 만나다 보면, **세상 사람을 접촉하고 수작하는 데 무르익어서 허물허물해진다.** 제군들이 그렇게 돼야 한다.

나는 사람을 기막히게 허물허물하게 접촉한다. 누구든 나 싫다는 사람 없다. 어느 사람을 만나서도 싫은 인상 주지 않고 다 포교했다. 일 년을 믿다 말든지 열흘을 믿다 말든지 다 나 좋다고 하면서 믿었다. 좋은 일 하자고 하는데 누가 싫다고 하겠는가? **외교, 사교라는 것이 그렇게 중차대한 것이다.** 사회 속에서 사교할 줄 모르는 사람은 아무 것도 못한다. 세상은 저 혼자 사는 게 아니다.

그런데 사람과 만나 자기 인격을 형성시키고 싶어도 재료가 있어야 하지 않겠는가. 그러니 **상제님 진리로 얘기하란 말이다.** 우리가 활동해서 포교하면, 공덕 쌓는 것 몇백 배 이상 값진, 세련된 인격이 형성된다.

어떤 신도가 하는 말이, 여기 와서 신앙생활 몇 해 하면 사회에서 한 20년 그슬린 턱 된다고 한다. 이 단체에서 활동하다 보면 별 걸 다 경험한다.

상제님 진리, 증산도에 백골을 묻겠다는 정신을 갖지 않으면, 진짜 제세핵랑군이 될 수가 없다. 상제님 진리를 업고 상제님 사업을 매듭지어 성공하려면, 증산도에 백골을 묻는다는 각오로 일해라.

너희들 정신이 다 그렇게 되어 있나?

“예!~”

틀림없지?

“예!~”

꼭 그래야 한다.

이 세상은 상제님 천지공사 본 내용이념이 그대로 표출되고 있다. 꼭 그렇게만 된다. 나는 일제 때 일본 물러가는 것까지 알았다. 아주 확신을 했다. 나는 이 세상 둥글어 가는 것을 주판알 놓듯 한다. 하나에 둘 보태면 셋 되는 것처럼, 상제님 진리는 그렇게 분명하다.

하니까 누가 무슨 소릴 하든지, 상제님 공사내용을 그대로 체득해라. 세상 사람이 모를 뿐이지, 이 세상은 상제님 세상이다. 그리고 이 세상 주인공이 상제님이시다. 상제님이 이 세상 판을 짜 놓으셨고, 상제님 공사내용을 우리가 집행하는 것이다.

그것을 150퍼센트 그대로 믿고, 12만9천6백 년 만에 오직 한 번인 하추교역기에 할 일은 **상제님 사업뿐**이라는 걸 명심해라. 이것은 **하늘 땅 생긴 이후로 가장 큰 일**이니, 제군들이 사람으로 태어나 상제님 사업을 할 수 있다는 것이 얼마나 큰 행운인가.

제군들이 돌돌 뭉치면 못 할 일 없다

하니까 자긍심과 자부심을 가지고 최선을 다해라. 사사로운 생각을 버려라. 일제 때에 일본인들이 우리 국민들을 자기 국민이라고 했다. 그러면서 그들이 가르친 게 있는데, "멸사봉공滅私奉公하라"는 것이다. 멸할 멸 자 사사 사 자, 받들 봉 자 공변될 공 자. 사사를 멸하고 공도를 받들라는 것이다.

사사私事, 개인은 아주 완전히 없애 버리고, 공변된 것, 가령 국가와 민족을 위한다든지, 전쟁에서 국가의 혼이 되어, 유형 무형을 다 바친다든지 하는 일에만 전념하라는 것이다.

제국주의로 통일천하한다고, 일日 · 독獨 · 이伊 삼국이 동맹해서, 세상에 한번 뻐겨보자고 할 때도 그렇게 했다.

그런데, **상제님 사업**은 그런 데 비할 것이 아니다. 이것은 **전 인류를 위해서 하는** 일이다.

제군들은 지금의 판을 그대로 두고 일하려고 하지 말고, **새 판을 만들어라**. 지금 여기 있는 간부들만으로도, 무엇이든 다 할 수 있다.

해공海公 신익희 선생이 있었다. 초대 국회의장을 지낸 양반인데, 그가 한 말이 있다. 자기는 평생 독립운동을 했지만 지기知己가 하나도 없다고.

지기란 문자로 보면 알 지知 자 몸 기己 자, 자기를 알아주는 둘도 없는 친구를 말한다.

가령 국가가 위기에 처해서 독립운동을 하러 가려는데 처자가 있다고 치자. 처자를 그냥 내버려두면 애들 교육도 못 시키고 굶어죽을 것 아닌가. 하니까 가장 친한 친구에게 맡긴다. "나라꼴이 이래서 독립운동을 하러 떠나니, 돌아올 때까지 내 처자를 맡아다오." 하면서. 그렇게 처자를 맡길 수 있는 친구가 지기다.

친구의 아들을 맡았으면 교육비를 줄 때도 내 자식보다 친구의 자식을 일 순위로 먼저 줘야 한다. 옷 해 줄 때도 친구 부인을 먼저 해 주고. 그런 친구가 지기다.

허면 이 세상에 그런 지기가 몇이나 되겠는가?

신익희 선생에게는, 그런 지기가 없었다는 것이다. 그러면서 지기가 셋만 있으면, 천하를 도모한다고 했다.

여기 있는 제군들 숫자가 얼마인가? 제군들이 돌돌 뭉치면 세상에서 무얼 못 하겠는가? 지난번 교육 때에도 말했듯이, 구세군은 열 명이서 출발했다. 무엇보다 정신 자세가 문제다. 조금 하다가 편한 것 생각하고 후회할 사람은 여기서 아주 빠져 버려라. 거치적대지 말고 썩은 정신 남에게 전염시키지 말고. 증산도에 혼을 바치고 뼈를 묻겠다는 사람만이 복을 받아도 받는 것이다. 그렇지 않으면 천지신명이 나쁜 사람이라고 배척해 버린다. 사람이나 속지 신명이 속는가.

내가 다시 묻겠다. 이 자리에 있는 **제군들은 상제님의 혼이 되고 증산도의 수호신이 돼서 증산도에 백골을 묻으려는가?**

"예!~"

꼭 그런 정신을 가지고 해라. 그렇지 않으면 절대로 성공 못 한다.

사람을 많이 살리자

남인도 사람인 불가의 달마가 중국에 포교하러 왔는데, 보니까 도를 전할 사람이 없다. 그렇다고 시원찮은 사람에게는 전해 줄 수도 없고. 혜가라는 사람이 도를 받고 싶어서 달마에게 사사하겠다고 달려왔다. 하지만 달마가 허락을 안 해줬다. 그래서 혜가가 자기 팔뚝 하나를 잘라 바쳤다. 그것을 보고 달마가 혜가를 제자로 삼았다.

그들의 도라는 게 무엇인가? 도통은 해도 좋고 안 해도 좋은 것이고, 도통 안 한 사람도 밥은 먹고 살 수 있다. 그런데도 도를 받으려고 생명을 바쳤다.

헌데 상제님 진리는 어떤가? 상제님 도는 우리가 살기 위해서라도 반드시 해야 한다. 말할 것도 없이 **개벽철**이기 때문이다. **개벽 문제의**

해결 방법을 우리가 틀켜쥐고 있다.

지금 이 세상에서는 얼토당토않은 사람들이 말세라고 종말론 애기를 해서 시끄럽다. 진짜로 애기해야 될 사람들인 우리는 그들 때문에 차마 요란스런 애기를 못 한다. 그 사람들 때문에 제대로 말을 못 하는 것이다.

다시 애기하지만, 책임자들은 지방에 가서 절대로 잘못하면 안 된다. 각자 자기의 사명을 명심하고, 기존 판에 의존하려고 하지 말고, **최선을 다해서 완전히 새 판을 짜라.** 또한 신도들을 교육시켜서, **때묻은 생각들을 다 버리게 해라. 의식을 새롭게 열어 쥐라.**

상제님 말씀을 보면, 이번에 참 많은 사람이 죽는다. 나는 건전한 사람이 돼놔서, 될 수 있으면 이런 소리를 안 하고 싶다. 허나, 죽는 판에 무엇이 더 필요한가? 내 말을 그대로 잘 믿고 실행해라. 내 말은 믿어도 된다. 내가 어떻게 제군들에게 거짓말을 하겠는가?

제군들은 전부를 다 바쳐서 일해라.

생각해 보면, 나야 그냥 50명을 살리든 5만 명을 살리든 제군들 마음대로 하라고 할 수도 있다. 허나 우리가 최선을 다하면 더 많은 사람이 살 수 있지 않은가. 사람 생명체 하나가 얼마나 귀중한가!

그러니 대의명분, 내가 입버릇처럼 하는 말이지만 신도라는 대의명분, 국민이라는 대의명분, 민족이라는 대의명분, 인류라는 대의명분에 입각해서 사람 좀 많이 살리자. 알겠는가!

"예!"

이상!

세상에 덕을 쌓기 위해 포교를 많이 하라

종의회, 도기 128(1998). 8. 2.

상제님께서 말씀하시기를

"닦지는 않고 죄만 지으면 도가니 속에 무쇠 녹듯 하리라.

어리석고 약하고 빈하고 천한 것을 편히 생각하고

모든 죄를 짓지 말라." 하시니라.

또 말씀하시기를

"날마다 새로워지도록 덕德 닦기에 힘쓰라." 하시니라.

(道典 9:58:1~3)

세상에 덕을 쌓기 위해 포교를 많이 하라

적악가 자손으로 살다 간 정북창

사람은 때를 잘 만나야 한다.

인간이란 여러 억만 년 만에 한 번씩 태어나는 존재다. 헌데 때를 잘 못 만나 태어나면, 아무 소용이 없다. 또 사람은 **적덕가積德家의 가정에서 태어나야지**, 적악가積惡家의 가정에서 태어나면 제아무리 영웅, 열사烈士에 경천위지經天緯地하는 재주를 가졌더라도, 헛세상 살다 가는 것이다.

하나 예를 들면, 제군들도 잘 아는 남사고南師古나 정북창鄭北窓 같은 사람이 그런 경우다. 상제님도 "정북창 같은 재주로도 '입산 3일에 시지천하사始知天下事라'"(道典 2:65:3)는 말씀을 하셨다. 정북창이 그렇게 잘난 사람이다.

헌데 정북창의 아버지가 천하의 적악가다. 살인을 많이 했다. 내가 뭐 남의 조상 단점을 새삼스레 얘기하고 싶진 않지만, 역사적으로 세상이 다 아는 사실이니까 하는 소리다. 그렇게 자기 아버지가 적악을 많이 해서, 정북창이 그 좋은 재주를 써먹지 못했다.

여기 아산 온양읍이 바로 정북창의 고향이다.

그가 어떤 삶을 살았는지 아는가? 제군들, 애경상문哀慶喪問이라고 하면 잘 알 것이다. 초상이 났다든지, 혹은 혼대사가 있을 때, 부락사람들이 전부 다 뭉치지 않는가. 헌데 그런 날은 누구보다도 정북창이 제일 먼저 가서 떡 하니 자리를 정하고 앉는다. 집에 돌아갈 때도 동네 사람들이 다 간 다음에야 자리를 뜬다.

왜 그랬느냐?

자기가 없으면, 사람들이 자기 아버지 욕을 한단 말이다. 그 아무개라는 천하의 고얀 놈, 누구누구를 음해해서 죽였다고, 그렇게 자기 아버지 험담을 한다. 그러니까 그 험담을 막기 위해서, 아들이 거기 가서 지키고 앉아있는 것이다. 아니 정북창이 잘난 사람인데, 그가 떡 하니 좌정하고 앉았으면 누가 감히 그 애비 욕을 하겠는가. 애비는 못돼먹었을지언정, 아들인 정북창은 그런 사람이 아니니 말이다.

그래서 자기 아버지 욕을 보이지 않기 위해, 사람들 많이 모인 곳에 항상 제일 먼저 가고 제일 늦게 자리를 뜨는 게 아예 습관이 됐다.

그러니 그런 가정에서 태어난 사람이 무엇을 했겠나? 평생 자기 아버지 뒤치닥거리나 하다가 가고 말았다.

구천통곡九遷痛哭한 남사고의 삶

남사고 조상 역시 그런 조상이다. 남사고만큼 많이 아는 사람이 없다. 완전 무불통지無不通知다. 천문도 잘 알고, 지리도 잘 알고, 이 세상 둥글어 갈 것을 그렇게 많이 알았다. 그래서 그가 저술한 것을 『격암유록格菴遺錄』이다, 『남사고 결訣』이다 하면서 세상 비결서로 높이 치는 것이다.

남사고가 지리에 달통達通한 사람이다. 해서 좋은 명지에 자기 아버지 어머니 묘 자리 쓰려고, 좋은 자리다 해서 쓰는데, 쓰고서 보면 좋은 자리가 아니다. 남사고가 아홉 번을 그렇게 했다. 그래서 지금까지도 '구천통곡九遷痛哭이라' 하는 말이 전해오고 있다. 아홉 구 자에 옮길 천 자, 아홉 번을 옮겼건만 자리를 잘못 써서 끝내 통곡을 했다는 뜻이다. 사람이 적악을 해서 너무 미우면, 그렇게 산신이 눈을 흐리게 해서 지리를 잘못 보이게 할 수도 있다.

지리를 알고 보면 글자 보는 것하고 똑같다. 그렇게 번연히 아는 것이건만, 잘못 보인 것이다. 그래 써 놓고 보면 명지가 아니더란 말이다. 얼마나 기막힐 일인가!

남사고는 자손도 없다. 남사고의 자손이 있다는 소리를 못 들었다. 그렇게 적악가의 가정에서 태어나 평생을 헛짓만 하다가 가고 말았다.

사람은 적덕가의 자손이어야

사람은 적덕가의 가정에서 태어나야지, 적악가의 가정에서 태어나면 제 아무리 잘났어도 아무 소용이 없다. "선영의 음덕蔭德으로 나를 믿게 되나니 음덕이 있는 자는 들어왔다가 나가려 하면 신명들이 등을 쳐들이며 '이 곳을 벗어나면 죽으리라.' 이르고, 음덕이 없는 자는 설혹 들어왔을지라도 이마를 쳐 내치며 '이 곳은 네가 못 있을 곳이라.' 이르느니라."(道典 8:28:4~6)고 하신 상제님 말씀도 바로 그 말씀이다.

이 자리에 모인 우리 신도들은, 조상이 참 적덕을 많이 한 좋은 가정에서 태어난 자손들이 아닌가 생각한다. 이런 말이 있다. "적덕지가積德之家에 필유여경必有餘慶이요, 적악지가積惡之家에 필유여앙必有餘殃이라", 적덕한 가정에는 반드시 음덕이 있고, 적악한 가정엔 반드시 그 남은 앙화殃禍, 재앙이 있다고.

이런 것으로 미루어 볼 때 증산도 신앙을 하고 않고를 떠나서, 인간은 사회 속에서 살면서 한평생 남에게 적덕을 하고, 좋게 살아야 한다. 그렇지 않고 내 이득을 위해 못된 짓이나 하고, 남의 눈 속이고 양심 속이고, 그렇게 **거짓으로 살면 그 자손이 패망**한다.

남에게 좋은 일을 많이 하면 덕이 쌓여서, 후대의 자손들이 그 음덕을 먹고산다. 좀 나쁜 자손이라 하더라도, 조상 덕으로 그런 대로 살 수가 있다. 하니까 사람은 될 수 있으면 좋게, 착하게, 여유 있게 살아야 하는 것이다.

상제님이 이런 말씀도 하셨다.

천 지 생 인 　　　 용 인
天地生人하여 用人하나니

천지에서 사람을 내어 사람을 쓰나니

이 인 생 　　　 불 참 어 천 지 용 인 지 시 　　　 하 가 왈 인 생 호
以人生으로 不參於天地用人之時면 何可曰人生乎아

인생으로 태어나서 천지에서 사람을 쓰는 이 때에

참예하지 못한다면 너를 어찌 인간이라 할 수 있겠느냐!

(道典 8:54)

제군들은 참 다행히도 좋은 운수를 받아서, 조상 덕에 이 좋은 살길로 찾아 들어왔다. 허면 이렇게 들어와서 그냥 우두머니 앉아만 있으

면 되겠나. 나 혼자만 태을주 읽고 청수 모시고 잘 되면 그만이라 한다면, 그런 신앙은 **죽은 신앙**이다!

육임완수는 증산도 신도의 의무

제군들, 인간이라는 대의명분에 입각해서 한번 생각해 봐라. 상제님 진리는 개벽문화다. 지금은 말세다. 하나 예를 들면, 제군들도 '막가파'를 잘 알 것이다. 잘사는 사람들을 다 쳐죽여 버린다고 하는 그런 '막가파'도 생겼다. 그 사람들도 상제님 길을 찾았더라면, 그런 무지막지한 짓은 안 했을지도 모른다. 좋은 사람도 많지만, 이 세상은 그렇게 나쁜 사람이 많은 말세다.

왜 그런가? 왜 이 세상이 여기까지 왔는가?

지금 기존문화라 하는 것이, 전부 여러 천 년 걸러먹고 찌꺼기만 남았기 때문이다.

지금 **묵은 진리는 땅에 떨어져 버리고, 새 문화는 아직 등장하지 않은 판국이다. 이제 새 문화가 나와야 한다. 전 인류가 고대하는 새 문화! 그게 바로 상제님 문화다.** 아까 종정이 얘기한 바와 같이, 상제님 문화는 열매기 문화, 하나인 문화, 새 세상을 개창하는 문화다. 유불선 기독교 이념과 모든 동서양 문화의 진액을 전부 **뽑아** 모아서 만든 **가을의 열매기 문화**다.

상제님이 천지공사로써 이 세상 둥글어 가는 새 틀을 짜 놓으셨다. 이 세상 모든 문제가 다 상제님 천지공사 보신 틀 속에서 둥글어 가는 것이다. 결론적으로, 이 세상 크고 작은 일들이 진전되고 현실화되는 것은, 상제님의 천지공사 내용이념이 집형되는 과정이다.

그렇기 때문에 우리는 상제님을 신앙하는 신도로서, 상제님 진리를 잘 받들어 사람을 많이 살려야 한다. 우선 증산도가 성장해야 구제중생救濟衆生을 많이 할 것 아닌가. 그러니까 나 혼자만 좋은 진리 알았다고 앉아만 있을 게 아니고, **포교를 많이 해야** 된다.

제군들도 남이 소개해서 증산도에 입문한 것 아닌가. 그것과 같이 제군들도 상제님 은혜에 보답하기 위해서라도, 각기 육임六任을 짜야 한다. **육임완수**는 증산도를 신앙하는 **신도로서 의무이자 사명**이다. 최소한 육임을 짜라!

유불선의 진액을 뽑아 모은 상제님 문화

신앙은 유형과 무형을 다 바쳐서 하는 것이다. 만에 하나 절름발이 신앙을 한다면, 어느 문화권이고 쳐주지를 않는다. 그건 신앙이라고 인정도 안 되고, 받아들여질 수도 없다.

불가의 중들을 봐라. 불가에서 부처를 신앙하려면, 아예 출가를 해 버린다. 집을 떠나는 것이다. 성姓도 내던지고 말이다. 절에 있는 불자들 성 쓰는 거 봤는가. 그저 법명法名만 있을 뿐이다. 그렇게 전부를 다 바쳐서 부처를 신앙한다.

기독사회도 역시 마찬가지다. 카톨릭의 신부 수녀들은 가정도 없다. 다 바쳤기 때문이다. 불자하고 같다. 내가 일일이 다 말하지 않아도, 제군들이 너무너무 잘 알 것 아닌가.

그렇다고 해서, 내가 제군들보고 가정 내던지고 결혼도 하지 말라는 게 아니다.

상제님은 "유지범절儒之凡節 불지형체佛之形體 선지조화仙之造化" (道典 4:16:7)라고, 유불선에서 우리 인간이 사는 데 절대적으로 필요한, 그것이 아니고서는 절대로 살 수 없는 **진액만 뽑아서 후천의 새 문화를 개창**하셨다. 해서 상제님 문화는 인간이 생활하는 데에 더도 덜도 없는, 참 지당지당 대지당한 그런 문화다.

나 좀 봐라. **종합적으로 성숙된 문화라** 하는 것은, **생활문화라야** 된다. 아니 사람이 생활하는 데 조금이라도 거리낌이 있을 것 같으면, 그 문화는 인간사회에서 오래 수용되지 못할 것 아닌가. 생활하는 데 불편하니까, 모두들 등을 돌려버리고 만단 갈이다.

내가 노냥 하는 소리지만, 상제님 진리는 지금 지구상에 생존하고 있는 60억 인구가 몇천 배 만 배로 늘어나고 여러 억만 년 세월이 흐른다 하더라도, 인간이 생활하는 데에 전혀 불편을 주지 않는 문화다. 절대로 버림당하지 않는 문화다.

해서 앞으로는 전 인류가 상제님 문화권 안에서 살아가게 된다. 저 아프리카 흑인까지도, 살아가려면 상제님 진리를 따라야 한다. 그만큼 **인간이 생활하는 데, 그 이상이 없는 문화**다.

상제님 진리는 사람이 이렇게 두 발로 걷고, 손으로 밥 먹는 것과 똑같이, 아주 당연히 꼭 그렇게 밖에 할 수 없는 그런 진리다. 절대로 편벽된 진리가 아니다.

태을주로 전 인류가 도통한다

정신문화에 대한 것도, 상제님 진리는 기존의 종교하고 다르다. 면벽

단좌面壁端坐하고 참선하는 불가의 수행 문화나, 또 "주여! 주여!" 하면서 주님을 찾는 기독 사회의 문화와는 아주 다르다.

상제님의 **태을주**라 하는 것은, **전 인류의 뿌리를 찾는 진리다.** 제군들이 앞으로 태을주의 뜻을 알 것 같으면, 참으로 그렇다는 것을 실감할 게다. **누구도 태을주를 읽으면, 천지신명의 보호를 받게 된다.** 태을주는 본질적인 주문이기 때문이다.

인간이라면, 누구도 머릿속에 도통할 수 있는 바탕과 성품을 다 가지고 태어났다.

내가 가끔 입버릇처럼 얘기하는 것이지만, "심위천지만령지주心爲天地萬靈之主요" 곧 사람의 마음이라 하는 것은 천지만령天地萬靈의 주인이요, "신위음양조화지택身爲陰陽造化之宅이라" 곧 **나의 몸뚱**이라 하는 것은 **천지 음양의 조화를 짓는 집이다.**

해서 **도는** 내 몸뚱이, 내 **스스로가 지어내는** '자기조화지도自己造化之道' 다. 어디서 차용하거나, 누구한테 구차하게 꾸어서 도통을 하고 조화를 얻는 게 아니다. 내가 갖고 있는 밑천, 본질적인 바탕, 성품에 의해서 조화를 짓는다. 그것을 개발할 수 있는 주문이 바로 상제님 진리인 태을주다.

헌데, 사람이 도를 통하면 어떻게 되느냐? 첫째 '상투천계上透天界', 곧 위로는 저 하늘나라까지도 환하게, 눈으로 직접 보는 것 모양 환하게 통한다. 또 '하철지부下徹地府', 아래로는 땅속까지도 환하게 본다. 철 자가 통할 철 자다. 그러면, '무지불촉無地不燭'이 된다. 없을 무 자, 따 지 자, 아닐 불 자, 촛불 촉 자. 땅은 촛불을 켜 놓은 것 모양 광명으로 환해져서, 보이지 않는 것이 없게 된다. 한마디로 '무리불통無理不通'이다. 통하지 않는 것 없이 모든 이치에 환하게 된다. 쉽게 얘기해서, "하나에서 둘 보태면 셋이다." 하는 것이 제군들 머리 속에 환하듯, 그렇게 세상 모든 이치가 다 열려 버린다. 그래서 '우주재호수宇宙在乎手하고', 우주라 하는 것이 이 손 안에 들어 있고, '만화생호신萬化生乎身이라', 일만조화一萬造化 곧 모든 조화가 내 몸뚱이에서 나온다.

그러니까 내 밑천인 내 신명 내 몸뚱이를 바탕으로 상제님 진리를 잘 닦을 것 같으면, 전부가 다 입견만리立見萬里하고 좌견천리坐見千里하는 경지까지 간다. 서서 만 리를 보고, 앉아서 천 리를 본다는 말이다. 어디 천 리 만 리만 보는가? 천계天界 지계地界 인계人界, 삼계三界를 통투通透한다.

앞으로 상제님 진리를 만나 태을주만 읽으면, 모든 사람들이 도를 통하게 된다. 그러면서 금강산 일만 이천 봉 기운이 응기해서, 이번에 일만 이천 도통제자가 나온다.

상제님 사업은 백 퍼센트 되는 일

제군들은 과연 참 좋은 시기에 태어나서, 참하나님의 진리를 만나 이 자리에까지 온, 행운아 중의 행운아다. 내가 여러 천 번 강조한 말이지만, 천리는 때가 있고 인사는 기회가 있다. 1년 춘하추동 사시, 생장염장 과정 중에서도 가을이 가장 좋은 시기다. 춥지도 덥지도 않고 오곡이 풍성한, 말 그대로 '천고마비지추天高馬肥之秋' 다. 가을날씨가 오죽이나 좋은가?

봄에 씨 뿌리고 여름철에 길러서 가을에 열매를 맺듯, 상제님 진리는 여러 천 년 내려온 각색 문화권의 진액을 전부 뽑아 모아, 매듭을 지어 놓은 진리다. 유불선 기존문화권의 정수精髓가 상제님 진리에 다 들어 있다.

하니까, 제군들은 상제님 진리를 새까만 도둑놈마냥 가만히 앉아서, 하는 것도 없이 공짜로 받으려고 하지 말고, 신도로서 그에 합당한 값을 하고 받아라. 알았나?

"예!"

야, 그 대답소리 들으니까, 어떻게 좀 익어 가는 것도 같다.

인간세상에서, 사람이 크고 작은 일 무엇 하나를 하려 할 것 같으면, **매두몰신埋頭沒身**해서 전부를 다 바쳐야 한다. 학술용어로 매두몰신이라는 문구가 있다. 흙 토土 옆에 마을 리里로 하면 묻을 매 자다. 묻을 매 자 머리 두 자, 머리를 묻고, 빠질 몰 자 몸 신 자, 몸도 그냥 거기에 쏙 빠진다는 말이다. 그러니까 한마디로 전부를 다 바치는 걸 말한다.

매두몰신하고, 또 **발분망식發憤忘食**해야 한다. 밥 먹는 것도 잊어버리고 해야 한다는 말이다. 여기 앉아 있는 종도사는 지금도 그렇게 한다. 한참 바쁘게 보고 받고, 누굴 만나다가 저녁 때 돼서 가만히 생각해보면, 잊어버리고 점심을 안 먹었다.

헌데 세상일은 유형 무형을 다 바쳐서 한다고 해도, 반드시 성공하는 게 아니다. 성공하는 것은 확률상 반반이다. 좋게 평가해서 안 되는 것도 50퍼센트, 되는 것도 50퍼센트다. 저군들도 알다시피, 사람이 일을 시작한다고 100퍼센트 성공한다는 보장이 어디 있는가.

허나 **상제님 사업은**, 일심으로 신앙만 잘 하면 **실패라는 게 없다.** 왜 그러냐? 상제님이 천지공사로 이미 그렇게 결정을 해 놓으셨기 때문이다. 그래서 우리 일은 팔 짚고 헤엄치기다. 팔 짚고 헤엄치면 빠져 죽을 염려가 없잖은가.

하니까 상제님 신앙만 잘하면 틀림없이 개벽철에 잘 살아 나갈 수도 있고, 또 정성만 있으면 상제님 진리로써 포교도 할 수 있다. **모든 것을 내 마음대로 할 수 있다.**

그런데도 게으르고 정신이 안 돼먹어서 못한다면, 그건 어쩔 도리가 없다. 옛말에 이런 문구가 있다. "후목朽木은 불가조야不可彫也요, 분토지장糞土之牆은 불가오야不可杇也라." 곧, 아무리 명공名工이라도 좀 난 나무에는 조각을 할 수가 없고, 아무리 유능한 토수土手라도 썩은 흙으로 쌓은 담은 손질을 못한다는 말이다. 분토로 쌓은 담에 곤탕 흙을 갖다 바르면 그게 발라지는가? 그냥 지르륵 하고 흘러 버리고 만다.

마찬가지로, 상제님 진리가 아무리 좋다 하더라도 받아들이는 사람이 의식적으로 받아들이지 않을 것 같으면, 도리가 없다. 다시 또 얘기하면, "일월日月이 수명雖明이나 부조복분지하不照覆盆之下라." 해와 달이 아무리 밝다 해도, 엎어진 동이 밑은 비춰줄 수가 없다. 일월보다 더 밝은 건 있을 수 없다. 헌데 그렇게 밝은 일월이라도, 동이가 일월의 밝은 기운을 안 받으려고 엎어져 있으면, 어떻게 뚫고 들어갈 수가 없단 말이다. 또 굳이 그런 데다가 광명을 줄 필요도 없고.

하니까 **제가 스스로 받아야** 된다. 사람은 내가 살기 위해서 상대방에게 적응하고, 만사를 제가 해야 되는 것이다. 밥도 내가 먹어야 되고, 잠도 내가 자야 되고, 공부도 내가 해야 되고, 하나에서 열까지 **모든 것을 다 내가 스스로 해야** 되지, 남이 어떻게 해주나? 부모라도 대신 밥 먹어줄 수 없고, 대신 죽어줄 수 없다. 그 누구도 그렇다. 어떤 아버지라도 아들을 위해서 대신해 줄 수 있는 일이 없다.

친구를 잘 사귀어야 한다

또 사람은 친구를 잘 사귀어야 한다. 그것을 하찮게 알면 안 된다. 내가 지금까지 수없이 교육을 시켰지만, 이런 교육은 오늘 이 시간이 처음이 아닌가 싶다.

제군들, 언청계용신言聽計用神을 잘 알 것이다. 증산도 성물 같은 데를 보면, 언청계용신이 새겨져 있다. 상제님이 언청계용신 옆에 글로 쓰시기를, '익자삼우益者三友 손자삼우損者三友'라고 쓰셨다. 익자삼우는, 세상을 사는 데 내게 유익한 친구 세 유형이 있고, 손자삼우, 나를 망치는 친구도 세 유형이 있다는 뜻이다.

이 뜻을 얘기하자면 시간이 많이 걸리니까, 다음 기회에 하기로 하고, 사람은 친구를 잘 사귀어야 된다. 친구를 잘못 사귀면, 내가 아무리 반듯하다 하더라도 나도 같이 망하고 만다. 근묵자흑近墨者黑이라는 말도 있지 않은가. 먹을 가까이 하는 사람은 언젠가 내 몸에 먹칠을 하게 된다.

제군들, 신앙사회도 사회다. 이 단체가 사회다! 김지, 이지, 박지, 최지, 각아배 자식들이 다 모여 있다. 각기 여러 천 년씩 묵은 뿌리가 다르고 피도 다르다. 친구를 잘 사귀어야지, 잘못하면 다른 사람으로 인해 낭패를 볼 수도 있다. '열 길 물 속은 알아도 한 길 사람 속은 모른다’ 하는 속담도 있지 않은가. 인간 심리 형태라는 건 도저히 알 수 없는 것이다.

궉鵮씨의 유래

인간 형태가 얼마나 다양한가 하면, 하나 예를 들어 우리나라 성姓 중에 궉鵮이라는 성이 있다. 여기 태전에도 궉씨 성을 가진 사람이 있다. 하늘 천天 밑에 새 조鳥 하면, 그게 궉 자다. 궉가는 글자 자체부터 천조天鳥라는 뜻을 갖고 있다. 다시 그걸 우리말로 새기면 하늘새 궉 자다. 또 성姓이니까 성 궉이라고도 한다. 그 글자는 성밖에 쓰는 데가 없다.

헌데 왜 하필 궉이라고 했느냐?

궉가의 내력을 볼 것 같으면, 세상에서 전해 내려오는 얘기가 있다.

오랜 옛날에, 어떤 과년한 처녀가 한 날은 빨랫줄에다 빨래를 널고 있었다. 헌데, 갑자기 하늘에서 큰 새 한 마리가 날아오더니, 저 솔개마냥 그 처녀에게 쏜살같이 내리닥치며 큰 날개로 한 대 쳐 버린다. 그래 그만 처녀가 자빠져 버렸다.

헌데 옛날 우리나라 여자 옷 형태가 어땠나 하면, 고쟁이니 속곳이니 해서 말기만 있고 밑은 다 터졌다. 그러고서 자빠졌으니 다 노출될 밖에 더 있는가. 새가 거기서 그냥 냅다 성 관계를 해버렸다. 처녀가 그 새한테 한 번 멋지게 당한 것이다. 참 기막힐 일이다.

그러고서 그 새는 "궉!" 하고 날아가 버렸다. 그런데 포태胞胎가 됐다. 해서 애기를 낳았는데, 성을 뭐라고 붙일 수가 있나. 그래서 사실 그대로 하늘새, 하늘에서 내려온 새, 또 갈 때 "궉!" 하고 갔으니까 하늘새 궉, 그래서 궉가가 됐다.

내가 그 궉씨 선생을 한번 만난 적이 있다. 우리 집에 아들이 많지 않은가. 그 궉 선생이 아들 담임이 됐다. 그 사람이 한번은 가정방문을 왔길래, 앉혀 놓고서 궉씨 내력을 애기해줬다. 참 우리나라에 그런 핏줄도 있다. 이런 잡다한 성 애기만 다 하려 해도 아마 몇 시간은 더 해야 할 것이다.

사람을 잘못 사귀면 내 몸도 망한다

이렇게 세상은 천 층, 만 층 다양한 사람들이 뒤섞여 살고 있다. 그 속에서 사람관계를 잘 맺고 내 처신을 잘 하기란 여간 어려운 일이 아니다.

신앙사회도 마찬가지다. **적악가의 자손들**이 들어왔다가, 공연스레 이유없이 남 물고 뜯고 어쩌고 하다가, 스스로 쫓겨나가는 경우도 있다. 누가 저한테 무슨 소리 하는 사람 있는가. 공중 저 혼자 누구 꼬아대다가 제 풀에 그러고 마는 것이다.

그런 사람들을 잘못 접촉하면, 내 신세까지도 망한다. 그래서 익자삼우 손자삼우다. 사람은 친구를 잘 사귀어야지 친구를 잘못 사귀면 내 몸까지 망치고 만다.

그렇다고 서로 통정을 않는 수가 있나? 허나 용신容身을 잘못하면 서로가 득이 안 된다.

제군들은 내가 볼 때, 아직 햇병아리들이다. 세상이 뭔지를 잘 모른다. 도덕적이고 윤리적인 증산도의 품속에서 성장하는 순진한 제군들이니까, 그런 걸 잘 알고 **신중하게 처신해야** 한다.

좋은 운을 매듭짓는 때가 바로 지금

내가 아까도 얘기했지만, 천리는 때가 있고 인사는 기회가 있다. 또 "운유기운運有其運하고 인유기인人有其人이라." 곧 운수는 그 운이 있고 사람은 그 사람이 있다.

지금 운수라는 것이 12만9천6백 년 만에 **오직 한 번 있는 운수**다. 12만 9천6백 년 만에 처음으로, 우주의 주재자이신 절대자 상제님께서 오셔서, 새 진리를 개창하셨다. 상제님께서 천지공사를 통해, 이 개벽시기에 지구촌에서 생존하는 수많은 사람을 우리 능력이 닿는 한 다 살리고, 또 복 있는 사람이 살 수 있는 운을 지어 놓으셨다. 그런 좋은 운을 매듭 짓는 때가 바로 지금이다.

헌데 아무리 좋은 운이 있다 하더라도, 사람을 만나지 못하면 그 운은 그냥 흘러가 버리고 만다. 제군들이 그런 운을 맞아, 시의적절하게 상제님 진리를 잘 집행하고, 다행히도 열심히 신앙해서 **성숙된 신앙생활**을 할 것 같으면, 금강산 일만 이천 봉 도수에 의해 일만 이천 도통제자도 될 수 있다.

서적을 통해서도 잘 알고 있을 테지만, 석가모니가 석정산釋定山 499봉 기운을 타고 와서 499명, 5백 나한을 두었다. 또 공자가 니구산 尼丘山 72봉의 정기를 타고나서, 72제자를 두었다. 우리 상제님은 금강산 정기를 타고나신 분은 아니지만, 상제님께서 그 기운을 응기시키셨다. 해서 이번에 상제님 일꾼들 중에서 일만 이천 도통제자가 나온다.

『도전道典』 속에 새 문화 새 진리가 담겨 있다

하니까 제군들은 그렇게 앉아만 있지 말고, 생명력 있는 신도가 되어라, 생명력 있는 신도가! 생명력 있는 진짜배기 신도가 되어서, 이 좋은 운에 바로 그 사람도 되고, 열매 맺는 신도가 되기를 내가 부탁하는 것이다. 알았는가?

"예!"

지구상에 사는 사람이라면, 누구도 다 이 세상을 궁금해한다. 뭔가 새로운 진리를 찾고 싶은데, 어디 가서 물을 데도 없고 하니까 서점에를 간다. 무슨 좋은 진리 하나라도 더듬고 싶어서 말이다. 헌데 허구많은 세상의 책 속에서는 새 진리를 찾을 수 없다.

그 **새 진리 새 문화**가 무엇인가? 바로 **상제님 진리**다. 상제님 진리는 증산도 영향권 내에 들어와야만 알 수 있게 돼 있다. 상제님 『도전道典』 속에 세상 사람들이 그토록 갈망하는 새 문화 새 진리가 담겨 있다. 허나 그것을 누가 아는가? 우리 신도들이나 겨우 알 뿐이지.

"인불언人不言이면 **귀부지鬼不知"**라는 말이 있다. 사람이 말을 하지 않으면, 귀신도 모른다는 뜻이다. 제군들이 사회 속에서 사람들에게 얘기해 주지 않으면, 상제님 진리는 박사 학위가 백 개인 사람이라도 모르게 되어 있다.

그리고 세상엔 우주원리를 아는 사람이 없다. 기존문화권, 예를 들어 **불교 문화**를 보더라도 거긴 **우주변화법칙을 모른다.** 불교문화에서는 겁 劫이라는 시간 단위를 얘기한다.

허나 우리가 사는 우주 천체권이 한바쿠 둥글어 가는 데는 12만9천6백 년이라는 제한된 시간법칙이 있다. 12만9천6백 년이라는 생장염장 춘하추동 사시의 변화과정이 있어서, 지금까지 인류문명을 성장시켜 왔다. 학자들이 말하는 빙하기 이론도, 바로 그 법칙을 근거로 하는 얘 기다.

헌데 불가에는 그런 시간 개념이 없다. 그저 견성見性해서 왕생극락 한다는 것뿐이다. 물론 그것도 진리가 될 수 있는지 모르지만, 대우주 가 변화해 가는 절대법칙을 모른다. **이 세상 어디고, 우주변화법칙을 아** 는 곳이 없다. 지구상에서 **오직 증산도 문화권에서만 우주변화원리, 생장염 장의 변화법칙을 알고 있다.**

하니까 제군들은 이것을 자꾸 세상사람들에게 홍보해라. 대우주 변 화법칙, 우주변화원리라는 것은 증산도에서 만든 것도 아니고, 본래 그 렇게 되어져 있는 것이다. 대우주 천체권 내에 생존하는 **모든 만유萬有** 는 전부 **이 우주변화법칙, 자연섭리가 생성하는 데에 따라서 왔다가는 것이** 다.

우주변화원리를 바탕으로 근본을 떼 주어라

지금 우리가 사는 시점은 바로 하추교역기夏秋交易期다. 대우주 천체권이라는 것은, 우주변화법칙에 의해서 일점일획一點一劃 오차도 없이 진전되고 있다. **상제님 진리는 우주변화원리를 바탕으로 이루어진 진리** 아닌가. 그렇기 때문에 상제님 진리를 **포교**하려 할 것 같으면, **우주변화원리서부터 시작해야** 된다. 그래야 사람들이 이해할 수 있다.

아니, 덮어놓고 "자, 강증산이 우주의 주재자다. 어떻게 해서 주재자가 오시게 됐다. 이 시기는 어느 때인데 불가불 천리로 해서도 그런 절대자가 오시지 않을 수 없었다. 그래서 상제님께서 이 세상에 오셔서 천지공사도 행하시게 됐고, 역사법칙도 어떻게 됐다. 또 우리 한민족 문화가 전인류 문화의 모태다." 하고 얘기하면, 그 사람들이 알아듣는가? 우리나라 역사가 9천 년이라 하는 것을 인정하는 사람이 몇이나 되는가? 그 사실을 아는 사람이 거의 없다.

그렇게 우리 진리는 너무나 호호탕탕해서, **포교 하나 하려면 참 힘이 든다. 하나에서 열까지 다 새로 가르쳐야 한다.** 그래서 한 사람 앉혀 놓고는 얘기하기가 참 너무너무 아까운 진리다. 시간도 아깝고 에너지도 아깝고.

하니까 일단 얘기하려면, 사람을 여럿 모아 놓는다. 나는 그 전에 그렇게 했다. 정책적으로 한 자리에다 여러 사람을 끄집어다 놓고, "자, 우리 한바탕 얘기해보자. 이건 문제가 다르니까, 10분 20분, 한 시간에 끝나는 얘기가 아니다. 그러니 **어디 한번 시작해보자.**", 하면서 무슨 커다란 일을 착수하려고 다 걷어붙이고 달려 붙듯, 그런 식으로 포교를 했다. 그렇게 해서 무더기 포교를 했다. 저군들도 그럴 수밖에 없을 게다. 사람들을 어떻게 하나씩 붙들고 있나. 그렇게 해서 아주 딱지를 떼준다.

증산도 문화는 전 인류에게 보편적인 문화

제군들보고 내가 노냥 하는 얘기지만, 지금은 창조의 경쟁시대다. 이 한마디 가운데 모든 문제가 다 들어 있다. 지금은 크고 작은 모든 것이 맞물려, **문화권 자체가 바꿔지는 때다.** 기존의 선천문화, 역사적인 문화에서 앞으로 새 세상을 여는 문화로 그 틀이 바꿔진다, 문화의 틀이!

제군들! 알아듣겠는가? 지금은 이 문화의 틀이 바꿔지는 때다. 문화의 큰 틀이 바꿔지니까 그 안에 속한 모든 문제가 다 같이 바꿔질 것은 자명한 일 아닌가! 그러니 창조의 경쟁시대다.

생활문화도 마찬가지다. 물건 하나를 만들어도 세상에 없는 것, 새로운 걸 만들어야 한다. 남이 만든 것 가지고 경쟁을 하면 살아남을 수 없다. 시장에 가면 발에 걸리는 것이 전부 케케묵은 기존 상품들이다. 그런 물건 내놔봐야 망하는 것밖에 없다. 새 것, 새로운 것을 만들어야, 국내에서도 팔아먹고 수출도 할 수 있다. 그래야 나도 부자 되고 나라도 부흥한다.

증산도는 이 창조의 경쟁시대에 걸맞는 전혀 새로운 문화다. 그러나 새로운 문화라고 해서 이질적인 문화가 아니다. 증산도 문화는 바로 우리 민족의 혼을 바탕으로 한 문화이고, 우리 민족문화라 하는 것은 전 인류에게 보편적인 문화다. 우리 민족문화를 싫다고 등돌릴 사람은 아무도 없다.

왜 그러냐? 하나 예를 들어 얘기할 테니 들어봐라.

음식문화만 봐도 그렇다. 우리나라 음식문화라 하는 것은, 이 지구상에서도 아주 독특하다. 우선 된장 간장을 봐라. 된장이 뭐냐 하면, 한마디로 페니실린이다. 묶어서 얘기하면 된장 먹는 게 페니실린을 먹는 것이다. 지구상 어디에 페니실린 먹는 민족이 있는가? 좀 고린내가 나지만, 된장이 바로 그런 음식이다. 요즘은 항암 효과도 있다 해서, 그 주가가 더 올라 있다. 또 얼마나 맛도 좋고 구수한가? 외국사람들이 된장 맛을 한번 볼 것 같으면, 아마도 너무너무 좋다고 할 게다.

어째서 된장이 그렇게 좋은 음식이냐? 된장은 콩을 썩힌 음식이다.

썩히면 박테리아 기운 때문에 거기서 곰팡이가 핀다. 그렇다고 또 너무 썩히면 안 된다. 적당하게 뜨면, 그걸 가지고 간장도 빼고 된장도 만든다. 그러면 그 자체가 바로 페니실린이다.

그래서 "성인聖人은 부득기장不得其醬이면 불식不食이라.", 성인은 장을 얻지 않으면, 밥을 먹지 않는다고 했다. 또 된장은 '능해백초독能解百草毒'이다. 된장하고 밥을 먹을 것 같으면, 능히 백 가지 채소독을 푼다는 것이다. 이게 내가 하는 소리가 아니다. 약성藥性에 있는 소리다. 우리나라 사람들이 채식 위주인데, 풀 속에는 유익한 것도 많지만 독소도 있지 않겠는가. 그런데 된장 간장하고 먹으면 그게 다 해독이 된다. 또 고기 생선 등 여러 가지 독을 다 푼다. 그래서 예로부터 성인 — 성인이라 하면 문화인이라는 소리다 — 은 밥상에 장이 오르지 않으면 음식을 안 먹는다는 말까지 나온 것이다.

페니실린이 어떤 약이냐 하면, 제 2차 세계대전 때 영국수상이 처칠 경이었다. 그 당시 처칠이 좋지 않은 병에 걸렸다. 그 몇 해 전, 어떤 약사가 페니실린을 개발했던 차에, 처칠 경이 페니실린을 맞고 그 병을 고쳤다. 페니실린은 세계 최초로 개발된 항생물질이다. 지금도 세균 감염증의 치료약으로 제 1위를 차지하고 있다. 그렇게 좋은 약이다. 그 때는 페니실린 한 병이면, 금값처럼 아주 비쌌다.

또 스트렙토마이신이라는 게 있다. 그것도 내내 항생물질이다. 헌데 그게 부산에 몇 병 들어오면, 한 병에 쌀 한 가마 값을 했다. 그걸 수입한 사람들은 그냥 돈을 주웠다. 지금은 페니실린 한 병에 아마 한 4백원이나 5백 원 할 것이다. 모르긴 몰라도 하여튼 값이 싸다. 그렇게 싼 것을 예전엔 쌀 한 가마 값을 받았던 것이다.

또 우리 음식 중에 빼놓을 수 없는 것이 바로 김치다. 세계에 김치 있는 나라가 몇 군데나 되나? 다 우리나라에서 도입해 가져간 것이다. 음식문화가 우리나라처럼 독특한 데가 없다.

의복도 그렇다. 내 시간 관계로 얘기를 다 못하지만, 예로부터 한복바지를 무극바지라고 했다. 한복바지처럼 편한 게 어디 있나? 한복바지는 앞뒤가 없다. 그래서 무극바지다.

그리고 여자들 의상을 봐라. 내가 전문가는 아니지만, 다음에 상제님 세상이 되면 세상 사람들 옷을 얼마나 좋게 만들어서 꼬까옷으로 호사시킬까 하고, 한 50년 동안 생각해봤다. 그런데 아무리 궁리해도, 도대체 지금 우리나라 옷보다 더 좋은 게 없다. 여자들 한복 입혀서 떡 하니 내놓으면, 그게 꽃이다, 꽃. 뭐 얼굴이야 어떻게 생겼든지, 한복을 떡 하니 입혀서 단장을 해 놓으면, 세상에 그 이상이 없다. 참 예쁘다. 그런 좋은 옷이 어디 있나?

그러니까 음식문화나 입는 문화나, 우리 문화는 세계 어느 나라하고 비할 데가 없다. 지금은 시간이 없으니까 얘기를 다 못 하지만, 문화의 역사를 볼 것 같으면, 지구상 모든 문화라 하는 것이 다 우리나라 문화를 모태로 해서 생겨난 것이다. 9천 년 전의 우리 문화를 바탕으로 해서, 세계가 그것을 수입하고 수출하고, 그렇게 해서 만들어졌다. 우선 이 정도만 알아둬라.

신바람 내서 자발적으로 일하라

다시 강조하거니와, **우리나라 문화가 인류문화의 모태다.** 여기가 선생님 나라고 여기가 바탕이다. 그래서 **상제님도 이 땅에 오시게 된 것이다.**

왜 상제님이 이 땅에 오시게 되었는가 하는 것은, 『도전』을 자꾸 보고, 조금 거기다 덧붙여서 역사 교육을 받으면 제군들도 다 알 수 있다. 반드시 이런 것을 알고 믿어야 된다. 제군들이 혼도 바치고 몸도 바치는 그런 신앙을 한다면, 그걸 왜 모르는가.

제군들! 신앙이라 하는 것은 **제가 신바람이 나서 스스로 해야** 되지, 누가 시켜서 하면 오래 가지 못한다.

"부자父子간에도 불책선不責善이라", 아닐 불 자 책할 책 자 착할 선 자, 사람은 부자지간에도 잘 하라고 책하지 않는다는 말이다. 그러면 상은傷恩, 곧 은혜로운 정이 손상되기 때문이다. 그래서 "역자이교지

易子而敎之라.", 자식은 서로 바꿔서 가르친다고 했다.

사실 제군들이 아무리 내 신도라 하더라도, 진리를 배움에 있어서 자꾸 이렇게 하라, 저렇게 하라고 하면 싫을 게다. 헌데 어쩔 수 없다. 어떻게 교육이 없을 수 있겠는가?

"무군자無君子면 막치야인莫治野人이요.", 군자가 없을 것 같으면 야인을 다스릴 수 없고, "무야인無野人이면 막량군자莫良君子라.", 야인이 없을 것 같으면 어진 군자가 있을 수 없다.

해서 내가 지도자 위치에서 제군들 교육을 시키는 것이다.

혼도 바치고 몸도 바쳐라! **신바람 내서 자발적으로 해라!** 우리 증산도 신앙은 꼭 그렇게 해야 된다.

증산도 종지, 해원 · 상생 · 보은 · 원시반본

우리가 불가에서 하는 신앙의 반만 따라 해도, 손색없는 신앙이 될 것이다. 그렇다고 증산도가 출가하라고 하는 진리는 아니잖은가.

상제님 진리는 가정에 효도하고, 국가에 충성하고, 사회에 의로운 사람이 되라는 것이다. 그 이상 더 좋은 문화가 어디 있는가. 이 지구상 세계 만국 사람들이 가정에 효도할 것 같으면, 그 가정은 파탄이 안 난

다. 또 국가에도 충성해야 한다. 국민으로서 국가에 충성하는 것도 당연한 도리 아닌가. 그리고 사회 속에서는 의로운 사람이 되어야 한다. 한마디로 정의롭게 살아야 된다, 정의롭게! 그런 바탕 위에서 신앙생활도 해야 한다.

그렇게 하면, 억만 년이 간다 하더라도, 수많은 민족이 지구상에 생존한다 하더라도, 불화가 생길 수 없다.

또 상제님 진리가 해원解冤·상생相生·보은報恩이다. 나만 잘 되려고 할 게 아니라, 남에게 먼저 잘 해주라는 진리다.

도덕도 옛날처럼 나 혼자만 잘 되려고 하는 건 삐뚤어진 도덕이다. 사람이라 하는 것은 반드시 상대가 있다. 이 세상은 상호작용을 하면서 살아가는 것이다. 상대가 편안하고 상대가 잘 살아야 나도 잘 살 수 있지, 상대는 불편한데 어떻게 나 혼자만 편안할 수 있는가. **저 사람이 잘 살아야 나도 잘 산다.** 그게 바로 상생의 정신이다.

또 보은을 해야 한다. 내가 종지宗旨에 제시한 바와 같이, 사람은 '이도경세以道耕世' 하고 '이의보본以義報本' 해야 한다. 도로써 세상을 밭갈고, 즉 상제님 진리로써 이 세상 농사를 짓고, '이의보본', 의로움으로써 근본을 갚아야 한다. 윤리상 자식된 도리, 사람의 도리라는 게 있지 않은가. 짐승사회에도 질서가 있다. 우리가 유교를 하는 사람은 아니지만, 자식으로서 부모에게 효도하는 것은 당연한 일이다. 그렇게 해서 근본을 갚는다는 말이다. 이것이 원시반본原始返本이다.

인간의 기본도리를 망각한 세상

지금은 이 인간의 기본도리를 망각한 세상이다. 저 하나밖에 모른다. 목적을 달성하기 위해서는 수단과 방법을 가리지 않는다. 꼭 공산주의 식이다. 지식이 많을수록 더 그렇다. 사람에게 이기심이라는 것은 절대로 못 쓰는 것이다.

내가 언젠가 수레로 연탄 장사하는 사람을 접촉해 본 적이 있다. 연탄 배달하는 사람들 돈은 참 십 전도 공짜가 없다. 연탄 한 장을 배달하면, 그 한 장마다 정해진 값이 있다. 한 장 당 얼마 생긴다 하는 게. 그러니 그 돈이 얼마나 기막힌 돈인가.

내가 그 사람을 접촉해서, 막걸리 한 잔 사줘가며 얘기를 해봤다.

그가 자기 경험담을 얘기하는데, 연탄을 한 리어카 잔뜩 싣고서 언덕을 올라가려면, 젖 먹던 힘까지 다 내서 죽기살기로 끌고 가야 된단다. 헌데 지나는 사람 중에 어떤 사람은 그걸 보고 잘 밀어 주고, 어떤 사람은 못 본 체 그냥 지나가는 것이다.

그 사람 결론이 뭐냐 하면, 못 배운 사람은 선뜻 잘 밀어주는데, 배움이 많은 사람일수록 잘 안 밀어준다는 것이다.

그러면 도대체 **인성교육**이 어떻게 된 것인가.

지금 학교 교육이 다 그렇다. 그래서 노인들 사이에 하는 말이 있다. 자식한테 효도 받고 잘 살려면, 초등교육만 시키고 말아라 하는. 공부를 많이 시키면 부모도 배반한다. 그건 꼭 그렇다. 이 세상이 그렇게 되어져 있다. 내 말이 거짓이 아니다. 그냥 내가 재담 삼아서 하는 소리가 아니란 말이다. 아마 제군들 중에도 그렇게 된 사람이 없지는 않을 게다. 그렇게 보면 틀림이 없다.

내가 어떤 가정에 갔을 때 얘기다. 나하고 다정한 사이인 집이다. 거기 가 앉아 있자니, 그 집 딸 시집보내는 얘기가 나온다. 내가 들어도 괜찮으니까 그냥 얘기를 하는데, 중매 들어온 집에 늙은 시어머니가 있다고 하니까 그 집 딸이 "에구, 싫어요!" 한다. 할매가 있어서 싫다는 말이다.

그래서 내가 그 딸에게 얘기를 했다. 나는 손님 아닌가? 내가 좋게 인상을 지으면서, "아가씨, 내 얘기 좀 들어봐라. 시어머니가 있으면 얼마나 도움이 되냐 하면, 자, 밥하고 나면 설거지 해주고, 경우에 따라서는 밥도 해준다. 또 새끼 낳으면 업어도 주고 뒷바라지 다 해준다. 또 어디 나갈 때 누구한테 집을 맡기겠냐. 시어머니는 집도 기가 막히게 잘 봐 준다. 애도 잘 봐주고. 그렇다고 무슨 월급을 주냐, 뭐 하냐.

시어머니가 아주 생명을 걸고서, 자기 죽을 때까지 지켜준다. 그러니 물건으로 말하면 그 이상 보물이 없다. 생각해 봐라. 시어머니 싫다고 하는 건 천치바보다. 잘 알지도 못하면서 덮어놓고 그러는 거다. 단점보다 장점이 백 배 더 많다.

그러니 그렇게 좋은 데가 어디 있냐? 덤으로 시어머니도 있고. 신랑만 되었다면, 좋은 자리니까 꼭 놓치지 말고 거기로 시집을 가라."고 했더니, 가만 보니까 얼굴이 환해지면서 속으로 좋아한다.

아가씨들이 시어머니가 있다면 무조건 시집가기 싫다고 한다. 그렇게 못 돼 먹었다. 아니, 시어머니 있어서 뭐 잘못될 것 있는가?

적덕하면서 세상을 살라

인간은 윤리와 도덕으로 잘 다져지고, 착하게 살아야 한다.

아까 내가 남사고하고 정북창 얘기를 하지 않았는가? 그렇게 참 여러 백 년 역사 속에서 잘난 사람들도, 적악가의 집안에서 태어나 사람 노릇도 못하고 그냥 그렇게 가버렸다. 남사고 같은 사람, 얼마나 잘났나? 헌데 그 지식 하나도 못 써먹고, 아들도 없이 가버리고 말았다. 그러니 알기만 했다 뿐이지, 무슨 소용 있는가? 제 에미 애비 좋은 자리에 묘 좀 쓰려고 하다가, 다 허사가 돼버린 것을 봐라. 시간 있으면 거기에 대한 일화를 내가 더 얘기해주면 좋겠지만, 지금 이 귀중한 시간에 그런 얘기만 할 수 없으니까 다음으로 미룬다.

제군들은 **인생살이를 하는 데, 남을 악용해서 정책적으로 남에게 거짓말하지 말아라.** 저건 못생긴 놈이니까 부려먹어도 괜찮고, 거짓말해도 괜찮고 하면서 슬쩍 나쁜 짓 하는 사람, 그건 **자가중상自家中傷**이다. 내가 나를 해치는 것이고 내가 내 복을 훼손하는 것이란 말이다.

내가 남에게 잘할 것 같으면 그만큼 복이 온다. **복 받고 잘 산 사람들은 전부 다 그렇게 적덕을 했다.** 언제 시간 있으면, 역사적으로 적덕해서 복 받고 잘 산 사람, 적악을 해서 망한 사람 일화를 추려서 얘기해 주겠다.

사람 사는 이치가 다 그렇게 되어져 있다.

제군들은 상제님의 좋은 진리 속에서 신앙하는 사람들이다. 상제님 신도들은 나쁘게 하라고 해도, 그 재료가 없어서 하지 못한다.

제군들은 절대로 **남에게 좋게 대하고, 적덕을 하고 살아야 된다** 하는 기본 바탕 위에서 생활도 하고, 그런 바탕 위에서 포교도 해라.

여성포교에 힘쓰라

마지막으로 내가 하나 부탁하고 싶은 것이 있다.

제군들 생각해봐라. 여기 젊은 아가씨들은 같은 신도 사이에서 신랑도 찾아야 될 것이고, 또 남자들은 이 속에서 장가도 들어야 된다. 그렇지 않은가? 또 나이든 신도는 아무 가족에게 딸이 있는데 며느리 삼아야겠다고, 사위 삼아야겠다고 이렇게 나와야 한다.

헌데 우리 증산도는 남녀균형이 깨졌다. 기독교고 어디고 가 보면, 여성신도가 다 과반수다. 그런데 증산도는 어떻게 돼서인지 남자들만 우글우글하다. 여성신도가 그렇게 적다. 그러니 어서 여성을 많이 포교해라. 지금은 여성상위의 세상이다. **여자가 있어야 무슨 일이고 된다.**

지금 여자 세력이 얼마나 굉장하냐 하면, 딸을 낳으면 세계일주를 하고, 아들 낳으면 국내일주를 한다는 말이 있다. 겨우 제주도 갔다 온다는 것이다. 딸과 여자가 남자보다 백 배 위력이 있다는 얘기다. 딸을 두면 한 2백 개국을 일주하고, 아들을 낳으면 겨우 제나라밖에 못 다닌다네, 세상천지. 하하하!

하니까 여성포교를 많이 해라. 꼭 그렇게 약속하는 거다. 알았지?

"예!"

됐어. 이상.

지공무사한 정신으로 천지공정에 참여하라

증산도대학교 교육, 도기 128(1998). 7. 5.

대인을 배우는 자는

천지의 마음을 나의 심법으로 삼고

음양이 사시四時로 순환하는 이치를 체득하여

천지의 화육化育에 나아가나니

그런고로 천하의 이치를 잘 살펴서

일언일묵一言一默이 정중하게 도에 합한 연후에

덕이 이루어지는 것이니라.

만일 사람이 사사로운 욕심에 사로잡혀

자기 좋은 대로 언동하고 가볍고 조급하며 천박하게 처세하면

큰 덕을 이루지 못하느니라.

(道典 4:74:10~12)

지공무사한 정신으로 천지공정에 참여하라

황방촌 선생의 충의지심

　인류역사를 통해서, 수많은 사람들이 그 나름대로 재주 자랑을 하면서 한 세상을 살다 갔다. 그런 세속 사람으로서, 한평생 가장 욕심 없이 살면서, 국가와 민족을 위해 공헌을 많이 한 사람이 바로 황방촌黃厖村(1363~1452) 선생이다. 이름은 기쁠 희喜 자를 써서 황희다.

　그는 고려 말엽, 스물여덟 살 때부터 벼슬을 시작했다. 그 몇 해 후에, 태조 이성계가 여조麗朝를 무찌르고 이조를 창건했다.

　그 때 고려에는 충신들이 많았다. 그 유명한 두문동杜門洞 72현賢도 있지 않은가. 방촌 선생도 거기에 합류해서 두문동 72현에 포함돼야 할 텐데, 그는 충의지심忠義之心을 바꾸어, 이조에 나아가 벼슬을 했다. 그게 뭐 자기 재주 자랑하고, 공을 쌓아서 개인적으로 이름을 얻기 위해서 그런 게 아니다. 오직 국가와 민족을 위해서 한 일이다. 그렇게 그는 이조뿐만 아니라 국가와 민족을 위해 충성을 다했다.

그는 이조에서 60여 년 동안 벼슬을 했다. 여조는 그만두고라도, 태조 이성계를 비롯해서 정종, 태종, 세종, 문종, 이렇게 다섯 조정을 섬겼다. 그렇게 60여 년 동안 벼슬을 하고, 아흔 살 먹어서 죽었다. 그러니까 죽을 때까지 벼슬을 한 것이다.

헌데 방촌 선생이 얼마만큼 청백리淸白吏 노릇을 했는지 아는가? 그는 자신이 여조의 신하라고 해서, 이조에서 주는 녹을 안 받았다. 오직 국가와 민족을 위해서 몸을 바쳤을 뿐이다.

허면 가족도 있고 한데, 녹을 안 받고 어떻게 살았느냐?

왜 노복奴僕이 있지 않은가. 쉽게 얘기해서, 부리는 종들. 그들이 품팔이도 하고 농사도 짓고 해서 먹고살았다. 그러면서 정부에서 주는 녹은 아예 안 받았다. 녹봉을 주어도 죽을 때까지 건드리지도 않았다.

그렇게 생활을 하니, 방촌 선생이 가난하다는 것을 세상에서 다 알았다. 그래서 삼조육경三曹六卿들이 임금님에게 "방촌은 너무너무 가난하니 어떻게 밥이라도 먹게 해 줬으면 좋겠습니다." 하고 아뢸 정도였다.

그가 얼마만큼 가난했냐 하면, 지붕 위에 얹을 짚이 없어서 비가 오면 빗물이 철철 샜다. 비가 새니까 방안에서도 삿갓을 쓰고 있어야 했다. 헌데 적은 비라도 방안에서는 큰비가 온다. 그것을 보고 정경부인이 다른 집 걱정을 하면서, "아이고. 우리 집에는 삿갓이라도 있지, 삿갓도 없는 집은 어떻게 배기겠냐."고 했단다. 평생을 그렇게 살다보니, 세상 사람들이 다 자기처럼 사는 줄 알고 말이다.

임금님이 그가 그렇게 가난하다는 소리를 듣고, "그러면 내일 동대문으로 들어오는 물건은 전부 황정승 집으로 다 보내라."고 명을 내렸다.

헌데 그 이튿날이 되자 아침부터 비가 억수같이 쏟아진다. 그래서 저녁때까지 동대문으로 들어오는 물건이 하나도 없다. 사람이 나다닐 수도 없이 비가 오니 별 수 있나. 저녁때가 다 돼서야 계란 두 꾸러미가 들어왔다. 두 꾸러미면 스무 개다. 그것밖에 안 들어왔으니, 그거라도 방촌선생 댁에 갖다 드릴 밖에. 헌데. 계란을 받아 삶아놓고 보니, 병아리가 반은 생겼다. 그래서 지금까지도 "계란유골鷄卵有骨이라", 있을 유 자 뼈 골 자, 계란에도 뼈가 있다는 말이 전한다.

아니, 병아리가 생겼는데 그걸 어떻게 먹는가?

물욕 없고 지공무사한 방촌 선생의 정신

그 밖에 여러 가지 전해 내려오는 말이 많지만, 이 시간이 그 양반의 행적을 얘기하는 시간이 아니니까, 그저 한두 가지만 내가 얘기하는 것이다.

그 양반은 평소에 공도公道, 즉 국가와 민족을 위한 커다란 정사政事문제 같은 거나 얘기하고, 사사로운 건 얘기를 안 했다.

한번은 종년 둘이 저희들끼리 의사가 틀려서, 찌그락짜그락 싸운다. 싸우다가 한 종년이 "우리 마님께 가서 시비를 가리자."고 했다. 그러니까 좋다고 하면서, 둘이 떡 하니 방촌 선생한테 왔다.

상전에게 와서 한 쪽이, "저 아무개라는 년이 사분事分이 지여차指如此했습니다(일이 이러이러했습니다)."라고 하니까 방촌 선생이 "응, 네 말이 옳다."고 한다. 해서 한 쪽이 졌다. 그러니까 진 쪽의 종년이 또, "아니 그런 것이 아니라 저 년이 이렇게 저렇게 했습니다."라고 한다. 그러니까 또 "응, 네 말도 옳다."고 대답한다.

마침 방촌 선생의 조카가 와 있었는데, 조카가 가만히 보자 하니 말도 안 되는 재판이다. 아니, 한 쪽이 잘한 거라면 다른 쪽은 잘못한 것인데, 두 년의 말을 다 옳다고 하니 대체 어느 쪽이 옳다는 말인가. 해서 큰아버지 방촌 선생에게 와서 "큰아버지, 판결을 잘못하십니다. 어떻게 두 년 수작이 다 같이 옳을 수가 있습니까? 한 쪽이 옳다면, 한 쪽은 잘못된 게 아닙니까?" 이렇게 묻는다. 그러니까 방촌 선생이 또 "응, 네 말도 옳다."고 한다.

왜 그랬느냐? 애들 소꿉장난하는 것 같은 그런 **시시한 일은, 숫제 옳고 그르고 따질 가치도 없다**는 것이다. A도 옳고 B도 옳고, 그것을 가지고 평하는 조카도 옳고, 한마디로 얘깃거리가 못 된다는 말이다.

그렇게 세상살이에 간섭을 안 한 양반이다.

그러고서 **한평생 국가와 민족을 위해서 봉사했다.** 그의 공덕 중 가장 큰 게 뭐냐하면, 세종대왕을 도와서 국문을 창제하게 만든 것이다.

사실 거기에는 많은 학자와 공신들이 참여를 했었다. 정인지, 신숙주, 성삼문 같은 훌륭한 재상, 충신들이 많았지만, 세종대왕이 국문을 창제하도록 정신적으로 가장 크게 협조해 준 사람이 바로 방촌 선생이다.

그는 다섯 조정을 섬기면서, 삼조육경, 이조 형조 예조 좌의정 우의정 영의정 등, 할 수 있는 벼슬은 두루 다 거쳤다. 그만큼 흠이 없는 사람이다. 어느 임금이 보든지, 방촌 선생이 아니고는 자문을 구할 데가 없다. 또 신하들 누가 보더라도 **지공무사至公無私하고 전혀 편벽됨이 없다.** 물욕이 없는데 무슨 삿된 생각이 있겠나.

천지에 공을 쌓으면 진리가 보답한다

내가 왜 제군들에게 방촌 선생을 들먹이며 이런 교육을 시키는지 아는가?

제군들은 지금 한 나라 통치를 위해서 이 자리에 모인 것이 아니다. **우리 일은** 세계가족도 아니고, 자그마치 **우주촌을 건설하는 일이다. 총체적으로 인류역사를 결론짓는**, 참 **커다란 일이란 말이다.**

우리는 천지공정에 참여하는 주역으로서, 이런 큰일을 하는 데 절대로 **사욕을 가지면 안 된다.**

공功이라 하는 게 그렇다. 사람이 공도公道에 맞게 공을 쌓으면, 진리가 보답을 한다. 그래서 공적으로 쌓은 공은 누구도 빼앗지 못하는 것이고, 또 뺏길 이유도 없다.

사람은 방촌 선생처럼 지공무사하게, **흠 없는 세상을 살아야** 한다. 방촌 선생의 호號를 봐라. 인류역사를 통해 그보다 더 좋은 호가 없다. 방尨 자가 삽살개 방 자다. 삽살개가 뭔가? 한 마을이 20호 아니면 30호, 40호씩 자연부락이 형성돼서 부락단위로 생활을 영위하는데, 거기에는 개, 소, 말 다 있을 것 아닌가?

헌데 '삽살개가 컹컹 하고 짖는 마을' 그게 **사람 사는 정겨운 마을을** 그대로 표현하는 말 아닌가! '삽살개 마을', '삽살개를 먹이는 마을'

이것이 방촌尨村의 뜻이다. 그 속에는 인간이 사는 정취가 그대로 함축돼 있다. 그러니 그 이상 더 좋은 호가 어디 있나?

한번은 그가 귀양살이를 한 적이 있다. 귀양 살게 된 전후 사정을 보면, 태종이 큰아들 양녕대군을 밀어내고, 셋째 충녕대군으로 세자를 바꿔치기 하려고 한 것이다. 그러니까 방촌 선생이 "그건 안 됩니다. 그건 절대로 있을 수 없습니다."라고 하면서, 생명을 걸고 항명을 했다. 태종이 볼 때, 방촌을 그대로 두었다가는 거치적대서, 자기 뜻대로 못할 것 같으니까 귀양을 보내 버렸다. 그리고 양녕대군의 대타로 세종대왕을 세웠다.

그 때, 그는 저 파주 교하交河로 귀양을 갔다. 거기서 다시 남원으로 유배되었는데, 4년을 귀양살이했다. 헌데 임금이 볼 때, 방촌 없이는 도저히 신하들을 상대할 맛이 없더란 말이다. 방촌이 꼭 있어야만 되게 생겨서, 도로 그를 불러들었다.

방촌 선생의 묘가 파주에 있다. 아무리 훌륭한 공신이요 명재상이라 하더라도, 신하가 죽어서 장사를 지내는 데에 상감님은 갈 수가 없다. 법으로 못 가게 돼 있다.

그런데 방촌 선생이 아흔 살에 죽었을 때, 파격적으로 문종이 거기를 쫓아가, 멀찌감치 서서 장사 지내는 것을 지켜보았다. 그 때 문종이 서 있던 봉을, 지금도 어봉御峰이라고 한다. 어御 자가 임금님 어 자다. 방촌 선생 장사 지낼 때, 상감님이 와서 머무르신 데다 해서 붙여진 이름이다.

신하가 죽어서 장사지내는 데에 상감님이 장례에 참석한 경우는, 역사적으로 방촌 선생, 오직 한 사람뿐이다.

또 동서고금을 막론하고, 60년 이상 나라에서 벼슬을 한 사람도 방촌 선생뿐이다. 제군들은 **그 생애의 역사적인 의미도 알아둬야 한다.**

천지공사에는 털끝만큼도 사사로운 게 없다

방촌 선생은 청렴결백하기 때문에 오래도 살았다.

인간은 120살이 한명限命이다. 헌데 욕심 때문에 7, 80년밖에 못 사는 것이다. 수명이 감해지는 것도 다 인간의 희로애락 때문이다.

사람이 사회에서 비난받고 나쁜 사람으로 낙인찍히고 세상에서 쫓겨나는 게, 순전히 사욕 때문이다. 사욕이 아니면, 객적으로 지탄받을 하등의 이유가 없다. 제 목적을 달성하기 위해, 제 사욕을 가지고 곡해해서 공도에 맞지 않는 주장을 하니까, 가족도 싫다 하고 사회에서도 싫다고 하는 것이다.

또 간혹 **아무 공 쌓은 것도 없고 격도 안 되면서, 자리 탐을 하는 사람이**

있다. 자기가 아니라도 더 잘할 사람이 얼마고 있는데도 그런다. 그래서 **적을 만들고, 남한테 지탄도 받고 미움도 사게 되는 것**이다.

제군들은 방촌 선생을 본받아라. 방촌 선생과 같은 격이 돼야만 상제님 사업을 할 수 있다. **상제님 사업은 꼭 그렇게, 지공무사한 정신으로 해야** 한다.

상제님 도는, 천리天理와 지의地義와 인사人事에 합리적인 최선의 도다. 상제님이 그런 **공도公道**를 가지고 하늘도 뜯어고치고 땅도 뜯어고쳐서, 물샐틈없이 도수를 굳게 짜 놓으셨다. "파리 죽은 귀신이라도 원망이 붙으면 천지공사가 아니니라."는 갈씀도 있다.

상제님 **천지공사에는 털끝만큼도 사사로운 게 없다.** 다만 상제님이 한민족으로 오셨기 때문에, 한민족을 주체로 한민족 본위의 일을 꾸미신 것이다. 아니 그것만은 어떻게 도리가 없지 않은가?

상제님을 신앙하는 신도로서, 우리는 공도를 집행하는 사람들이다. 하니까 방촌 선생이 세상을 산 것과 같이, 공평무사하고 지공무사하게, 반드시 공도에 입각해서 일을 집행해야 한다. 자연섭리에 맞게 생활하고, 그 속에서 **신앙의 뿌리를 내려야만** 영원할 수 있다.

사상신앙을 해야

종교 단체도 사람이 많이 모이는 곳이니, 이것도 사회다. 종교사회. 김지 이지 박지 최지, 여러 천 년 묵은 각아배 자식들이 다 뭉쳤다. 그래서 생각하는 것도 다 다르고, 별의별 사람이 다 있다.

내가 한평생 사람만 다뤄본 사람 아닌가. 아무 것도 없이 나는 사람 농사만 지었다.

제 2변 때에도, 지금 제군들에게 하는 것과 똑같이 신도들을 키웠다. 그 때는 내가 발로 직접 뛰면서, 더 열성적으로 쫓아다녔다. 전깃불도 별로 없었던 시절이다. 산촌 같은 데를 가면, 전부 석유등잔을 켜 놓고 앉았다. 내가 안 다니는 곳 없이 전국 구석구석을 찾아다니며, 석유 등잔에 콧구멍 그을려 가면서 진리를 넣어주곤 했다.

헌데 불행히도 신도들이 **이상호, 이정립이의 불의와 무도함**에 동조야합同調野合하여, 상제님 진리와는 거리가 멀어져서, 기세농민欺世弄民, 기인취재欺人取財하는 데에 빠져 버렸다. **내 그것을 지켜보다가**, 6.25 동란과 더불어 다 내던져 버리고 말았다.

그런 걸 보면, 사람이라 하는 것은 꼭 철새 떼와 같다. 철새라는 놈은 날 따뜻하면 오고, 추우면 도망가는 존재 아닌가. 꼭 그와 같다.

허나 그러면 안 된다. **신앙은 사상신앙이라야** 한다. 우리 단체가 저자

시市 자 우물 정井 자, 시정市井집단이 되어서는 안 된다. 저자, 장이라고 하는 데는, 장꾼 천 명이 모이면 그 천 명의 목적이 다 다르다. 사돈 만나러 가는 사람, 혼수 장만하러 가는 사람, 제수 장만하러 가는 사람, 칼자루 사러 가는 사람, 호미 벼리러 가는 사람, 뭐 별의별 사람 다 있잖은가? 술 사러 가는 사람도 있고 말이다. 천 명이 뭉쳤으면, 천 명의 볼일이 다 각각이다. 헌데 시간이 끝나면 한 명도 안 남고 다 뿔뿔이 흩어져 버린다.

만일 우리 단체가 그런 집단이 되면, 다 끝나는 것이다. 아무 소용이 없다.

우리 신도들 중에는, 간혹 의통목을 믿고 신앙하는 사람이 있다. 물론 상제님 사업의 최종 문제는 의통醫統이다. 헌데, 의통을 제 스스로 시한을 정해 놓고 믿는다. 아무 때 어떻게 병목이 올 거라고 시간을 정해 놓고, 그 시간이 안 맞으면 떠나가 버린다. 그러면 안 된다.

내가 가끔 얘기하지만, 불교의 진리는 '불립문자不立文字요 이심전심以心傳心이라', 문자를 세우지 않고 심법으로써 심법을 전수하는 것이다. 천 권 만 권의 불서佛書라는 게 다 소용이 없다. 불교는 심법으로써 심법 전하는 것, 그게 전부다.

상제님 진리도 역시 굳은 심법을 바탕으로 사상적으로 믿어야 된다. 그래서 **저 땅 끝 최후의 한 사람까지, 상제님 신도로 만들겠다는 정신을 가**

지고, 전부를 다 바쳐서 신앙해야 한다. 그런 신앙이라야 진짜 상제님 신 앙이다. 그렇게 신앙해야 부끄럽지 않고, 남 죽는 세상에 사는 것이다.

아니 부분적으로 무슨 신앙인 연하면서, 속으로는 딴 생각 가지고 약아빠지게 슬슬 갓줄이나 드리우는 사람, 그걸 신도라고 할 수 있는 가?

안내성 성도의 구도 행각

여기 앉았는 종도사는 교육시킬 때마다 맨날 잘 해라, 죽도록 다 바 쳐서 하라고만 한다. 헌데 알고 보면 그럴 수밖에 없다.

제군들도 잘 알겠지만, 상제님 성도 중에 안내성이라고 있다. 안내성 성도가 원래 진주 사람이다. 그런데 어려서 아버지를 잃어버렸다. 그 아버지가 집을 나가서, 죽었는지 살았는지 없어지고 말았다. 해서 안내 성 성도가 어려서부터 아버지를 찾아 다녔다.

동시에 안내성 성도는, 앞으로 미륵님 세상이 된다는 것을 알았다. 왜 그랬던지 그는 미륵님을 그렇게 좋아했다. 그래 미륵님을 만나야 되겠다 하고서, 우리나라는 물론이고 중국 북경, 남경으로 안 쫓아다닌 데가 없다. 아버지도 찾고 미륵님도 찾는다고.

그런데 미륵이 중국에 있나? 중국 땅을 다 더듬어봤지만, 아버지도 못 찾고 미륵님도 없다. 헌데 남경 북경에 가서 들으니, 미륵님이 조선에서 온다고 한다. '미륵님이 조선에서 나온다', 중국에 가보니 그런 말이 들렸다.

해서 아버지도 못 찾고, 미륵님을 찾으려고 우리나라로 돌아왔다. 돌아와서 사두방으로 다니다가, 하루는 진주 촉석루에서 낮잠을 자는데, 비몽사몽간에 한 선관이 나타나 임천가林泉歌를 들려준다.

거기서 힘을 얻고 다시 미륵님을 찾아다니다, 저 정읍 새재라는 곳을 지나게 됐다. 그가 고개 마루에 이크니 나무 그늘에 상제님이 앉아 계셨다. 허나 그가 상제님을 알아볼 수 있나. 그 옆에 앉아 땀을 식히려는데, 대뜸 상제님이, "별 미친놈 다 보겠네. 너 네 애비 찾아다니지?" 그러면서, 네 애비 언제 어디서 어떻게 죽었다고 하신다. 아니, 난생처음 보는 사람이 자기 신상에 대해서 소상하게 알고, 자기가 그토록 찾던 아버지 일까지 말해주니 얼마나 깜짝 놀랐겠는가. 그 순간 안내성 성도는 그 분이 미륵님임을 알았다. '아, 이분이 바로 미륵님이구나!' 하고서 넙죽 절을 하는데, 상제님이 "야 이놈아, 내가 왜 네 선생이냐?" 고 하시면서, 돌멩이 세례를 퍼붓고 몽둥이로 때려 주면서 접근도 못 하게 하신다. 허나 그가 아두리 봐도 미륵님이니까, 자꾸만 쫓아다녔다.

그 많은 상제님 성도들 중에 가장 천대받은 사람이 안내성 성도다. 상제님이 안내성 성도를 그렇게 천대를 했다. 방안에 앉으려면 맨 구석에 가서 쪼그리고 앉게 만들고, 어디 쫓아다니는 때에도, 보따리 같은 것을 지게 했다. 나이 젊은 딴 성도들이 잔뜩 있는데도 꼭 안내성 성도에게만.

그리고 자기들은 천지공사 보느라고 개도 잡고 돼지도 잡아 잘 먹으면서, 안내성 성도에게는 안 준다. 상제님이 못 먹게 하신다. 하도 안 주니까, 너무 배가 고파서 밤중에 몰래 돼지고기 삶은 물을 실컷 훔쳐 먹고, 그만 배탈이 나서 와르르 설사하느라고, 밤새 난리가 났다. 상제님이 그걸 보시고 "저놈 뒈진다, 저놈 뒈진다!"고 소리를 치셨다. 안내성 성도가 그렇게 천대를 받았다.

태을주 전수 공사

그리고서 상제님이 안내성 성도에게 태을주를 내려주시는데, "네가 살고 남 사는 좋은 것을 하나 줄 테니, 돈 삼백 냥을 가져와라." 하신다. 아니, 집 한 칸도 없이 떠돌이처럼 남의 셋방살이를 하는데, 삼백 냥이 어디 있나?

그래도 대답을 하고, 걱정만 하고 앉았다가 어머니보고 그 이야기를 했다. 그 어머니 직업이 광우리 장사다. 어머니가 광우리 장사해서 어떻게 그럭저럭 밥을 먹고살았던 것이다. 그가 어머니보고 얘기하니까, "저기 저 단지를 열어봐라. 내가 장사해서 그저 한 닢 씩 모아 놓은 것이 있는데 얼마나 되나 꺼내봐라." 한다. 열어보니 그 단지에 딱 삼백 닢이 있다. 삼백 냥을 가져오라고 하시는데, 삼백 닢밖에 안 된다.

그래서 할 수 없이 상제님께 가서, '삼백 닢밖에 없습니다."고 아뢰었다. 그러자 상제님이 "됐다. 삼백 닢을 가지고 삼백 냥으로 쓰면 되지 않느냐?" 하고, 그것을 받아서 **태을주 전수 공사**를 보셨다.

안내성 성도는 "**3년 동안 자리를 뜨지 말고 태을주를 읽어라.**" 하신 상제님 말씀대로, 그 길로 3년 동안 바지 궁둥이가 다 해지도록 태을주만 읽었다.

헌데 방 주인도 그렇고, 동네 사람들이 볼 때 3년 동안을 앉아서 맨날 "훔치훔치"만 하고 있으니 듣기도 싫을 것 아닌가. 나가라고 해도 나가지도 않는다. 보다 못해 한 동네 청년이 쇠스랑을 가지고 가서 방 고래를 다 파 버렸다. 어서 기어 나가라고. 그래도 안내성 성도는 누가 방고래를 파든지 말든지, 거기 앉아 태을주를 읽으면서 3년을 채웠다.

이 세상을 정복하는 **태을주가, 그런 우여곡절을 거쳐서 세상에 나온 것**이다.

그걸 보면 태을주에도 값이 있다. 아무 것도 모르는 사람들은, 태을주를 돈 주며 읽으라고 해도 읽기 어려운데, 상제님은 돈을 받고 주문을 읽게 하셨다.

상제님 공사 정신을 한번 봐라. 상제님은 안내성 성도 어머니가 단지 속에 삼백 닢 모아 놓은 것을 아셨다. 그러니까 **전 재산을 받고 태을주를 가르쳐 주신 것**이다. 사실 그냥 주면 안 되게 생겼으니까 그러신 것이지, 아니 상제님이 무슨 돈이 필요한가?

태을주가 그만큼 중차대한 주문이다. 그리고 **안가安家 기운을 뽑아 쓰느라고, 안내성 성도에게 태을주 공사를 붙이신 것**이다.

살고 잘 되려면 국가와 민족, 전 인류를 위해 공을 쌓아라

상제님이 어천하신 뒤, 장탯날에 장사를 지낸 김형렬 성도, 차경석 성도 등은 저 부안 변산 등지로 떼지어 다니면서 또 다른 선생님을 찾았다. 모두들 그러고 다녔건만, 사실 그런 선생이 또 어디 있는가? 그게 한마디로 배신이다.

그렇게 배신하고 떠돌아다니다가, 안내성 성도에게 가 보니, 안내성 성도는 떡 하니 태을주를 읽고 앉았다.

그 후 여러 성도들이 안내성 성도 집에 와서, 같이 태을주를 읽었다. 태모님도 거기 가서 태을주를 읽으셨다. 그렇게 3년을 읽는 동안, 태을주가 세상에 퍼지게 된 것이다.

김경학 성도도 거기서 태을주를 배웠다. 그가 다른 스승을 찾아다니다가, 한참만에 집에 돌아와 보니 자기 어머니가 죽었다. 자식된 도리로 얼마나 기가 막힐 일인가? 헌데 무슨 살릴 방도가 있나? 한껏 아는 것이 안내성 성도에게서 배운 태을주밖에 없다. 그래서 청수를 모시고 태을주를 지극정성으로 읽었다. 그랬더니 그의 어머니가 살아났다.

그게 대학교 공사다. 김경학 성도가 태을주로 사람을 많이 살리면서 대학교 도수가 시작됐다. **상제님 천지공사가 그 때 비로소 현실에서 인사로 태동된 것이다.**

"이제 하늘도 뜯어고치고 땅도 뜯어고쳐 물샐틈없이 도수를 굳게 짜 놓았으니 제 한도에 돌아닿는 대로 새 기틀이 열리리라."(道典 5:320:1~2)는 말씀대로, 상제님은 머리털만큼의 오차도 없이 세상 모든 일을 빈틈없이 짜 놓으셨다.

상제님 신앙을 그저 허름하게 하고서 복 받으려고 한다면, 그 사람은 뭔가 잘못됐어도 한참 잘못된 사람이다.

하니까 값싼 신앙을 하려고 하지 말고 전부를 다 바쳐서 제대로 된 신앙을 해라.

제군들이 앞으로 개인적으로도 잘 되려면, 국가와 민족을 위해, 전 인류를 위해 공을 쌓아야 된다. 아니, 거저 잘 될 수는 없는 것 아닌가. 딴 꿈 꾸지 말고 전부를 다 바쳐서 상제님 사업에 매두몰신埋頭沒身해라. 지금 현실에서 제군들이 금방 부자가 되겠나, 어쩌겠나? 또 부자가 되면 뭐 하나, 다 죽는 세상에.

상제님 진리로 도성덕립이 되고 나면, 아무 것도 없다. 상제님 진리 하나만 남을 뿐이다.

상제님이 이 땅에 오시게 된 지리적 배경

상제님이 왜 우리나라에 오시게 되었고, 왜 우리나라를 바탕으로 프로를 짜시고, 세계통일정부가 왜 우리나라 땅에 서야 되느냐 하는 것을, 내가 지리학상으로 한번 얘기해 줄까? 사실 이건 얘기하려고 생각도 안 했던 것이다.

오늘 이 자리에서 내가 지리학을 조금 설명해 주겠다. 이건 하늘땅 생긴 이후로, 오직 증산도 종도사만이 아는 것이고 종도사만이 얘기하는 것이다. 이건 백억 천억 주고도 못 듣는 얘기다. 세상 아무 데를 가도. 하니까 제군들, 똑똑히 들어봐라.

지구의 핵核이 어디냐? 다시 얘기해서, 지구의 축軸이 어디냐? 축이란 수레 거車 옆에 말미암을 유由 한 자다. 축이라는 축 자. 수레바퀴가 둥글어 갈 때, 수레바퀴를 연결하는 중심이 있잖은가. 그것과 같이, 지구의 축이 있는데, 거기가 어디냐 하면 중국의 곤륜산崑崙山이다. 그것은 세상에서 다 아는 얘기다.

우리 클 때만 해도, 무지몽매한 나무꾼들이 지게를 걸머지고, 작대기로 지게 통발을 톡톡 두드리면서, "산지조종山之祖宗은 곤륜산崑崙山이요, 수지조종水之祖宗은 황해수黃海水라"는 노래를 부르곤 했다. 산의 조종은 곤륜산이고 물의 조종은 황해수다.

지구의 형세를 볼 것 같으면, 동서양이 곤륜산을 중심으로 갈려 나갔다. 그렇게 곤륜산을 모태로 지구가 펼쳐졌고, 물은 황해로 다 모여든다. 만주 요하遼河, 난하灤河, 황하黃河, 양자강楊子江 등이 전부 서해, 황해로 모여든다.

지도를 펴놓고 보면, 곤륜산을 바탕으로 한 줄기가 네팔 쪽으로 와서 불수산佛秀山을 일으키고, 불수산에서 석정산釋定山으로 이어져서 499봉이 솟았다. 한 봉 부족한 5백이다. 석가모니가 석정산 정기를 타고나서 그의 제자가 499명이다.

또 한 줄기는 산동성 쪽으로 들어와 유발산儒拔山이 솟고, 유발산을 바탕으로 니구산尼丘山이 생겨났다. 니구산이 72봉이다. 공자가 그 기운으로 일흔 두 명의 제자를 두었다.

그런데 곤륜산 마지막 한 줄기가 어디로 뻗었느냐? 바로 우리나라로 들어왔다. 우리나라 쪽으로 들어와, 요동 7백 리 만주 평지를 결인結咽하고, 백두산을 일으켰다. 맺을 결 자 목구멍 인 자, 결인. 이건 뭘 말하느냐? 여기 태전으로 말하면, 동학사 가는 데에 삽재라고 있다. 산이 이어지다가 잘뚝한 목이 있는데, 그런 지세地勢를 가리켜 지리학적 용어로 결인이라고 한다. 사실 요동 7백 리를 가 보면, 온종일 차 타고 가도 갈대밭하고 들밖에 없다.

백두산은 또 동으로 뻗어 금강산을 일으켜 세웠다.

금강산은 가히 세계의 공원이다. 그래서 옛날 중국사람들이 이런 시구詩句를 읊기도 했다. "원생고려국願生高麗國하야, 원컨대 고려 땅에 태어나서, 일견금강산一見金剛山이라, 한 번 금강산 보기를 원하노라."고. 금강산이 그렇게 잘 생겼다. 지구상에 금강산 같은 데가 없다. 제군들도 금강산을 한 번 보면 정말 놀랄 것이다. 참 기막힌 절경이다. 이번에 그 금강산 기운으로 일만 이천 도통제자가 나온다.

그러면 지구의 혈穴이 어디인가?

바로 우리나라다.

헌데 어떻게 해서 우리나라가 지구의 혈이냐? 내 그걸 하나하나 따져 주겠다.

　부산 태종대에서 보면, 날 좋은 때는 일본 구주九州가 다 보인다. 그만큼 바짝 우그러졌다. 우리나라를 중심으로 이렇게 감싸주고 있는 일본이 바로 좌청룡, 내청룡이다. 그리고 아메리카 대륙이 외청룡이다.

　또 중국대륙서부터 저 싱가포르까지가 우백호, 내백호다. "청룡은 비상飛上하고, 청룡은 나는 것같이 보이고. 백호는 순복順伏해야, 백호는 순하게 엎드려 있는 것 같아야" 지리가 되는 법인데, 중국, 그 백호가 오죽이나 실한가. 아주 만첩백호다. 그게 바로 내백호다. 또 저 아프리카가 외백호다. 아프리카는 50여 개국에 약 7억 인구가 산다.

　그렇게 지구의 모든 나라가 좌청룡 우백호로 우리나라를 감싸고 있다.

　또 호주가 안산案山이다. 그러면, 물 빠지는 파破는 어디냐? 동해, 서해가 내명당수內明堂水고 대만 해역이 파破다.

세계통일정부의 터, 태전

　세상만사가 다 순順해야 되지만, 지리地理만은 **역逆해야** 한다. 꼭 역해야 되는 이치가 있다. 앞으로 지리를 교육시키는 시간이 혹 있으면, 그걸 자세히 가르쳐 주겠다. 제군들이 일을 잘하면 그런 시간도 만들어 교육시킬 수도 있건만, 아직 내 마음에 맞도록 일이 안 되니까 못하고 있다. 그저 오늘은 내가 겉목만 쳐주는 것이다.

지리는 역해야 된다. 그 이치를 내가 알기 쉽게 얘기해 줄 테니 잘 들어봐라.

여기 서울을 모르는 사람은 아무도 없을 것이다. 서울이 어떻게 생겼냐 하면, 저 북악산이 춤추는 것처럼 떡 하니 내려와서 오른쪽으로 뻗은 가지를 인왕산이라고 한다. 인왕산 줄기 아래쪽으로, 신촌이니 연희동이니 해서 이화여대 연세대 등, 학교들이 잔뜩 붙어 있다. 인왕산 줄기에서 내려오면 사직터널이 있다. 사직터널서부터 미끄러져 내려와 서대문이 생기고, 서소문 남대문으로 해서 그 줄기가 남산을 치켜올렸다.

서울을 둘러싼 물줄기의 흐름을 볼 것 같으면, 서대문 서소문 남대문 안쪽 물은 다 청계천으로 모여든다. 지금은 복개를 했지만, 북악산 골짜기 남산 골짜기 등 서울 장안 안쪽 물은 전부 청계천으로 흘러들어, 저 중랑천으로 해서 거꾸로 치올라가고, 바깥쪽 물은 성밖 밑으로 해서 용산 쪽으로 빠져나가 버린다. 서울이 그렇게 된 데다. 그것을 그냥 봤을 때는 모르지만, 이렇게 가르쳐주면 알 수가 있다.

그러니까, 서울에 도읍 터 하나 생기기 위해서, 그렇게 역을 한 것이다. 저 북한강 남한강 물이 양수리로부터 합해서 대세가 강화도, 인천

쪽으로 냅다 빠지는데, 서대문 서소문 남대문, 남산 안쪽 물만 거꾸로 치올라간다. 아니, 그렇게 된 데가 어디 있나? 지리학상 그렇게 돼야 터가 생기는 법이다. 그래야만 하는 절대적인 이유가 있다. 그렇지 않으면 안 된다.

남산서 경복궁까지 면적을 따져보면, 거리로는 몇 킬로미터 안 된다. 아주 흉악한 산골이다. 헌데 그렇게 좁아터진 터 가지고도 5백 년을 잔뜩 해 먹었다.

허면, 서울하고 비교할 때, 여기 태전은 어떻게 생겼느냐? 태전을 둘러싼 금강줄기가 저 무주, 진안, 장수에서부터 추풍령, 속리산으로 해서 거꾸로 올라온다.

가만히 생각해봐라. 그렇지? 우리나라 물줄기의 대세가 전부 아래로 갔는데, 그 물은 거꾸로 치오른다. 아니, 추풍령이 태전 남쪽 아닌가? 헌데 금강 줄기가 거기서 위쪽으로 거꾸로 올라오는 것이다. 이걸 얘기해주기 전에는, 그저 추풍령은 저기고 물은 이렇게 오고, 그렇게 알고 말았을 것이다. 모르니까. 알고 보면 거꾸로 오른다. 아니, 전라도 무주 저쪽 물이 왜 여기로 거꾸로 올라오느냔 말이다. 참 이상도 하다.

허면 어떻게 올라오느냐? 무주, 진안, 장수에서 발원해서 거꾸로 올라와 금강으로 이어지고, 그 물이 공즈까지 간다.

공주에 고마나루라고 있다. 그 고마나루까지 거꾸로 기어올라가서,

부여 저쪽에서부터는 냅다 구부러져서 저 장항 군산쪽으로 빠져나간다.

왜 그렇게 됐느냐?

여기가 세계통일국가가 형성되기 위한 자리가 되느라고 그렇게 된 것이다. 지구촌 어디에도 이런 데가 없다.

가만히 생각해 봐라. 추풍령이 여기서 어디인가? 서울 터하고 한번 비교해 봐라. 서울 터는 손바닥 만한데 여기는 서울 터 몇백 배다. 속리산 이쪽으로 해서 무주, 진안, 장수 저 쪽까지 얼마나 넓은가? 여기가 그렇게 역한 데다. 역해서 저 공주까지 간다.

예전엔 여기 태전에서 공주까지 어떻게 갔는지 아는가. 마암터널 뚫기 전에는 대평리를 지나서 갔다. 그렇게 가면 태전에서 자동차로 한 시간 걸리는 거리다. 그리고 보면 **우리나라의 절반을 역한 것** 아닌가. 여기가 그렇게 범위가 넓은 곳이다.

지리학상으로 조선, 남북한을 통털은 대한민국이 지구의 혈이다. 헌데 대한민국 중에서도 오직 이 중부는 그렇게 역을 했다.

해서 여기가 지구의 혈이다. 본래 이 땅은 **천지가 형성될 때부터, 후천 오만 년 세계통일정부가 될 기초가 마련돼 있는 곳**이다. 알고서 보면 그렇다. 헌데 그 비밀을 누가 아는가?

그래서 상제님이 이 땅에 오신 것이고, 바로 이 땅에 세계통일정부를 건설하게 된다.

제군들, 이만하면 알아듣겠는가?

이것은 천지의 비밀이 돼놔서 얘기하고 싶지 않지만, 제군들은 내 신도고 하니까, 언젠가는 이런 것도 좀 알아두는 게 좋을 것 같아서, 내가 참고로 얘기해주는 것이다.

이 좋은 기회를 놓치지 말라

그러니까, 상제님이 우연하게 우리나라에 오셔서 천지공사를 보신 게 아니다. 이 땅이 바로 **지구의 혈이기 때문에 오신 것이다.**

산에도 전후좌우가 있다. 본부 도장에서 보면 건너편에 보문산이 보인다. 그 마주 보이는 쪽이 산 앞이다. 자세히 보면, 보문산은 우리 도장을 위해서 생겨 있는 산이다. 가서 똑똑히 봐라. 보문산이 본부를 향해 딱 공수하고 서 있다.

지구가 구부러지고 틀어지고 한 것도, 알고 보면 대한민국 하나를 만드느라고 된 것이다. 그러면서 지구의 혈을 여기 갖다 놓았다. 우리는 이런 상서로운 땅에서 태어난, 참으로 복 받은 사람들이다.

자의든 타의든, 우리가 어떻게 증산도 신도가 되고 일꾼이 되었든지

간에, 그저 묶어서 우리는 과연 행운아 중의 행운아다. 대한민국의 아들딸로 태어난 것부터가 행운이다. 그런 행운아가 또 있을 수 있나? 또 대한민국 아들딸로서 증산도 신도가 되고 역군이 되는 것, 그 이상 더 큰 행운아가 어디 있는가. 이건 12만9천6백 년 만에 오직 한 번 있는 일인데.

앞으로는 생명공학이 발달해서, 인간이 한 4백 살 이상까지 산다.

제군들! 하니까 정신 바짝 차려라. 생각하면 자다가도 깔깔 웃을 일이다. 너무 좋아서 잠도 못 잔다. 우리는 이런 좋은 일에 달려 붙어서 좋은 일을 하게 됐다.

사람이 아무리 뭘 하고 싶어도 일거리가 없으면 못하는 법이다. 호재好材가 있어야 능력을 실현할 수 있다. 허면 이런 좋은 일을 만났는데도, 능력껏 내 포부를 펴지 못한다면 말이 되는가.

오죽하면 상제님께서 "이인생以人生으로 불참어천지용인지시不參於天地用人之時면 하가왈인생호何可曰人生乎아"(道典 8:54:3)라고 하셨겠나. 사람으로서 천지에서 사람을 쓰는 이 때에 참여하지 못하면, 어떻게 사람이라고 할 수 있겠는가 말이다. 짐승, 벌거지 턱밖에 더 되겠나?

자, 지금이 이런 좋은 시기다.

내가 늘 입버릇처럼 하는 소리지만, 천리는 때가 있고 인사는 기회가 있다. 이번은 천리에서 주는 좋은 때고, 인사에서 잡을 수 있는 좋은 기회다. 제군들은 이 때, 이 기회를 잘 포착한, 세상에 둘도 없는 행운아들이다. 하니까 이 기회를 절대로 놓치지 마라. 정신 차려서 전부를 다 바쳐, 서로 앞에서 끌고 뒤에서 밀면서 증산도를 이 세계 속에 한 번 멋지게 펼쳐 봐라.

기독교 포교정책

어제 내가 대학생들 교육시키느라고, 이런 얘기를 한 사실이 있다.

저 시골 같은 데를 가 보면, 구석구석에 교회가 들어서 있다. 나는 증산도를 펴는 주역이기 때문에, 그런 것을 그냥 지나치지 않는다.

기독교가 지금 어떤 정책까지 실현하고 있는지 아는가? 저 산촌 같은 데 가면 집은 몇 호 없는데, 떡 하니 십자가 세우고 종 매달아 놓고, 예배당을 아주 기가 막히게 잘 지어놨다.

사실 거기는 교회 세워 놓고 신도를 규합할 만한 장소가 못 된다. 사람들이 몇 호 안 사는 동네니까. 그런데도 거기에 예배당을 지어 놓고, 포교사가 상주하고 있다.

헌데 거기를 파고 들어가 보면, 정책이 있다. 제군들도 알다시피, 지금 우리나라 사람들 거반 다 영어병이 들었다. 그들은 동네 사람들에게 무료로 영어를 가르쳐 준다고, 늙은이고 젊은이고 다 모아서, "헬로, 오케이"부터 기가 막히게 잘 가르쳐 준다.

처음에는 안 믿는 사람들이니까, 정서순화를 위해서 싫은 소리는 안 한다. 그러다가 영어 가르치기 전에 슬슬 "아멘!" 찾고, 또 한 시간이고 얼마 가르쳐 주고 "아멘!" 찾고, 이렇게 해서 "주님이 땅도 짓고 하늘도 지었다." 하는 것부터 얘기를 꺼낸다. 모르는 사람이 들으면 그런 줄 알지 별 수 있나? 그렇게 한 번 들어 두 번 들어, 자꾸 듣다보면 '야, 과연 절대자 하나님이고, 이 세상은 하나님이 다 만들었고, 우리 인간들은 다 피조물이고' 그렇게 믿고 들을 밖에 더 있는가. 자꾸 들어서 머리에 그게 꽂혀 놓으면, 거기서 도저히 빠져 나오지 못 한다. 기독교가 딴 건 다 부정하는데, 어떻게 빠져 나올 수 있나? 또 뭘 좀 알아야 아닌 것도 알 텐데, 다른 건 아무 것도 모르니 별 수 있나.

그렇게 시골에서 영어 가르친다고 하면서, 그 동네 사람들을 다 기독교 신도로 만들어 버린다.

어디 그것만 하나? 여자가 시집가서 애 낳으면, 똥 싸고 오줌 싼 것 다 치워야 되고, 젖도 먹여야 된다. 지금 젊은 아가씨들은 그걸 그렇게 하기 싫어한다. 헌데 그 애들을 교회에서 다 받아준다. 남의 애기를 받아서 유아원 노릇까지 해 주는 것이다. 그 사람들은 기독교를 발전시키기 위해서라면 뭐든 한다. 사람들 마음을 사서 목적을 달성해야 되니까. 목적은 예수 잘 믿게 하는 것 아닌가.

그래서 요즘 시골 동네에 가면, 사람들이 다 기독교 신도다. 언젠가 내가 포도 몇 송이 사려고 어떤 동네에 들어갔는데, 포도 따는 아줌마 서넛이 얘기를 하고 있다. 가만히 앉아서 그들 얘기를 들어보니, 다 기독교인이다. 주님에게 무슨 성금을 바쳐야 된다느니 어쩌느니, 하는 얘기가 전부 교회 얘기다. 딴 사람을 접촉해봐도 역시 기독교인이다. 그러면 그 동네는, 그들을 사상적으로 통치하고 있는 기독교 전도사 세상 아닌가.

내가 왜 이런 얘기를 하느냐?

제군들이 그 사람들과 경쟁을 하면서 포교해야 되는 위치에 있기 때문이다. 그들은 포교를 위해서는 수단 방법을 가리지 않는다. 상대방을 포섭할 수 있는 방법이라면 무엇이고 다 동원한다. 그 동네, 그 환경, 그 실정에 적합한 노릇은 다 한다.

그것도 아주 장기 작전이다. 1년 안에 안 되면 2년 동안 한다. 그 사람들 하는 걸 봐라. 어린애들 데려다가 기저귀 갈아 채워 줘 가며, "아멘!" 하고 예수를 머릿속에 넣어준다. 애들이 뭘 아는가? 그렇게 해서 예수 신도 하나를 더 만드는 것이다.

제사 음식을 버린 기독교인 며느리

그들 머릿속이 그렇게 돼 버리면, 무슨 얘기를 해줘도 안 듣는다. "하나님이 이 세상을 다 만들었는데 무슨 소리냐?"고 한다. 그렇게 되면 제 조상도 다 마귀 취급이다. 제사 음식은 마귀들이 먹던 거라고, 더러워서 안 먹는다.

내가 잘 아는 사람 얘기 하나 해주겠다. 그 사람이 새 며느리를 얻고는, 자기 아버지 어머니 제사를 기가 막히게 차려서 지냈다. 제사 지내고 나서 다 내어갔는데, 그 이튿날 밥상에 아무 것도 안 올라온다. 전에 먹던 김치 깍두기뿐이고. 그래서 그 며느리를 불러서 "야, 어제 할아버지 할머니 제사 지낸 음식 어떻게 했냐?" 하니까 "왜요? 다 내던졌죠." "응? 왜 내던졌냐?" "아니, 마귀가 먹은 건데 그걸 어떻게 먹어요?" 한다.

그 며느리가 기독교인이다. 기독교를 잘 믿는 사람들은 제사 음식도 다 내던져 버리고 먹지 않는다. 사실이 그렇다.

참, 그러니 그걸 어떻게 하는가?

헌데 그 아들은 아버지 말을 잘 들었던 모양이다. 그 아버지가 "야, 그거 못 쓰겠다. 내쫓자." 하고, 그냥 싸움싸움 하면서 그 아들을 이혼시켰다고 한다.

기독교인들의 불타는 정신을 본받으라

제군들! 그들의 신앙 정신을 봐라. "내 전부를 다 바쳐서, 평생을 바쳐서 내 능력이 허락하는 한 이 땅에 기독교를 뿌리내릴 것이다." 하는 그 불타는 정신을! 제군들하고 그 사람들 하는 행위하고를 가만히 비교해 보란 말이다. 오늘도, 내일도, 베개 베고 누워서 한번 생각해봐라. 제군들도 그렇게 할 수 있는지.

이 사회에는, 각색 종파들이 그렇게 강력하게 생명을 내걸고, 자기네 모든 것을 다 바쳐서, 목적을 달성하려고 달려 붙어 있다. 우리는 그 사람들과 대결해서 승리해야 된다.

적자생존適者生存이다.

헌데도 갓줄만 잡아당기고 있어서야 되겠는가? 그것을 생각해 봐라. 그들이 얼마나 치밀하고 무섭게 전부를 다 바쳐 달려 붙는가를!

제군들! 제군들도 그렇게 강력하게 달려 붙을 수 있겠는가?

제군들도 그래야 된다. 아니, 제군들은 그들보다 한술 더 떠야 된다.

어려움 속에서도 상제님 진리 그대로를 신앙하라

상제님이 남의 집 방 한 칸 빌려 사는 안내성 성도에게 태을주를 전해주시면서, 기어이 돈 삼백 냥 가져오라고 하시는 걸 봐라. 삼백 냥이면 그게 적은 돈인가?

상제님 공사 정신이 그렇다.

상제님이 구릿골 천지공사 보신 약방을 가보면, 방이 너무 작아서 누가 와도 들어앉을 데가 없다. 당시 성도들이 오면 마당에서 절을 했다. 흙바닥에서 절하면 옷을 다 버리잖는가. 그래서 누가 새 옷 입고 와서 절하기를 주저하면, "야, 이놈아! 너 옷 아깝냐?" 하시면서 냅다 한 대 후려갈겨 버리셨다. 상제님은 누가 잘못하면, "이놈의 자식!" 하면서 한 대 올려치셨다. 상제님은 또, 바쁘게 공사 보시느라고 맨날 풀대님 차림이었다. 대님 안 치는 것을 풀대님이라고 한다. 바지도 이렇게 빼고 다니셨다. 그게 상제님 생활방식이다.

선천 상제님 성도들은 상제님께 그런 대접을 받으면서 상제님 수종을 들었다. 『도전』을 봐라. 지금 『도전』에 빠진 것도 많다만, 내가 만일 지금 우리 신도들을 그렇게 다룬다면, 쫓아오겠는가?

제군들! 잘 좀 하자. 이건 꼭 해야 되는 일이다! 절대로 안 하면 안 되는 일이다.

아이엠에프(IMF)에 걸려 경제가 곤란하고 실직자 생겨서 참 큰일이다.

허나 경제가 어찌됐건 개벽의 문제는 그냥 그대로 남아 있지 않은가. 하니까 우리는 포교를 해야 된다.

안내성 성도가 마을에서 나가라고 해도 안 나가고 3년 동안 맨날 태을주만 읽고 앉았으니까, 동네 청년이 쇠스랑 가지고 들어와서 방고래를 다 파 버렸다. 그래도 안내성 성도는 거기 앉아서 태을주만 읽었다. **그게 상제님 공사이기 때문**이다.

제군들도 내 전부를 바친다는 정신으로, 상제님 진리 그대로를 신앙해라. 내가 항상 그걸 지켜보겠다. 알았나? 이상.